Entre les beaux-arts et les médias : photographie et art moderne

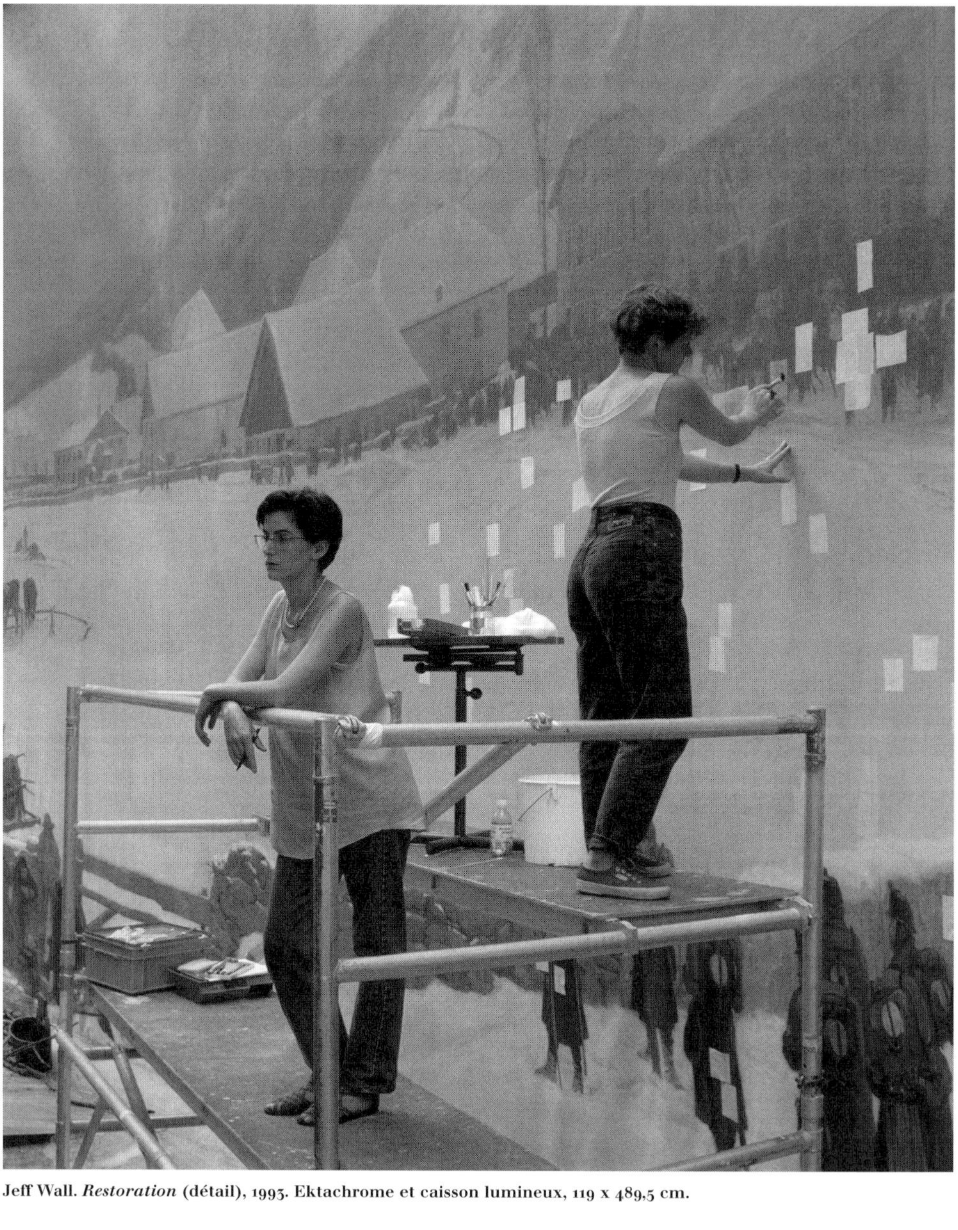

Jeff Wall. *Restoration* (détail), 1993. Ektachrome et caisson lumineux, 119 x 489,5 cm.

Ouvrage publié avec le concours du Centre national du livre
et de la Région Île-de-France.

Entre les beaux-arts et les médias : photographie et art moderne

Jean-François Chevrier

L'Arachnéen

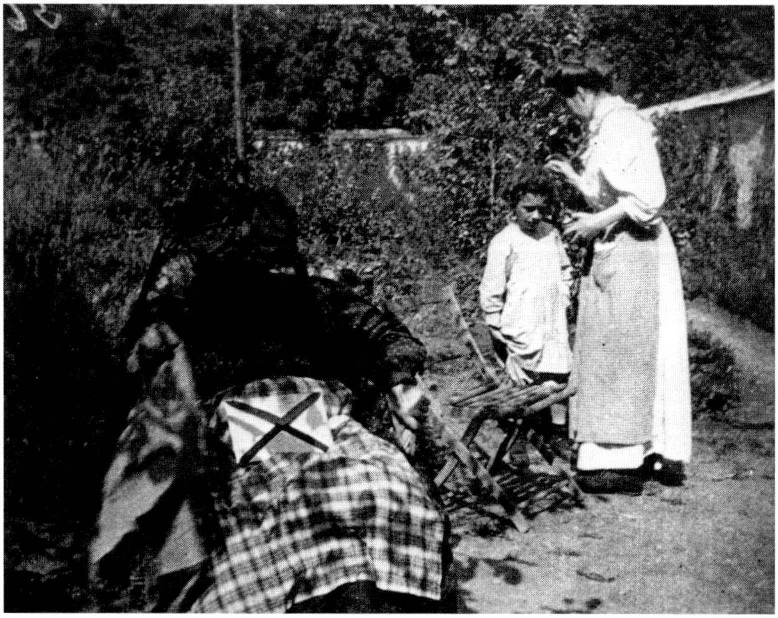

Pierre Bonnard. Mme Mertzdorff, Andrée Terrasse et Jean, Noisy-le-Grand, 1898.
Tirage sur papier albuminé, 3,8 x 5,5 cm.

Matisse, Bonnard : photographes amateurs

Jusqu'aux années 1880, la pratique de la photographie exigeait une compétence technique, un métier. L'automatisation des petits appareils de prise de vue instantanée l'a rendue plus accessible. On était entré dans l'ère des « amateurs ». Parmi eux se trouvaient des artistes professionnels, peintres, sculpteurs, tels Matisse et Bonnard (qui furent liés d'amitié).

Matisse a pris quelques images au cours d'un séjour de trois mois à Tahiti en 1930. Il écrivit à Bonnard :

> Bon séjour, bon repos. Ai vu toutes sortes de choses. Vous raconterai ça. Ai vécu vingt jours dans une « île de corail » ; lumière pure, air pur, couleur pure : diamant saphir émeraude turquoise. Poissons mirobolants. N'ai absolument rien fait, excepté mauvaises photos [1].

Plus tard, en 1950, il dit au Père Couturier :

> J'avais acheté un appareil photographique extrêmement perfectionné. Mais quand j'ai vu toute cette beauté, je me suis dit : je ne vais tout de même pas réduire toute cette beauté à cette petite image. Ce ne serait pas la peine. J'aime mieux la garder en moi. Parce que, après quelques années, je n'aurais plus eu que ça, tout serait remplacé, limité à ce petit document [2].

Ces pages condensent trois textes : « Bonnard et la photographie », dans *Bonnard*, cat., Paris, Centre Georges Pompidou, 1984 ; l'éditorial de la revue *Photographies*, n° 6, 1984 ; « Matisse et la photo », dans *Cahiers Henri Matisse*, n° 2 : « Matisse : photographies », cat., Nice, Musée Matisse, 1986. La troisième partie est inédite.

1. *Bonnard/Matisse, Correspondance (1925-1946)*, éd. Antoine Terrasse, Paris, Gallimard, 1991, p. 51 ; Henri Matisse, *Écrits et propos sur l'art*, éd. Dominique Fourcade, Paris, Hermann, 1972, p. 105. L'« île de corail » est Apataki, dans l'archipel des Tuamotu.
2. Marie-Alain Couturier, *Se garder libre (Journal 1947-1954)*, Paris, Éditions du Cerf (1962), 2008, p. 90-91 ; Matisse, *Écrits et propos sur l'art*, *op. cit.*, p. 126. Un témoignage similaire apparaît dans les *Conversations avec Picasso* de Brassaï, Paris, Gallimard (1964), 1986, p. 265.

Matisse était parti avec l'intention de fixer des souvenirs de son voyage. Il n'aimait pas se déplacer, il préférait « faire des voyages en imagination[3] ». On peut penser que l'achat d'un appareil photographique avait été une manière d'anticiper le retour. De plus, il se méfiait des séductions exotiques (nombreuses dans sa peinture). Sur place, il fut incapable de transformer ses sensations : il était dans la peinture – l'exubérance de la couleur – mais incapable d'en faire. Contraint de différer l'interprétation picturale de son expérience, il renonça assez vite à réduire et fixer ses impressions dans de petites images noir et blanc. Il avait perdu la mémoire, perdu provisoirement le fil de sa peinture[4]. Il était saisi, ébloui par une lumière permanente[5]. Au début de son monumental *Henri Matisse, roman*, Aragon reproduit des notes rétrospectives du peintre sur son séjour tahitien (rédigées dix ans plus tard, en 1941). Matisse qualifie Tahiti d'« Île de la paresse inconsciente et du plaisir, qui fait perdre la mémoire et écarte les inquiétudes de l'avenir…[6] ». L'interprétation de cette expérience, commencée dès l'illustration des *Poésies* de Mallarmé en 1931-1932, a été lente, hésitante, avant de s'épanouir dans *Jazz* (1943-1944) et les grands papiers découpés[7]. La mnémotechnie photographique ne pouvait être d'aucun secours, puisqu'elle transforme le présent en souvenir, sans permettre de renouer le fil de la mémoire picturale.

Trois ans après le séjour tahitien, Matisse remarquait :

> La photographie a beaucoup dérangé l'imagination, parce qu'on a vu les choses en dehors du sentiment. Quand j'ai voulu me débarrasser de toutes les influences qui empêchent de voir la nature d'une façon personnelle, j'ai copié des photographies. Nous sommes encombrés des sentiments des artistes qui nous ont précédés. La photographie peut nous débarrasser des imaginations antérieures[8].

3. Propos à Pierre Courthion, cités dans Pierre Schneider, *Matisse*, Paris, Flammarion, 1984, p. 654, note 5.
4. À vrai dire, Matisse était parti pour Tahiti en laissant inachevé un tableau sur lequel il avait travaillé pendant des mois, *Jeune Fille en robe jaune*, ou *La Robe jaune*, du musée de Baltimore. À son retour – et après un voyage aux États-Unis –, il dit à Tériade (*L'Intransigeant*, octobre 1930) qu'il n'avait cessé de penser à ce tableau inachevé. La solution lui est apparue au cours de la traversée pour les États-Unis ; il a hâte de s'y remettre. Voir *Écrits et propos sur l'art*, *op. cit.*, p. 101. Le tableau est reproduit dans Pierre Schneider, *Matisse*, *op. cit.*, p. 537.
5. Matisse dit à Tériade : « […] à 6 heures du matin, il fait beau, trop beau, férocement beau. Un temps si brillant, si épanoui déjà qu'on se croirait en plein midi. Alors, je vous assure, on a peur. On est effrayé de toute une journée qui commence par un soleil éclatant et qui ne changera qu'au couchant. C'est comme si la lumière s'immobilisait pour toujours. C'est comme si la vie se figeait dans une attitude magnifique. » (*ibid*, p. 107).
6. Louis Aragon, *Henri Matisse, roman*, t. I, Paris, Gallimard, 1971, p. 9.
7. En janvier 1950, Matisse répondait encore au Frère Rayssiguier qui voyait dans *Jazz* une évocation de Tahiti : « Oui, mais vous savez, ce n'est rien à côté, c'est impossible à représenter… C'est trop puissant. » (cité dans Pierre Schneider, *Matisse*, *op. cit.*, p. 610).
8. Propos rapportés par E. Tériade dans « Émancipation de la peinture », *Minotaure*, vol. I, n° 3-4, 1933, p. 10. La remarque de Matisse est citée par Tériade dans une réflexion (ou enquête auprès d'artistes contemporains) sur « le hasard, la spontanéité et l'absence de modèle dans la peinture moderne ». Tériade cite ensuite Georges Braque qui remarque notamment : « L'imprégnation c'est tout ce qui entre en nous inconsciemment, qui se développe et se conserve par l'obsession et qui se délivre par l'hallucination

Quand ils ne prétendaient pas à la table rase ou à une rupture avec la tradition, les idéologues de l'art moderne, artistes compris, ont toujours pensé *désencombrement*, contre les surcharges de l'éclectisme : l'idée correspond chez Matisse à un besoin de *simplification* et d'*allègement* qu'il n'a cessé d'affirmer. Dans cette remarque sur la photographie, il retrouvait aussi un argument plus ancien, avancé dès le début des années 1850. En 1851, un ami de Courbet, l'homme de lettres et critique d'art Francis Wey, avait déjà soutenu l'utilité de la photographie comme critère de vérité dans la lutte contre « le système des poncifs[9] ». Par son exactitude dans le rendu impersonnel des apparences, la photographie pouvait être l'instrument d'une ascèse libérant le peintre des formules d'école et des habitudes du métier.

Pas plus que Matisse, Francis Wey n'était partisan d'un strict *actualisme* (au sens où l'artiste devrait s'en tenir à la représentation de faits visibles actuels). À un partisan de l'idéal néoclassique, Étienne Delécluze, qui, dans le *Journal des débats*, avait dénoncé l'encouragement apporté par la photographie au naturalisme, il répondit qu'elle allait, au contraire, favoriser la liberté d'expression en donnant aux artistes « un contrôle utile », un critère de « vérité », contre les dogmes et les conventions sclérosées :

> Ainsi, plus libérale, moins inflexible que la critique retranchée dans le culte du beau idéal, l'héliographie justifie toutes les écoles et enhardit l'artiste à suivre sa fantaisie ; lui prouvant, confirmation heureuse !, qu'il a toujours raison s'il est resté logique jusqu'au bout et s'il a réalisé sa pensée. [...] En réduisant au néant ce qui lui est inférieur, l'héliographie prédestine l'art à de nouveaux progrès ; en rappelant l'artiste à la nature, elle le rapproche d'une source d'inspiration dont la fécondité est infinie[10].

créatrice. / L'hallucination est la réalisation définitive d'une longue imprégnation dont les débuts auraient remonté à notre jeunesse. » (*ibid.*, p. 12).

9. En 1851, il s'agissait de décider si la photographie (ou « l'héliographie ») pouvait avoir une place dans le système des beaux-arts ; il s'agissait aussi d'évaluer les effets du nouveau procédé sur la définition et la pratique de l'art. En février, Francis Wey défendit la thèse d'un effet bénéfique dans un article du premier numéro de *La Lumière*, intitulé « De l'influence de l'héliographie sur les beaux-arts ». Le point de départ du texte était l'admission par le jury du Salon de 1850 de neuf épreuves de Gustave Le Gray, considérées comme des « œuvres d'art », puis leur rejet par une sous-commission comme produits de la science. L'auteur en profitait pour émettre une terrible prophétie : « Les artistes vraiment originaux, loin d'être atteints, devront à l'invention nouvelle des ressources imprévues, et prendront un plus large essor. Les gens de métier, les mécaniques, ainsi que l'on disait jadis, seront abattus. » Wey ajoutait : « La comparaison des œuvres débiles avec la reproduction pure et véridique de la nature régénérera le goût public et le rendra difficile. » Et, une semaine plus tard, il précisait, après avoir noté l'efficacité de la photographie dans la représentation du corps nu, clé de l'enseignement académique : « C'est le germe d'une révolution contre le système des poncifs, au profit de la réalité [...] Il semble que déjà le public, plus affriandé de vérité, devienne moins exigeant du côté du style et des beautés convenues, pour se tourner avec curiosité vers le culte du réel. » (*La Lumière*, 1re année, n° 1, 9 février 1851, et n° 2, 16 février 1851 ; reprint : Marseille, Éditions Jeanne Laffitte, 1995, n. p.)

10. Delécluze s'était exprimé dans sa chronique du *Journal des débats*, le 21 mars. Francis Wey lui répondit dans *La Lumière* en publiant « Du naturalisme dans l'art. De son principe et de ses conséquences ». À vrai dire, l'ami de Courbet n'était pas radicalement opposé au disciple de David, dont il loue la modération. Il remarque que Delécluze, en s'alarmant de la concurrence que l'héliographie représente pour les arts de « pure imitation », lui a décerné « le plus bel éloge » ; il ajoute même : « À notre sens, l'héliographie aura pour but définitif de

Matisse retrouve la position de Francis Wey quand il parle de son usage de la photographie en tant que portraitiste, mais, quand il parle plus généralement du processus d'interprétation artistique, il refuse de tenir l'exactitude de l'image photographique pour la garantie d'une « fantaisie » éclectique. Il rejoint ici Delacroix, à qui il emprunta la formule : « L'exactitude n'est pas la vérité », pour titrer la préface d'un catalogue de dessins en 1947[11].

Dans ce texte, Matisse discute de quatre autoportraits, parmi les quarante-huit dessins exposés. Il note que « l'inexactitude anatomique, organique de ces dessins, n'a pas nui à l'expression du caractère intime de la vérité essentielle du personnage mais qu'au contraire elle a servi à l'exprimer[12] ». Quelques années plus tard, en 1954, à l'occasion de la parution de *Portraits* chez Sauret, il poursuivit sa réflexion sur la ressemblance. Comme dans le texte de 1947, il condamne Raphaël, chez qui le style recouvre le « caractère » du modèle ; il rappelle qu'il a copié des photographies, « vers 1900 », pour éviter cet effet[13]. En 1853, des nus photographiques (réalisés par son ami Eugène Durieu) avaient révélé à Delacroix, par comparaison, « l'inexactitude des gravures idéalisées, d'après Raphaël » : le style ne pouvait plus masquer ni compenser cette « incorrection » devenue insupportable. L'expérience s'était conclue sur deux formules remarquablement ambiguës :

> En vérité, qu'un homme de génie se serve du daguerréotype comme il faut s'en servir, et il s'élèvera à une hauteur que nous ne connaissons pas. [...] Jusqu'ici, cet art à la machine ne nous a rendu qu'un détestable service : il nous gâte les chefs-d'œuvre, sans nous satisfaire complètement[14].

Dans les années suivantes, Delacroix précisa sa critique de « l'art à la machine ». La vue photographique est l'anti-composition, car l'appareil enregistre indifféremment tout ce qui se présente dans le cadre, sans sélection ; le seul espoir est dans « l'imperfection même du procédé[15] ». L'art d'imagination, au contraire, procède à la façon de la mémoire : il « concentre l'intérêt en supprimant les détails inutiles ou repoussants ou sots », il *idéalise*[16]. En somme,

faire ressortir plus éclatant et plus senti le côté idéal de l'art, en s'emparant de tout ce qui est du ressort de la réalité sèche et crue. » (*La Lumière*, 1re année, n° 8, 30 mars 1851, et n° 9, 6 avril 1851 ; reprint, *op. cit.*)

11. La référence à Delacroix (« *L'exactitude n'est pas la vérité*, se plaisait à dire Delacroix ») est explicite dans un entretien avec Jacques Guenne publié en septembre 1925 dans *L'Art Vivant* ; *Écrits et propos sur l'art*, *op. cit.*, p. 83.

12. « L'exactitude n'est pas la vérité », *Écrits et propos sur l'art*, *op. cit.*, p. 174.

13. « J'ai beaucoup étudié la représentation du visage humain par le dessin pur et pour ne pas donner au résultat de mes efforts le caractère de mon travail personnel – comme un portrait de Raphaël – je me suis efforcé, vers 1900, de copier littéralement le visage d'après des photographies qui me maintenaient dans les limites du caractère apparent d'un modèle. Depuis j'ai quelquefois repris cette marche de travail. Tout en suivant l'impression produite sur moi par un visage, j'ai cherché à ne pas m'éloigner de sa construction anatomique. » (« Portraits », *Écrits et propos sur l'art*, *op. cit.*, p. 176-177)

14. Eugène Delacroix, *Journal* (21 mai 1853), Paris, Plon, 1981, p. 350.

15. *Ibid.* (1er septembre 1859), p. 744.

16. *Ibid.* (28 avril 1854), p. 417. Delacroix n'a cessé d'opposer l'idéalisation de l'imagination, qui procède par sélection et simplification, à l'exubérance des détails. Il dénonce « l'abus des détails » chez Rubens (12 octobre 1853, p. 365). À propos de Balzac, dont il vient de lire *Ursule Mirouët* : « toujours ces tableaux

l'interprétation picturale se distingue de la reproduction photographique comme le travail de la mémoire se distingue de l'enregistrement. Les peintres ont souvent opposé simultanément l'interprétation à l'actualisme descriptif *et* l'inscription graphique à l'enregistrement mécanique : dans les deux cas, l'artiste sélectionne et schématise (idéalise) au lieu de restituer intégralement ce qu'il voit ou a vu. Le paragone peinture/photographie est indissociable de la question du réalisme et du traitement des détails ; il passe aussi par une autre question, tout aussi difficile : le rapport entre idéalisation et mémoire. Une « bonne » mémoire doit être fidèle et sélective. Matisse pense surtout au portrait[17]. La photographie avait introduit un nouveau procédé mnémotechnique dans le monde des images. Il fallait conjurer l'emprise de l'enregistrement sur la mémoire.

* * *

Sans doute parce qu'il a pris moins de risques et parce qu'il a évité de se confronter aux discours d'avant-garde, Bonnard n'avait pas besoin, comme Matisse, d'énoncer ses convictions ; il n'avait pas besoin de se situer, de faire le point, d'enseigner, de transmettre. Il n'a pas donc pas pris position sur la photographie. En revanche, il ne fait pas exception à la règle qui veut que les peintres se soient tous à un moment ou à un autre saisi d'un appareil. On le savait depuis longtemps, on le sait un peu mieux depuis une vingtaine d'années[18]. Des épreuves et des négatifs ont été rassemblés, restaurés, catalogués. Bonnard avait acheté un petit appareil portatif et il prit plaisir à enregistrer des saynètes de sa vie quotidienne. Il n'avait pas besoin de collaborer avec des techniciens avertis, comme l'ont fait Delacroix et Victor Hugo. À la différence de Degas, ou, plus tard, de Picasso, il ne s'est pas intéressé au procédé : il n'a pas travaillé à *faire* des images, il n'est pas intervenu sur les épreuves ; il s'est contenté de *prendre* des photos. Bonnard n'a pratiquement jamais utilisé la photographie comme modèle. Des nus photographiques présentent quelques analogies avec des planches de *Parallèlement,* auxquelles il travailla pendant l'année 1900 pour Vollard. Ils ont probablement été faits dans l'intention de noter quelques poses séduisantes prises par la compagne du peintre[19]. Mais l'intérêt et la qualité de l'ensemble ne se limitent pas à ces rapprochements ponctuels.

d'après des pygmées dont il montre tous les détails, que le personnage soit le principal ou seulement un personnage accessoire » (21 juillet 1860, p. 785).

17. Matisse écrit en 1954 : « Le visage humain m'a toujours beaucoup intéressé. J'ai même une assez remarquable mémoire pour les visages, même pour ceux que je n'ai vus qu'une fois. » (« Portraits », *Écrits et propos sur l'art*, *op. cit.*, p. 176).

18. Voir Françoise Heilbrun et Philippe Néagu, *Pierre Bonnard photographe*, Paris, Philippe Sers, 1987.

19. De toutes les photographies du fonds transmis par la famille, ce sont les seules qui semblent relever directement de la tradition du croquis photographique. D'autres images manifestent une inspiration picturale, notamment une très belle scène de femme à sa toilette, dans un tub, mais elles dérivent de tableaux antérieurs. Le cliché de la femme au tub est daté des années 1908-1910 : à cette époque, une composition comme celle-ci est fréquente dans la peinture ; elle est apparue chez Degas dès les années 1880.

En 1916, le peintre belge Fernand Khnopff, contemporain de Bonnard, prononça à Bruxelles une conférence dans laquelle il déclarait son mépris pour la photographie « dite d'art »[20]. Il précisait toutefois : « Nous n'avons pas de parti pris pour ou contre la photographie. Le photographe peut faciliter la documentation de l'artiste ; l'artiste peut affiner le goût du photographe. » Khnopff se défendait également de connaître quoi que ce soit à la technique photographique[21]. On a découvert plus tard qu'il avait réalisé de nombreux portraits photographiques soigneusement mis en scène, qui lui ont servi de modèles pour ses tableaux. Le visage élégant et solide de sa sœur Marguerite, les poses figées qu'elle adopte devant l'objectif sur ses indications, lui ont permis de définir un type féminin répété obsessionnellement dans ses compositions picturales.

Aucune image de Bonnard n'est antérieure à 1890, et la majorité du fonds subsistant ou connu se situe dans la dernière décennie du dix-neuvième siècle. Deux événements ont été déterminants : le mariage de sa sœur Andrée avec le compositeur Claude Terrasse en 1890 ; la rencontre de Marthe fin 1893, qui fut sa compagne jusqu'à sa mort en 1942. Dans les années 1890, Bonnard conserve les habitudes de son enfance : il va chaque été dans la propriété familiale du Grand-Lemps en Dauphiné, où il retrouve la famille Terrasse, sa sœur, son beau-frère et leurs enfants, qu'il peint jouant dans le jardin ; il les photographie aussi, avec leur mère, leur nourrice, leur grand-mère (sa mère), ou avec son frère, Charles Bonnard (qui lui ressemble). Dans le second groupe de clichés, consacrés à Marthe, se distinguent deux séries : les nus assis sur un lit devant une cheminée, et les nus au bain, en extérieur, parmi lesquels on reconnaît, sur quatre images, la silhouette de Bonnard lui-même[22]. Marthe a pris l'appareil, comme elle le fera plus tard, vers 1912, dans une séance de portraits. Ces nus *réciproques* traduisent le plaisir d'une baignade plus que les efforts d'une séance de pose.

Bonnard n'a épousé Marthe qu'en 1925 ; elle fut longtemps son modèle et sa maîtresse. La photographie est une ligne pointillée entre la biographie et l'œuvre. Elle est aussi un jeu amoureux, et une libre interprétation d'un des thèmes les plus rebattus de l'histoire de la peinture, la femme au bain. Avec le nu au tub des années 1910, Bonnard *vérifie* sa peinture dans la réalité, il retrouve celle qu'il aime telle qu'il l'a peinte : Bonnard, ce jour-là, a photographié un Bonnard. La série des nus au divan, elle, évoque irrésistiblement

20. Conférence prononcée le 8 juin 1916 à l'Académie Royale de Belgique, reproduite dans *Fernand Khnopff*, cat., Paris, Musée des arts décoratifs, 1979, p. 224-226.

21. « Quant à la partie technique de la photographie, notre ignorance est plus grande encore que celle de M. de La Sizeranne. » La remarque est piquante, car Robert de La Sizeranne (1866-1932) fut en France l'un des plus actifs défenseurs de la photographie d'art, dite « pictorialiste ».

22. Deux épreuves originales plus tardives, vers 1912-1916, montrent un autre modèle féminin ; ce sont deux portraits exceptionnels, tant par leur sujet que par leur composition (le modèle est représenté debout) : le premier est pris dans l'atelier du peintre, la jeune femme est en train de se dévêtir ; le second en extérieur, et elle tient un chat dans ses bras.

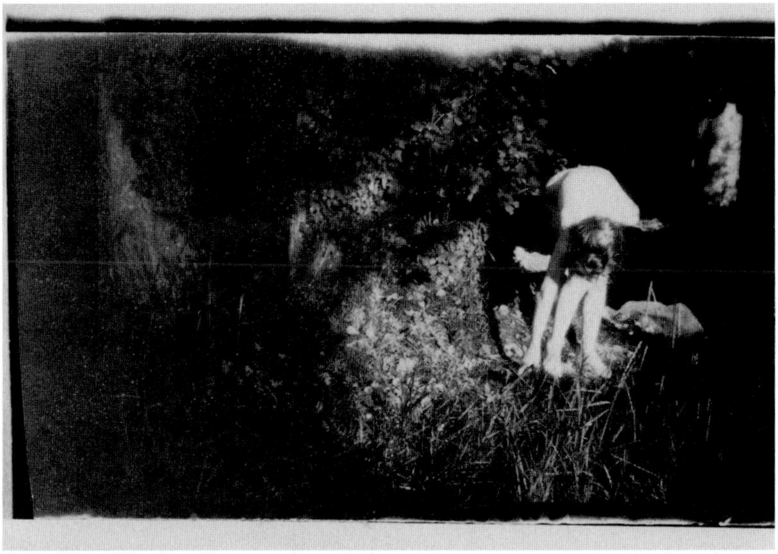

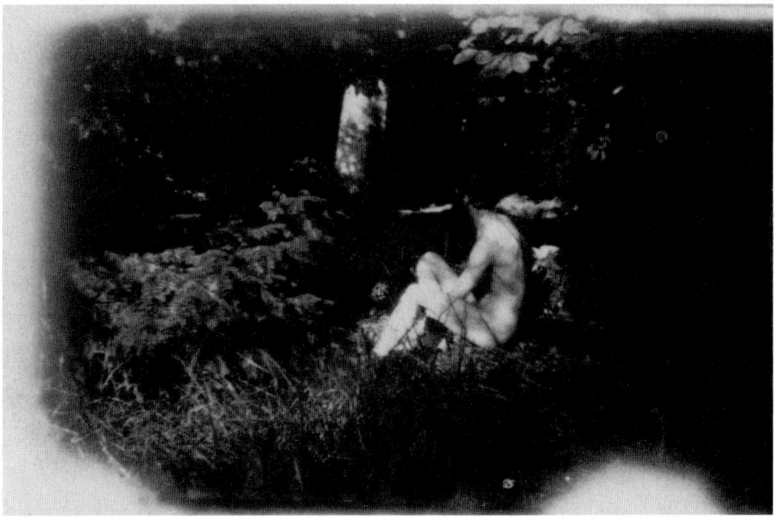

Pierre Bonnard et Maria Boursin (Marthe), Jardin de Montval, 1900-1901.
Tirages sur papier albuminé, 3,8 x 5,3 cm et 3,6 x 5,5 cm.

une célèbre photographie d'Edvard Munch, datée de 1906, dont le peintre norvégien tira d'ailleurs un tableau. Steven A. Nash a souligné à juste titre « la nudité un peu morbide » qui caractérise certains personnages du peintre français et le malaise fin de siècle qui le rapproche de Munch. Il remarque : « La tension psychologique qui caractérise ces œuvres de Bonnard rend sa réceptivité à l'expressionnisme allemand, durant le voyage qu'il fit à Hambourg en 1913, d'autant plus facile à comprendre. » On ne peut s'étonner que la proximité des deux peintres se retrouve dans leurs photographies [23].

Mais les photographies de Bonnard, comme sa peinture, s'apparentent surtout au cinéma. Il était lié avec les frères Lumière. On retrouve dans l'*Arrivée d'un train en gare de La Ciotat* (1895) la force de l'imprévu – stimulée par le rendu du mouvement – qui caractérise la photographie instantanée. L'art de Bonnard est celui d'un coloriste. Il s'intéressa à la photographie en couleur, il appréciait sans doute la transparence des autochromes [24]. Mais l'écart entre peinture et photographie est irréductible, sauf peut-être si le tableau lui-même présente un caractère cinématographique ou cinématique. Tandis que d'autres peintres, comme Khnopff, ont privilégié l'étrangeté spectrale de la photographie en accentuant la fixité de l'instantané, Bonnard photographe s'est surtout intéressé à la représentation du mouvement. Mouvement des corps – des enfants qui jouent, des chiens qui courent, des mains qui touchent, des visages qui sourient – et mouvement de la lumière. Pour lui, la photographie révèle l'instable : l'équilibre précaire d'un instant prégnant. Si ses images manifestent souvent une intention de composition, assez automatique de la part d'un peintre, avec de fortes diagonales, un effort pour disposer les figures ou équilibrer les zones d'ombre et de lumière, elles témoignent aussi d'une abréviation, voire d'une dissolution des formes.

Delacroix avait déjà noté en 1859 : « les photographies qui saisissent davantage sont celles où l'imperfection même du procédé pour rendre d'une manière absolue, laisse certaines lacunes, certains repos pour l'œil qui lui permettent de ne se fixer que sur un petit nombre d'objets [25]. » Pour Bonnard la photographie n'était pas un art descriptif. Jamais il ne prend pour prétexte de composition photographique un détail ou un objet soustrait à son contexte. Parfois seulement, comme dans tel portrait de sa nièce, Renée Terrasse, un visage s'avance vers l'objectif, et l'effet rappelle les

23. Sur les photographies de Munch, voir Arne Eggum, *Munch and Photography*, New Haven/Londres, Yale University Press, 1989.

24. Au détour d'un texte sur Vuillard photographe, Jacques Salomon mentionne un entretien qu'il a eu avec Bonnard « au sujet de la photographie en couleur dont certains résultats l'émerveillaient et semblaient même le troubler » (« Vuillard et son kodak », *L'Œil*, n° 100, avril 1963, p. 19). En 1934, Maurice Denis rapportait déjà un propos provocant de Bonnard sur la dangereuse concurrence que pourrait être pour les peintres la photographie en couleur, si le procédé était perfectionné (« L'Époque du symbolisme », *Gazette des Beaux-Arts*, mars 1934 ; Maurice Denis, *Théories*, éd. Olivier Revault d'Allonnes, Paris, Hermann, 1964, p. 66)

25. Delacroix, *Journal* (1er septembre 1859), *op. cit.*, p. 744.

surgissements inattendus des figures dans les films des frères Lumière. Jamais il ne cherche à caractériser une physionomie. Le mouvement, autant que l'instabilité de la lumière, emporte les détails. Avec ses flous, ses effacements, ses brûlures, « l'imperfection du procédé » produit une matière analogue, dans ses effets, à la peinture. Cette matière est peut-être le temps proustien : Proust était une des lectures favorites de Bonnard. Depuis les années 1880, l'enregistrement instantané était devenu un auxiliaire de la mémoire. Bonnard a inclus cette fonction dans la peinture.

* * *

À Tahiti, Matisse a croisé Murnau, qui terminait le tournage de *Tabu*. Ils passèrent une semaine ensemble. Le film de Murnau – et, dans une moindre mesure, les photos qu'il prit hors des séances de tournage – contient les contrastes dramatiques que Matisse a généralement évités dans ses propres images, et qu'il évita encore quand il revint sur cette expérience ou, mieux, la laissa revenir dans son œuvre. Matisse se méfiait du cinéma, autant que de la dramatisation littéraire de la peinture. Toutefois, les réminiscences de Tahiti à partir de l'illustration des *Poésies* de Mallarmé ne procèdent pas d'une simple idéalisation rétrospective. Dans « Matisse-en-France », rédigé en 1942 – repris dans *Henri Matisse, roman* –, Aragon juxtapose une photo par Matisse d'un « Nuage à Tahiti » et une eau-forte du livre de 1932. Le dessin est accompagné d'un fragment de vers, « … la torse et native nue… », extrait du sonnet de Mallarmé, « *Quelle soie aux baumes de temps* ». Matisse, note Aragon, a comparé le poème de Mallarmé au sonnet de Théophile Gautier, « La nue », dans *Émaux et Camées* : « À l'horizon monte une nue / Sculptant sa forme dans l'azur… ». Gautier développait l'homonymie de la nue (ou nuée) aérienne et de la femme nue. Du « torse qui s'élève d'un lac devenu miroir » (Aragon), Mallarmé a tiré l'image de la torsion d'une chevelure dans un miroir. Mais Aragon montre comment la petite photographie de Tahiti a précipité la condensation et transformation des « deux pensées poétiques » :

> Il me tend une petite photo d'amateur, assez noire, et c'est un singulier éclairement de toute l'affaire. Sur la photo, on voit un lieu des mers lointaines. Tahiti sans doute, les îlots à peine profilés, mais au-dessus d'eux une présence extraordinairement proche, un nuage énorme, comme un fût de colonne sur un socle, écrasant, à peine au dessus des eaux. Non pas un nuage lointain et plat comme ceux qu'on voit dans le ciel : non, une présence, et on pouvait circuler autour, il semblait qu'on pût le toucher. C'était, dira Matisse, plus comme un dirigeable que comme un nuage.

> Cette formation de nuées éveille invinciblement l'idée d'une statue géante et voisine, une femme debout, quelque chose comme la Victoire de Samothrace sur son bateau. Le souvenir de ce spectacle est venu à Matisse, comme il allait illustrer Mallarmé. Il a retrouvé la photo, et c'est en la regardant, c'est de ce nuage qu'est née cette femme nue, ce mouvement, prisonnier par en bas dans sa matrice d'orage[26].

À vrai dire, Aragon et, manifestement, Matisse lui-même ont quelque peu surinterprété la petite photo en y projetant l'image de la (femme) nue, dressée aérienne en torsade de nuages[27]. Mais l'exemple est parlant. Pour Matisse, comme pour Proust, la réminiscence procède d'une imagination métaphorique qui, ici, métamorphose le document photographique.

On comprend comment Matisse s'est laissé exalter après-coup par le paysage tahitien, et comment les « mauvaises photos » ont pu acquérir une nouvelle existence. Il avait dit à son retour : « La nature est somptueuse, mais pas exaltante, une somptuosité d'appartement familière tout de suite, sans surprises presque[28]. » Mais cette intimité, il l'a ensuite transformée, élargie, en laissant jouer le principe d'expansion métaphorique de la poésie. Il avait dit : « La lumière est belle, mais sur des motifs petits, sur des arbres qui n'étaient pas grands et qui avaient l'air de motifs d'appartements ». Mais l'appartement du sonnet mallarméen, « *Quelle soie aux baumes de temps* », est tout sauf un espace fermé, un huis-clos ; sauf à refermer le dernier quatrain sur une évocation fétichiste de la chevelure (ou du sexe féminin), ce qui n'est pas étranger à l'imagerie érotique de Matisse. Au cours des années 1920, sa peinture s'était resserrée sur l'espace domestique du tableau de chevalet. Dans la lumière embaumée et la joaillerie des îlots de corail, il trouva à la fois une confirmation et la négation, virtuelle au moins, de cet intimisme. La photographie réduit la mémoire à une collection de souvenirs formant un refuge ; elle peut aussi contribuer au travail de transformation métaphorique de l'expérience vécue.

Tandis que Bonnard a créé une peinture cinématographique – dont la photographie est une approximation –, Matisse intégra plutôt un mécanisme d'écriture. Aragon raconte comment, au cours d'une de leurs rencontres, pour se faire comprendre, « avec des mots pour écrivain », il compara le dessin aux figures d'un acrobate. La comparaison n'était pas parfaite, mais elle renvoie à l'image de la danse et des torsions du corps féminin. Dans les propos rapportés par Tériade en 1933, Matisse s'était déjà risqué à une explication similaire : « Un acacia de Vésubie, son mouvement, sa grâce

26. Louis Aragon, *Henri Matisse, roman*, t. I, *op. cit.*, p. 102-103.

27. Une variante de l'eau-forte reproduite par Aragon (« Souvenir du Mallarmé », Duthuit, Catalogue raisonné de l'œuvre gravé, n° 233) accentue la métaphore inspirée de Gautier, en mêlant à des formes nuageuses les courbes des jambes et des hanches de la femme nue.

28. « Le tour du monde d'Henri Matisse » (Entretien avec Tériade, 1930), *Écrits et propos sur l'art*, *op. cit.*, p. 105.

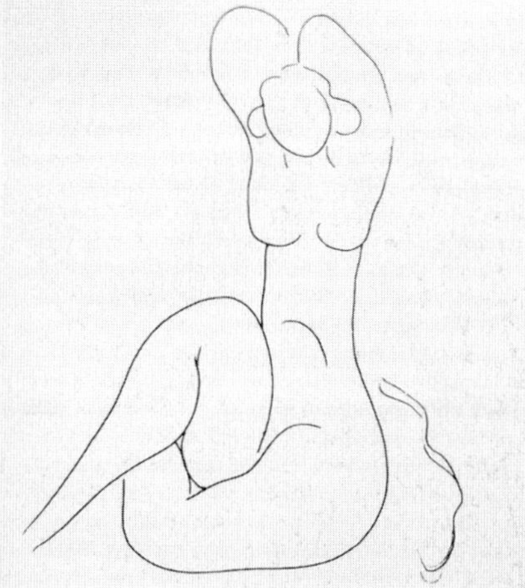

... la torse et native nue...
54. – Eau-forte du « Mallarmé » de 1932.

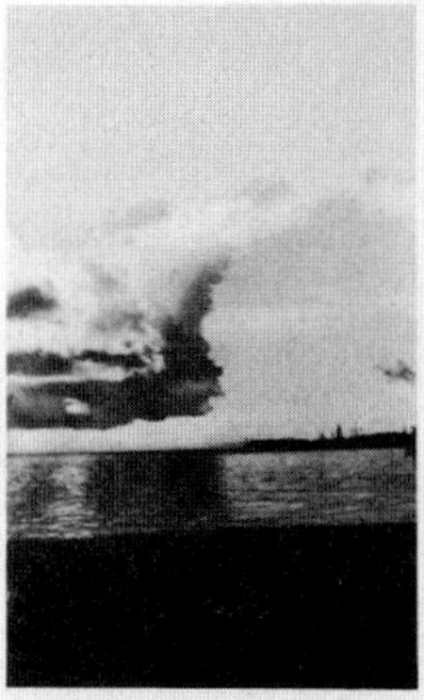

55. – *Nuage à Tahiti*, photo d'Henri Matisse.

Il a retrouvé la photo, et c'est en la regardant, c'est de ce nuage qu'est née cette femme nue, ce mouvement, prisonnier par en bas dans sa matrice d'orage.

Matisse a su ainsi aller au delà de Mallarmé, comme Mallarmé au delà de Gautier.

RONSARD ET CROS

Pour l'heure qu'il est, Henri Matisse fait des dessins pour Ronsard. Cela m'avait choqué au premier instant*. On est bête. Je disais à Matisse (avant qu'il eût songé à me parler contre la Renaissance en peinture) : « Qu'avez-vous à faire avec toute cette Renaissance? le goût de l'antique... » Il n'a rien

* Ceci, et tout ce qui suit touchant Cros aussi bien que Ronsard, je le laisse ici tel que cela a été écrit en 1943, malgré la nécessité que j'ai eue d'en réintroduire l'histoire dans un texte inséré plus haut, mais écrit en 1967 *(Prière d'insérer)*. La suite s'en trouvera plus loin, dans *Un personnage nommé La Douleur*, qui est de février 1968.

Louis Aragon, *Henri Matisse, roman*, t. I, Paris, NRF/Gallimard, 1971, p. 103.

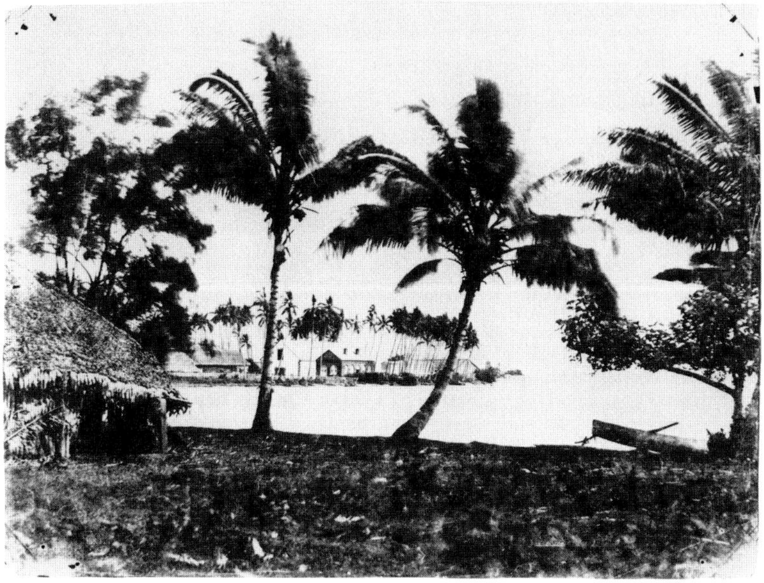

Gustave Viaud. *Baie de Papeete, Tahiti*, 1859. Calotype, 24 x 26 cm.

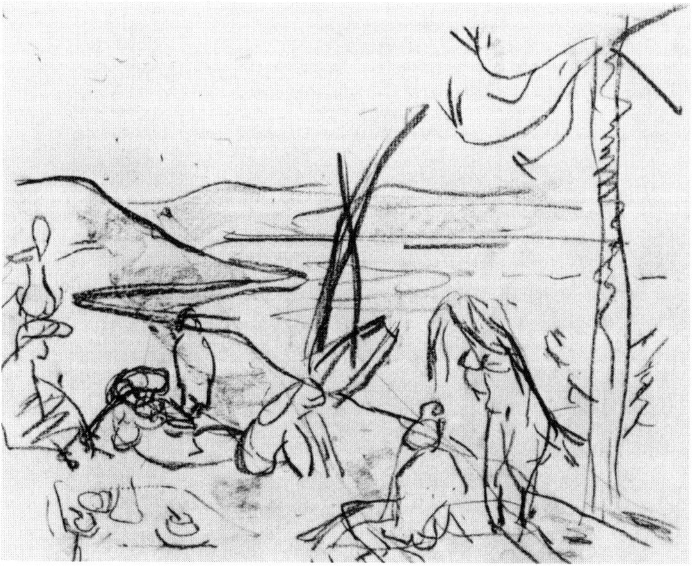

Henri Matisse. Étude pour *Luxe, calme et volupté*, 1904. Fusain, 22,2 x 27 cm.

svelte, m'a peut-être amené à concevoir le corps d'une femme qui danse[29]. » Pourquoi un acacia de Vésubie ? La plante est ordinaire, et piquante. Le lieu est une vallée proche de Nice, territoire familier. Mais le *nom* du lieu a des résonances exotiques : Vésuve, Nubie, où l'on retrouve peut-être la nue de Gautier, et le poncif de belles esclaves nubiennes. Matisse n'a cessé de se référer au modèle anatomique de la nature et d'étudier, par le dessin, ses formes vivantes. L'anatomie de la nature est déjà une métaphore, qui relie les formes au-delà du partage des espèces. Les petites images prises à Tahiti ne pouvaient remplacer le dessin, mais elles n'étaient pas aussi insignifiantes que le prétendit Matisse à son retour. Elles participaient d'une écriture métaphorique qui doit toujours attendre pour se révéler.

29. Propos rapportés dans *Minotaure*, 1933, *op. cit.*, p. 10 ; *Écrits et propos sur l'art, op.cit.*, p. 126.

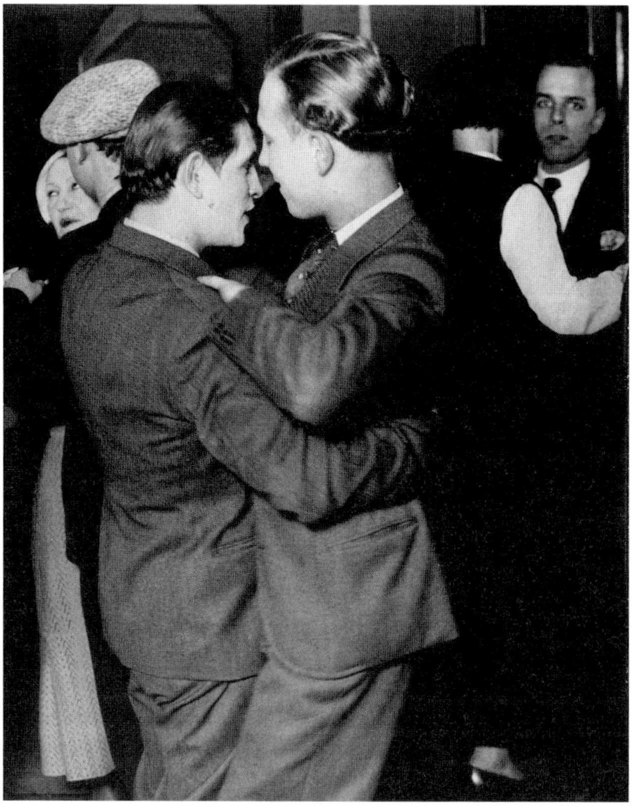

Brassaï. *Bal de la Montagne Sainte-Geneviève*, vers 1932.
Tirage argentique noir et blanc, 24 x 18 cm.

Brassaï
La fontaine pétrifiante

Photographier c'est enregistrer. Mais, pour Brassaï, l'enregistrement résulte moins d'un acte mécanique que d'une inscription et d'une forme d'écriture. Comme nombre de ses contemporains, il considère que l'image enregistrée peut élargir les possibilités de la littérature et la relier aux arts visuels. Il refuse toutefois d'aligner l'image photographique sur le signe imprimé et cherche à lui donner une densité visuelle analogue à la matérialité du signe plastique.

En 1924, dans le *Manifeste du surréalisme*, André Breton déclara que l'écrivain devait renoncer aux longueurs inutiles de la description. Il mit cette idée en pratique dans ses récits en remplaçant les descriptions littéraires par des illustrations photographiques. Les peintres avaient adopté des positions similaires. Picasso considérait que la photographie avait libéré la peinture du réalisme descriptif. Au cours des années 1920, la diffusion du reportage bénéficia de la multiplication des magazines illustrés, et la photographie cessa d'être définie par rapport aux beaux-arts pour être mise en relation avec le matériau écrit, sous toutes ses formes. L'illustration cessa d'appartenir à la catégorie des arts appliqués et devint un élément constitutif de l'information de masse. La photographie prit sa place, entre les beaux-arts et les

Texte paru en catalan et en anglais dans le catalogue de l'exposition *Brassaï* organisée à la Fondation Antoni Tàpies (Barcelone) en 1993. Version revue.

médias. Au cours du dix-neuvième siècle, la littérature subit une transformation du même ordre. Sans se détacher tout à fait de la tradition des belles lettres, elle fut partiellement assimilée au journalisme par le biais du feuilleton et des faits divers. Le reportage lui-même est issu de la littérature. Dans les années 1920, l'évolution de la photographie rejoignit donc celle de la littérature. Jamais les écrivains ne s'y étaient autant intéressés. Cette convergence fut précipitée par le cinéma.

Après des études à l'École des beaux-arts de Budapest et à l'Académie d'art de Berlin, Brassaï s'installa à Paris en 1924. Il devint journaliste et apprit la technique photographique auprès de son compatriote André Kertész, afin d'illustrer ses propres articles. En quelques images qui le rendirent célèbre dès les années 1930, il fixa une image de Paris, telle qu'il l'avait découverte (explorée) et lue.

Mieux que de longs commentaires, des citations, extraites de l'immense littérature inspirée par la ville avant et après la Seconde Guerre mondiale, permettent de cerner l'imaginaire traité par Brassaï. La première est extraite du livre de Thadée Natanson (qui avait été l'éditeur de *La Revue blanche)* sur Toulouse-Lautrec :

> Au bal, au beuglant s'efforcent et se forcent à sourire des chanteuses à la voix rugueuse ou trop parfaite, des danseuses qui ont des mollets et des cuisses d'athlètes. Les passants, qui semblaient en appétit de musique, ne l'écoutent pas. Souvent, les masques trop creusés des hommes, l'indifférence non moins lassée des femmes font tourner en rond une sorte de cortège de figurants de la Mélancolie[1].

Brassaï retrouva dans les années folles cette imagerie symboliste, mais il était plus proche d'un autre chroniqueur du Paris nocturne, le romancier Pierre Mac Orlan, l'auteur de *Quai des brumes* et du *Chant de l'équipage*, publiciste de l'« aventure » et du fantastique social, ami de Picasso au temps du Bateau Lavoir et apologiste de la photographie. En 1925, dans *Aux lumières de Paris*, Mac Orlan évoquait « le fantastique de la nuit » et le monde du music-hall :

> L'Olympia est un Music-Hall que j'aime parce qu'il prolonge directement la rue. Il n'y a pas de portes fermées entre la rue et l'Olympia. On entre, on sort. Et les gens de l'intérieur se mêlent à ceux de l'extérieur sans ostentation[2].

Brassaï interpréta en images cette vision de la ville nocturne, où les lumières de la scène se mélangent aux ombres de la rue.

1. Thadée Natanson, *Un Henri de Toulouse-Lautrec* (1951), Paris, École nationale supérieure des beaux-arts, 1992, p. 69.

2. Pierre Mac-Orlan, *Aux lumières de Paris*, Paris, Éditions G. Crès & Cie, 1925, p. 9-10.

En 1930, Mac Orlan écrivit la préface de *Atget photographe de Paris*. Il mentionne les recherches de Man Ray, Kertész, Berenice Abbott, Tabard, Germaine Krull, Moholy-Nagy. Il ne connaissait pas encore Brassaï. Mais son texte semble un commentaire anticipé des images de *Paris de nuit*:

> Les aspects photographiques de Paris offrent deux mondes dissemblables: celui du jour et celui de la nuit. Il est plus facile de se servir de la nuit pour émouvoir la curiosité publique. Les éléments de la nuit sont les grands metteurs en scène d'un fantastique social assez ingénu et toujours aussi facile à comprendre. Quand François Villon apercevait sous une porte un rayon de lumière orange dans une rue à cabarets et à étuves, il rentrait chez son oncle et il pensait: les lumières de Paris. [...] Si les lumières de ce Paris dont nous sommes les contemporains sont plus nombreuses et plus éclatantes, l'ombre qui est l'intelligence secrète de la lumière est encore peuplée. Les limites de la connaissance sont toujours aussi hypothétiques. La photographie se sert de la lumière pour étudier l'ombre. Elle révèle les peuples de l'ombre. C'est un art solaire au service de la nuit[3].

Mac Orlan confirme l'idée surréaliste: «La photographie est un art littéraire.» À la différence de la peinture, qui «se confond avec la vie elle-même», la photographie traduit le mystère et l'aventure dont se nourrit la littérature: «L'aventure s'inscrit en blanc et en noir.» Par la révélation des détails qui caractérisent, «selon l'heure», certains quartiers de la ville, l'image photographique reproduit «les visions inspirées par la sentimentalité collective». La photographie est littéraire parce qu'elle conjugue la précision du détail et la schématisation du noir et blanc, et parce qu'elle favorise l'interprétation dramatique ou «sentimentale» (les deux adjectifs sont presque interchangeables) d'un paysage urbain en clair-obscur.

Dans l'introduction de son dernier livre, *Le Paris secret des années 30*, Brassaï évoque sa rencontre avec Mac Orlan, quarante ans plus tôt: «mes filles de joie, mes marlous, mes marins lui semblaient sortir de son propre univers[4]». Mais ce «monde secret, interlope, interdit aux non-initiés» était en voie de disparition. Il appartenait déjà à la littérature. Brassaï cite une remarque de Raymond Queneau:

> Ce monde disparu de mauvais garçons et d'inquiétants personnages va prendre place à côté de celui des petites gens et des affranchis de Pétrone: le temps ne change rien à la chose. Tout écrivain digne de ce nom donne de son époque une image choisie, à la fois véritable et poétique, durable et irisée: c'est ce qu'a fait Mac Orlan.

3. Pierre Mac-Orlan, préface à *Atget photographe de Paris*, Paris, Henri Jonquières, 1930, p. 17-18. Citations suivantes: p. 2, 6, 4, 5, 16 et 20.

4. Brassaï, *Le Paris secret des années 30*, Paris, Gallimard, 1976, p. 9. Citations suivantes: p. 7 et 9.

Quand elle prétend à l'efficacité du récit littéraire, la photographie ne peut plus être un simple témoignage d'époque livré au commentaire. Elle se constitue un domaine réservé, dans le présent et séparé de lui par le pouvoir d'abstraction et d'idéalisation de l'image. La dramatisation photographique nous rapproche d'un présent qui s'est retiré dans la mémoire.

Queneau comparait Mac Orlan à Pétrone. Mac Orlan mentionne Villon. Dès les premières lignes de *Aux lumières de Paris*, il évoque avec ironie la foule des « Villon, le talent en moins, [qui] se mêlèrent aux environs de l'année 1900 au bas peuple des petits cabarets de Montmartre où l'on parlait familièrement un jargon d'argot extraordinairement fragile et fugitif[5] ». Le monde de Brassaï appartient au pittoresque de l'entre-deux-guerres, orné des vestiges de la Belle Époque. Il coïncide avec la géographie de Paris tracée par les poètes et romanciers amis : Mac Orlan, Léon-Paul Fargue (le « piéton de Paris »), Breton, Prévert, Henry Miller ; auxquels il faudrait ajouter l'auteur de *À la recherche du temps perdu*. Les images rassemblées dans les livres depuis *Paris de nuit* sont un film muet, qui appelle le complément d'une imagerie verbale.

Après ses explorations photographiques, Brassaï tenta de fixer cette imagerie verbale, dans *Histoire de Marie* (1949) puis dans *Paroles en l'air* (1977). Dans l'introduction de *Paroles en l'air*, il décrit sa méthode comme une « transmutation du langage parlé en écriture[6] ». Il situe *Histoire de Marie* dans un genre littéraire proche de l'ethnographie, qui procède « selon l'esprit de la photographie ». Mais il refusa toujours d'utiliser un magnétophone :

> C'est dans l'intervalle, entre les propos entendus et leur reconstitution, que s'effectue en nous-même un travail secret et obscur, le travail proprement *créateur* de la *remémoration*, qu'élimine précisément le magnétophone.

De même, ses *Conversations avec Picasso* (1964) ont été écrites de mémoire, dix ans après ses échanges avec le peintre (essentiellement pendant l'Occupation). L'enregistrement avait prouvé son efficacité dans le domaine visuel au cours des années 1930, mais il ne pouvait capter la poésie orale et vernaculaire de la fin des années 1940. Cette distinction montre le respect de Brassaï pour le travail de la mémoire, qui ne peut s'aider, dit-il, d'aucun moyen mécanique quand il s'agit de langage. Les principes méthodologiques énoncés dans *Paroles en l'air* situent les affinités entre photographie et écriture hors des performances de l'enregistrement.

L'enregistrement correspond à tout ce qui dans l'image moderne implique la vitesse et contredit en apparence la lenteur de l'écriture littéraire tradi-

5. Pierre Mac Orlan, *Aux Lumières de Paris*, *op. cit.*, p. 1-2.
6. Brassaï, *Paroles en l'air*, Paris, Éd. Jean-Claude Simoën, 1977, p. 14. Citations suivantes : p. 27, 22.

tionnelle. Pour les surréalistes, l'écriture automatique devait rivaliser avec l'instantané ; elle tendait à l'extrême vitesse des transmissions « sans fil » (la radio) et de l'électromagnétisme. Les futuristes avaient fait preuve d'une plus grande naïveté encore en célébrant la vitesse comme l'idole des temps modernes. En 1920 cet enthousiasme reparut au rythme des grands spectacles cinématographiques et au son des orchestres de jazz, sur un fond d'américanisme mêlé à une fascination pour la révolution soviétique. S'il était venu à Paris en passant par Berlin – où il avait, semble-t-il, rencontré Moholy-Nagy –, Brassaï semble avoir ignoré les projets constructivistes surgis du terrain insurrectionnel de Dada. Ce qui retint son attention dans la culture allemande fut plutôt la tradition romantique prolongée au vingtième siècle par Paul Klee et, plus modestement, par l'un de ses épigones, Hans Reichel, dont il fit la connaissance par hasard dans un hôtel de Montparnasse en 1928. Même s'il n'en parle nulle part, il avait à l'évidence assimilé le cinéma allemand imprégné du fantastique de la vie urbaine. Ce fut dans le visage de l'actrice allemande Aud Egede-Nissen – l'héroïne du film de 1923 de Karl Grüne, *La Rue* – reproduit dans *Aux lumières de Paris*, que Mac Orlan aperçut les premiers signes de la mélancolie du Paris des années 1920, avant même d'avoir remarqué la dégradation de l'argot parlé dans les cabarets de Paris.

Malgré la manière dont Mac Orlan utilisa les images de Brassaï pour qualifier la photographie d'« art expressionniste », on peut difficilement associer l'auteur de *Paris de nuit* aux maîtres allemands du clair-obscur : le paroxysme et l'horreur lui sont aussi étrangers qu'une foule affolée. Il se tint à l'écart du roman noir du modernisme de la même façon qu'il rejeta les utopies du progrès technologique et social. À la différence des adeptes de la Nouvelle Vision, il ne chercha pas à accélérer ses réflexes visuels dans un paysage urbain en mutation. Le Paris qu'il photographia au début des années 1930 n'est pas la *Großstadt* imaginée par les artistes de Berlin dix ans plus tôt. Vue depuis Montmartre, depuis la rue de Lappe ou des bureaux de la revue *Minotaure*, la constellation moderniste ville-cinéma-industrie, apparue simultanément à Berlin et à Moscou après la Première Guerre, paraissait très éloignée, dans l'espace et dans le temps.

Brassaï semble même avoir systématiquement ignoré les utopies modernes, quand elles s'établirent dans sa ville d'adoption. Elles participaient du « cauchemar climatisé », dont son ami Henry Miller parlait à propos des États-Unis avant de trouver refuge à Paris, la grande ville moderne archaïque et cosmopolite. Mondrian ne figure pas parmi les « artistes de ma vie » auxquels Brassaï consacra son dernier livre en 1982. Le portrait qu'il fit de Le Corbusier en 1931, dans son appartement de la rue Jacob, contredit la réputation de l'architecte : « Je m'attendais à voir un appartement ultra-moderne aux baies largement ouvertes, aux murs nus inondés de lumière, tel qu'il en conçut pour le milliardaire Charles Beistegui, le peintre Ozenfant, le sculpteur Lipchitz et bien d'autres. Or je me suis trouvé dans un logement assez mal entretenu, encombré de meubles hétéroclites et d'un bric-à-brac invraisemblable[7]. » De même, les grands conflits idéologiques qui divisèrent l'avant-garde parisienne pendant l'entre-deux-guerres n'ont pas affecté le Paris de Brassaï. Aux événements politiques et aux caprices de la mode, il opposa une tradition de la bohème, renforcée par l'hédonisme cosmopolite de l'École de Paris. Les révolutions et les guerres qui encadrent la période n'atteignirent pas ce monde, ou sous la forme d'échos distants, assourdis, puis, pendant les quatre ans de l'Occupation allemande, en accentuant la clôture du microcosme. De l'atelier de Picasso durant ces quatre années, vu par Brassaï, se dégage la puissance concentrée d'un univers clos, que continue d'animer la vie sociale et artistique de la ville occupée. Quant au paysage urbain hors de l'atelier, Picasso envisageait d'en faire de « monstrueux moulages », semblables aux figures de Pompéi saisies par la lave du Vésuve[8].

Êtres et choses sont aux yeux de Brassaï inéluctablement voués à la statuaire. Il regarde les choses comme des êtres vivants, parce que les êtres vivants, délivrés de leur mouvement psychologique, deviennent similaires aux choses :

> Je photographie un portrait comme un objet. Je fais le portrait d'une pomme de terre… Je pense que la forme exprime tout. On n'a pas besoin de psychologie… Quand je fais le portrait d'une personne, j'aime la photographier dans l'immobilité de son visage, renvoyer chacun à sa propre solitude. La mobilité d'un visage est toujours un accident. Or je cherche ce qui est permanent[9]…

À cette quête de la permanence correspond son goût des corps lourds et solidement attachés au sol, son attrait pour la statuaire antique : les idoles des Cyclades, les déesses de la fertilité, les protecteurs des morts, « ces sculptures si dépouillées, si pures de la mer Égée […] la quintessence de l'art plastique[10] ».

Peu de photographes se sont autant intéressés à la vie, aux « choses vivantes » (animées intérieurement), en rejetant de manière aussi systématique les instabilités plus ou moins heureuses du mouvement. Il fixe les traits de caractère, il crée des personnages et des décors, mais évite les expressions flottantes, ou ne les retient qu'à la condition qu'elles dessinent

7. Brassaï, *Les Artistes de ma vie*, Paris, Denoël, 1982, p. 84.
8. Brassaï, *Conversations avec Picasso* (1964), Paris, Gallimard, 1997, p. 116.
9. Extrait de « Brassaï ou les yeux d'un homme » (entretien réalisé par Jean-Marie Drot et diffusé par la RTF le 3 novembre 1960), dans *Brassaï*, cat., Paris, Bibliothèque nationale de France, 1963, p. 15.
10. Brassaï, *Conversations avec Picasso*, *op. cit.*, p. 226.

les traits d'un masque. Il cherche toujours à dépasser les harmonies faciles et les grâces du moment. Lorsqu'il photographie des danseurs, il ne les saisit pas dans l'élan d'un saut ou dans le suspens d'un mouvement rapide en pleine lumière, mais au contraire dans la concentration beaucoup moins spectaculaire d'un exercice ralenti, retirés en eux-mêmes, solides comme les figures d'un bas-relief. On pourrait le définir comme un photographe de la plastique revue par l'instantané, mais aussi comme le photographe de la durée qui tend à la permanence, ou encore comme le photographe de la lenteur : la lenteur de la matière vivante animée d'une impulsion vers la statuaire, quand le flux de la vie porté par l'écriture (verbale et visuelle) se transforme en fontaine pétrifiante.

Toujours en action, irrésistiblement mobile, mais fermement en place, tel l'immanquable pôle d'attraction de la vie artistique parisienne, fixe, solide et matériel, aussi solitaire que communicatif, Picasso, dont Brassaï photographiait l'œuvre sculpté depuis 1932, fut le modèle idéal du portraitiste : la figure monumentale et solaire qui absorbe, et résorbe, toutes les apparitions nocturnes. Brassaï vit en Picasso un nouveau Goethe, souverain et multiple, qui observait les mécanismes de son propre génie créatif ; le producteur d'un univers assez complexe et assez autonome pour remplacer le monde exténué dont *Paris de nuit* avait fixé le dernier éclat. Face à l'attrait du bolchevisme, à la montée du fascisme, à la mobilisation mondiale des masses dont la foule des Grands boulevards ne donnait plus qu'une image surannée, le théâtre de la bohème parisienne était une scène dérisoire. La guerre dispersa ses acteurs ; Picasso, enfermé dans son atelier en une sorte de « captivité volontaire » (Hans Jaffé) devint le point stable d'un tourbillon qui balayait la misère du présent.

En 1966, Lévi-Strauss décrivit l'œuvre de Picasso comme « un témoignage parmi d'autres, de cette espèce d'emprisonnement que l'homme s'inflige chaque jour davantage au sein de sa propre humanité [...] cette espèce de monde clos où l'homme, en tête-à-tête avec ses œuvres, s'imagine qu'il se suffit à soi-même[11] ». Dans cette clôture, devenue manifeste sous l'Occupation, Brassaï reconnut surtout une fatalité héroïque, la « solitude souveraine » dont parle Jean Genet à propos des sculptures de Giacometti : « La solitude, comme je l'entends, ne signifie pas condition misérable mais plutôt royauté secrète, incommunicabilité profonde mais connaissance plus ou moins obscure d'une inattaquable singularité[12]. »

Les artistes de l'École de Paris formèrent initialement une communauté sur le modèle de la bohème du dix-neuvième siècle, entre peuple et bourgeoisie,

11. Claude Lévi-Strauss, « À propos d'une rétrospective », entretien avec André Parinaud, *Arts*, n° 60, 16-22 novembre 1966 à l'occasion de l'ouverture de l'exposition *Hommage à Picasso* aux Grand et Petit Palais (Paris) ; repris dans *Anthropologie structurale deux*, Paris, Plon, 1973, coll. « Agora », 1996, p. 330.
12. Jean Genet, *L'Atelier d'Alberto Giacometti*, Paris, L'Arbalète, 1958-1963, n. p.

bas-fonds et salons parisiens. L'exemple idéalisé de l'ouvrier-artisan convenait à leur désir d'effacer les marques d'individualité de l'activité artistique. Braque et Picasso confondirent leurs tableaux dans les premières années du cubisme. En 1944, Arp déclarait: « Les œuvres de l'art concret ne devraient plus être signées par leurs auteurs. [...] Les artistes devraient travailler en communauté comme les artistes du Moyen Âge[13]. » Mais cette idéalisation de l'artiste-artisan n'était plus qu'un vœu pieux, ou une vaine réponse à l'anonymat corrosif des masses mobilisées par les propagandes totalitaires. À la fin du dix-neuvième siècle, les artistes avaient cédé à la tentation anarchiste de placer dans l'individu un dernier espoir de résistance à la norme sociale imposée par l'État bourgeois. Rémy de Gourmont, par exemple, affirmait: « Un individu est un monde ; cent individus font cent mondes et les uns aussi légitimes que les autres[14]. » Cet individualisme valorisa l'œuvre d'art par opposition au mode de vie hédoniste et suicidaire de la bohème; mais il restait conditionné par le modèle romantique de l'artiste seul face à la nature, se fiant à ses propres ressources créatives, privé du recours à la tradition. La bohème conserva son attrait aussi longtemps qu'elle représenta une alternative communautaire face à l'État.

Parisien d'adoption, Brassaï souscrivit à l'idée anarchiste de l'œuvre, en affirmant l'autonomie de l'individu créatif, lié librement à ses semblables. La communauté artistique de l'École de Paris – depuis sa première contribution à *Harper's Bazaar* en 1937 – apparaît dans ses images comme ce monde exemplaire qui assemble un écheveau de solitudes. Dans les coins d'ombre ou dans la lumière des ateliers, la photographie est aussi efficace que dans les rues nocturnes: en chacun des personnages, dans chaque visage, elle exalte cette « inattaquable singularité » (Genet) qui acquiert une permanence plastique analogue à celle des choses matérielles, des objets, des œuvres.

Le premier numéro de *Minotaure*, en 1933, où Brassaï publia des photographies de sculptures de Picasso, contenait le texte de Pierre Reverdy, « Note éternelle du présent ». Le poète affirmait la clôture hermétique et implosive de l'œuvre d'art, semblable à la solitude du prisonnier. Il désignait: « L'émouvant secret qui réside dans une œuvre statique dont toute la force, fermement contenue, éclate dans ses propres limites[15] ! » Dans le même numéro de *Minotaure*, Reverdy publiait aussi un texte intitulé « L'art du ruisseau », sur le cinéma, c'est-à-dire l'autre pôle – « tout autre » – de la culture:

> Il s'agissait d'un besoin tout autre – d'un moyen plus gros, moins subtil, plus direct, moins lent, plus sûr que l'art – il s'agissait d'atteindre, de

13. Jean Arp, *Jours effeuillés*, Paris, Gallimard, 1966, p. 183.
14. Rémy de Gourmont, « L'Idéalisme », *Entretiens politiques et littéraires*, vol. IV, n° 25, avril 1892, p. 146-147 (texte repris dans R. de Gourmont, *L'Idéalisme*, Paris, Mercure de France, 1893).
15. Pierre Reverdy, « Note éternelle du présent », *Minotaure*, n° 1, 15 février 1933; *Note éternelle du présent*, Paris, Flammarion, 1973, p. 20.

> remuer, de satisfaire, de soulever des masses énormes, avec rapidité et violence – des masses que la lumière diffuse de l'art, trop dissociée par l'intervention inéluctable de l'individualité trop nuancée, ne parviendra jamais à pénétrer ni à éclairer, par conséquent à toucher directement ni servir ni conquérir. Le cinéma a illuminé le cœur de la foule jusqu'à la brûler. C'est fini, notre époque sera celle du cinéma, notre civilisation celle du cinéma – malgré les révolutions, malgré les guerres et toutes les inventions non moins stupéfiantes que lui[16].

Reverdy avait identifié deux extrêmes : *le conflit de la toile et de l'écran*, de l'œuvre et du spectacle. Il se référait à la permanence de l'art classique (ou archaïque) des « grandes époques » pour affirmer : « La vérité en art est incluse dans l'œuvre elle-même comme la vie dans l'animal[17]. »

Le même vitalisme plastique détourna Brassaï des charmes de l'instantané, surtout quand il reconnut que la « sentimentalité collective », comme disait Mac Orlan, s'exprimait dans le cinéma mieux que dans la photographie. *Graffiti*, le livre publié en 1960, bilan de vingt ans d'étude des murs de Paris, contient cette définition de l'art archaïque du portrait :

> Le mur comme l'art des cavernes fixe toujours un portrait, qu'il s'agisse d'une bête, d'une femme ou d'un sorcier. Jamais une scène, jamais une histoire, jamais le mouvement ou l'idée du mouvement réduit en schème. Et les animaux qui bondissent, comme ceux de Lascaux ? Mais précisément, ils ne bondissent pas. Ils ont été saisis, arrêtés dans leur mouvement avec une exactitude déroutante. La science même de ces artistes dans la captation des contours contredit le mouvement. Toutes ces bêtes étaient immobilisées, figées et pétrifiées en portrait[18].

Lorsqu'il photographiait les bas-fonds du Paris nocturne et clandestin, Brassaï avait déjà choisi « l'art des cavernes, secret, replié sur lui-même », opposé au « style du plein-air » qui est « tout mouvement et action »[19]. Les graffiti confirment que l'imitation appliquée à la figure humaine – le portrait, pour Brassaï – est le « principe archaïque de l'art ». Inscrite sur le mur, gravée dans la pierre, la figure humaine apparaît dans sa généralité, conditionnée par la nécessité dramatique de l'inscription : un signe élémentaire qui demande à se fixer dans la matière plutôt qu'à être tracé sur une surface. Associés à l'art pariétal, les graffiti sont le modèle d'une écriture figurative, urbaine et rudimentaire, l'éclat obsessionnel d'une rage de l'expression – purement virile, comme Brassaï lui-même le souligne – qui correspond à une organisation archaïque de la société.

16. Pierre Reverdy, « L'art du ruisseau », *Minotaure*, n° 1, 15 février 1933 ; *Note éternelle du présent*, *op. cit.*, p. 226.

17. « Note éternelle du présent », *ibid.*, p. 21.

18. Brassaï, *Graffiti*, Paris, Flammarion, 1993, p. 44.

19. *Ibid.*, p. 43-44.

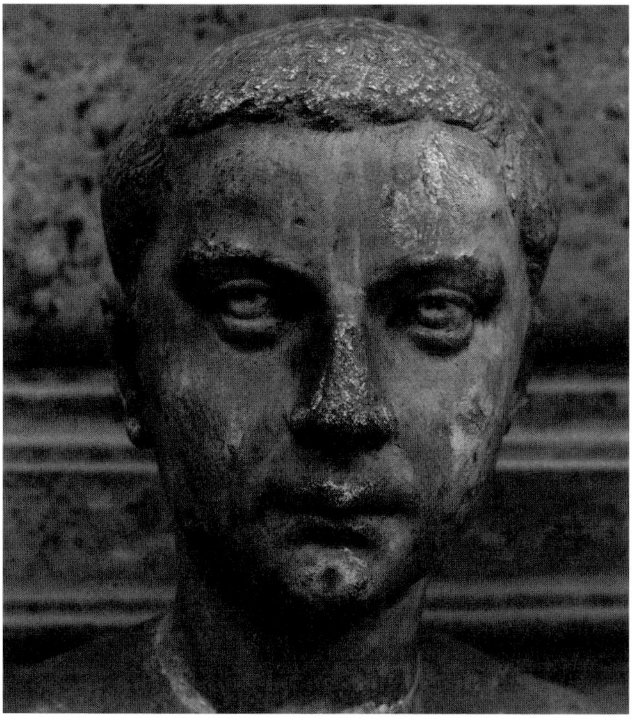

Patrick Faigenbaum. *Gordien III*, Rome, août 1987.
Tirage argentique noir et blanc, 58 x 47 cm.

Patrick Faigenbaum
L'hypothèse généalogique

Patrick Faigenbaum est portraitiste. Après avoir suivi une formation picturale, il a choisi la photographie pour décrire des physionomies, capter des ressemblances, camper des personnages, convaincu, comme l'était Jean Cassou, que « dans ce domaine, la photographie apparaît comme un art indiscutablement supérieur à la peinture[1] ». Il n'y avait pas de photographe dans son entourage, personne ne l'a encouragé dans cette voie, et il n'a pas suivi de formation spécialisée. Il a choisi cet outil selon une nécessité personnelle.

Porté par l'évolution historique qui a fait d'un genre pictural une spécialité photographique, Faigenbaum a défini son domaine et construit sa méthode hors des normes professionnelles. Il a acquis un savoir-faire, un « métier », plus qu'une qualification. Il n'a pas rendu hommage aux maîtres nationaux (Cartier-Bresson, Doisneau...). Il a su attendre avant de commencer à montrer son travail et de prétendre en vivre. Dès qu'il a pu, il a sollicité et obtenu des bourses, mais il a évité de travailler sur commande. En France, dans les années 1970, quand la photographie d'auteur était dominée par le reportage et par l'illustration, il menait ses recherches à l'écart. Ses références étaient Richard Avedon, Eugène Smith, et, surtout, Bill Brandt.

Texte paru dans *Patrick Faigenbaum. Tableaux romains*, cat., Musée d'art contemporain de Nîmes, FRAC Pays de la Loire, 1989. Version revue et abrégée.

1. Cité par André Vigneau dans *Une brève histoire de l'art de Niépce à nos jours*, Paris, Robert Laffont, 1963, p. 73.

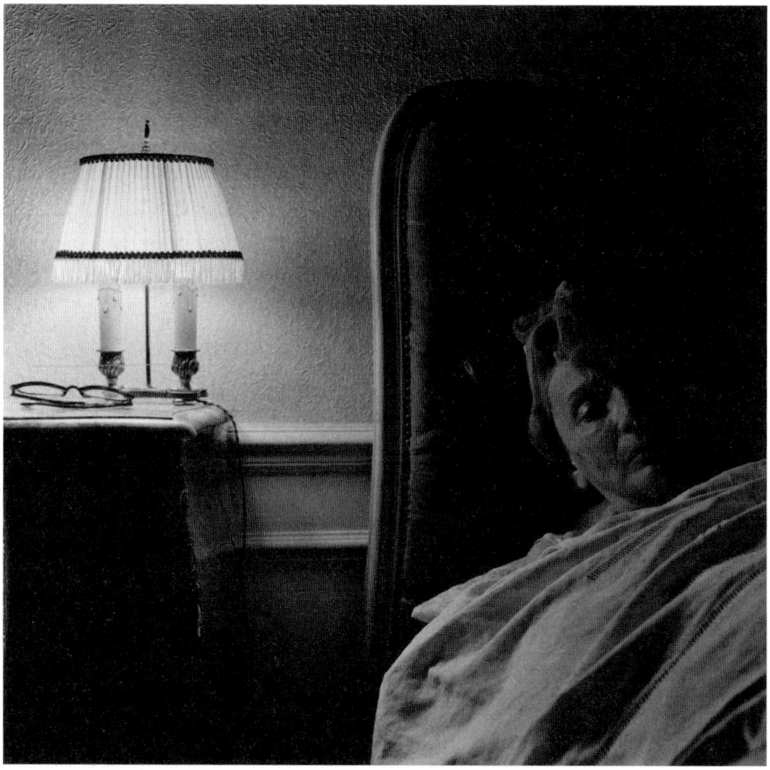

Patrick Faigenbaum. *Ma mère*, Paris, 1977.
Tirage argentique noir et blanc, 64 x 64,5 cm.

En 1976, il réalisait des portraits sur fond blanc à la manière de Richard Avedon. Il rendit visite à Bill Brandt qui lui conseilla de renoncer au studio et de montrer ses personnages dans le décor de la vie quotidienne. L'année suivante, il fit un portrait de sa mère (allongée dans sa chambre) qui est l'image la plus troublante de cette première période. Quinze jours plus tard, il rencontrait Avedon et Eugène Smith à New York. Tous deux remarquèrent cette image. Avedon lui conseilla de lire *La Métamorphose* de Kafka.

Au début, il y avait donc les parents, les proches, les amis, dans un décor familier. C'était pour le photographe une enquête sur lui-même et, sans doute, une sorte d'exorcisme. Faigenbaum cherchait la vérité dans la fiction, autant que dans la description « humble » et « perspicace », selon les mots de Jean Cassou dans le texte déjà cité. C'est d'ailleurs pourquoi le conseil de lecture d'Avedon lui fut particulièrement utile. Il mit en place sa méthode : la cérémonie de prise de vue, la distribution des figures, l'intuition des relations entre les personnages et le repérage des indices, le jeu entre le corps et le décor, l'artifice, la netteté ou la violence du cadrage, le modelage de la lumière. On pouvait déjà penser aux galeries d'ancêtres dans les vieilles maisons patriciennes.

Depuis quatre ans, Faigenbaum développe cette vision en dehors du milieu parisien de la petite bourgeoisie juive dans lequel il est né. Il a entrepris de visiter systématiquement l'aristocratie italienne pour retrouver les personnages et les décors d'une tradition picturale. Son voyage a commencé logiquement à Florence en 1983 et 1984, bien que l'idée lui en soit venue à Venise. Il a passé la plus grande partie des trois années suivantes à Rome. Il doit ensuite se rendre à Naples. On ne peut s'étonner qu'il ait formé ce projet après avoir ennobli ses proches. L'obsession est la même, transposée.

Dans les palais florentins, abrités, difficiles d'accès pour un étranger, fermés sur leur cour intérieure, le portraitiste parisien et roturier n'était admis que pour de brèves visites. Malgré cette difficulté, il a pu repérer précisément les lieux, puis jouer avec autorité du cérémonial de la prise de vue pour fixer des tableaux vivants. Il retrouvait la tradition picturale des *Conversation Pieces* adaptée au cinéma par Visconti. Les tableaux vivants redoublent les portraits d'ancêtres disposés sur les murs. Les relations généalogiques entre les modèles sont enrichies de parentés lointaines. Toute figure, soigneusement disposée, prend sa place dans un réseau de ressemblances et d'analogies.

La série romaine présente les mêmes caractères, mais l'espace s'est élargi. Faigenbaum a d'abord exploré la ville. Il a découvert des palais plus vastes, plus fastueux. Sa nouvelle galerie de portraits donne ainsi une image de Rome, comme la série précédente montrait indirectement Florence. Les épreuves sont elles-mêmes plus larges et généralement plus claires. Si la princesse Torlonia, infante d'Espagne, règne encore, pour le temps d'une image, dans son palais aux volets clos, c'est en pleine lumière que la famille Massimo se présente sous les arcades de la galerie intérieure du palais, construit par Peruzzi, corso Vittorio Emanuele. Ici plus que jamais, le décor a déterminé l'emplacement des personnages. Les modèles sont des figures soumises à l'ordre architectural interprété par le photographe.

Durant les derniers mois de son séjour à Rome, Patrick Faigenbaum a réalisé une série de reproductions des bustes d'empereurs romains conservés au Vatican et au musée du Capitole. Intitulée *Vies parallèles* – d'après l'ouvrage de Suétone, qui fournit l'épigraphe du catalogue –, cette série permet de mieux situer, par comparaison, le propos des portraits *in vivo* de l'aristocratie. Les effigies des empereurs ont acquis la ressemblance immatérielle de l'image photographique, qui confirme et accentue leur réalisme. La singularité physionomique s'est dégagée du modèle plastique. On peut reconnaître un exercice d'archéologie du portrait photographique : le photographe, qui vit à l'époque de la reproductibilité mécanique des œuvres d'art, examine les antécédents de son métier à l'époque de la fonte et de la copie. La logique de ces *reproductions* est l'inverse de celle des portraits de l'aristocratie. Tandis que le visage de César, malgré (ou à travers) la falsification d'une idéalisation et la dégradation des copies, réapparaît tel qu'un sculpteur du premier siècle avant Jésus-Christ pouvait le voir effectivement, les représentants actuels de la noblesse romaine se dépouillent de leur singularité pour retrouver leur place assignée dans un tableau de famille. Il s'agit dans les deux cas d'une reconstitution. Mais, ici, le mouvement va de l'original (le modèle vivant) vers la copie (l'ancêtre peint), et là, de la copie (le buste sculpté) vers l'original (l'individu historique).

Cette comparaison atteste que Faigenbaum ne s'arrête jamais à l'évidence d'une confrontation. S'il a joué aussi simplement son rôle de portraitiste dans la série des bustes d'empereurs, c'est parce qu'il lui fallait traverser l'obstacle d'une figuration préexistante pour retrouver la ressemblance du personnage historique. Quand il se trouve face à un être de chair, contemporain, il doit réaliser l'opération inverse : chaque modèle s'éloigne en devenant l'acteur de son propre personnage. Le décor s'impose, avec ses anachronismes. Une foule de détails distrait l'attention des visages.

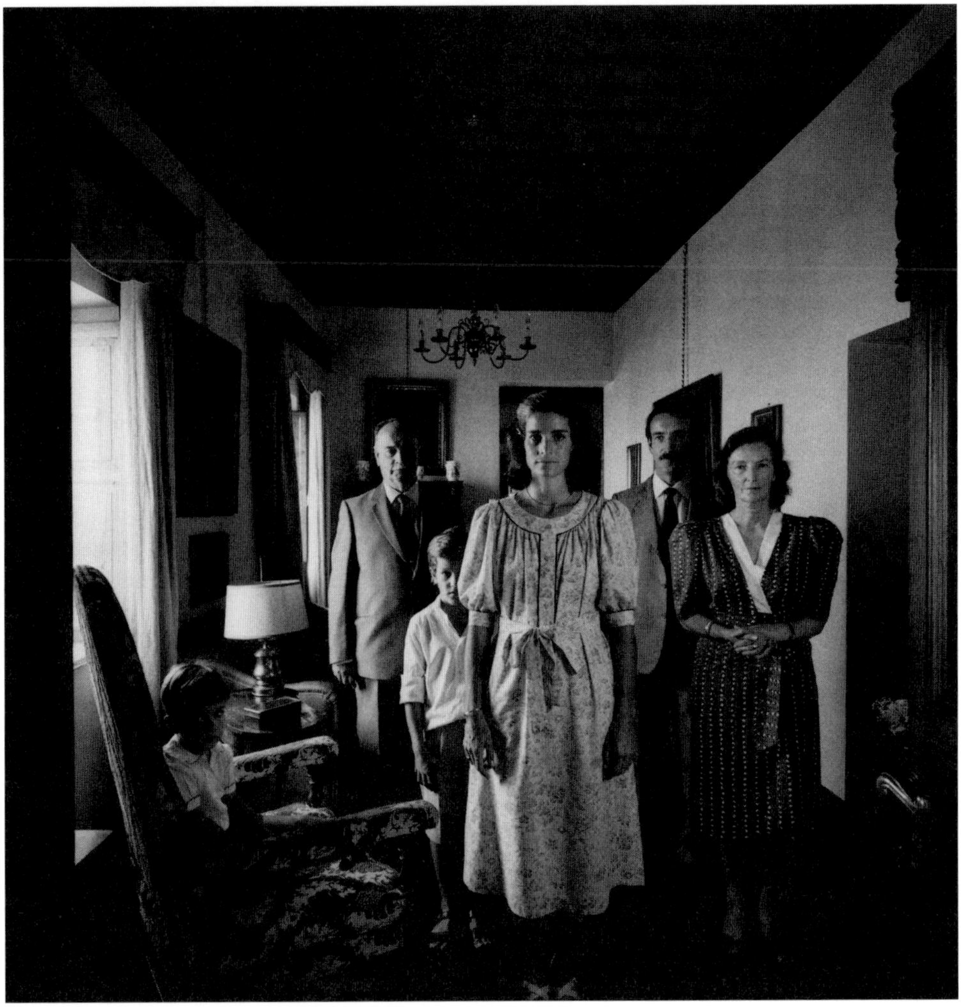

Patrick Faigenbaum. *Famille del Drago*, Rome, 1987.
Tirage argentique noir et blanc, 50 x 48,5 cm.

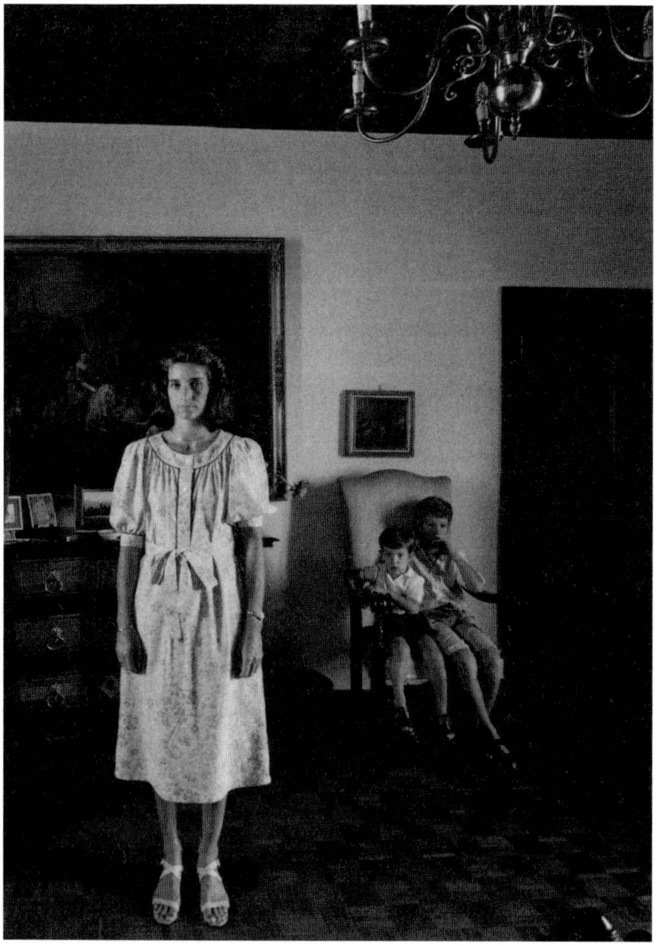

Patrick Faigenbaum. *Famille del Drago*, Rome, 1987.
Tirage argentique noir et blanc, 56,2 x 41 cm.

Faigenbaum ne feint pas d'être absent. Il ne cherche pas à se faire oublier. Il est le *visiteur* que tous regardent, le maître de cérémonie. Il dicte les postures, corrige un geste ou une attitude. Même quand ils s'avancent en figures de proue, ses modèles ne peuvent se détacher du groupe ; ils ne peuvent s'extraire du cadre familial. La contrainte est généalogique et picturale. Tout écart qui pourrait perturber la composition d'ensemble est soigneusement contrôlé. Comme l'imparfait était pour Flaubert, selon Proust, le temps privilégié du récit, le style indirect est ici le mode constant de la restitution photographique. Aucun personnage ne peut prendre directement la parole, se présenter dans sa singularité ; il ne peut se soustraire aux contraintes de l'hypothèse généalogique à laquelle le portraitiste a conformé son style.

Cette hypothèse est double. Elle porte sur l'identité des individus, inscrite dans un réseau de ressemblances familiales, et sur celle de l'image photographique, dérivée de la peinture. En explorant un milieu social dépositaire d'une culture défunte, Faigenbaum reconstitue un vocabulaire, une syntaxe, un système de figures de la fiction picturale. La famille Aldobrandini rejoue une Annonciation en costume moderne, les deux enfants Massimo sont des personnages de Velázquez revus par Diane Arbus. Même en l'absence de références aussi lisibles, le portrait actuel est œuvre de mémoire. L'inépuisable scénario du *visiteur* se fonde sur cet échange entre les séries du présent et du passé. Faigenbaum a établi son domaine : celui de la ressemblance, quand elle n'est pas seulement apparence et preuve d'une identité singulière, mais signe d'appartenance familiale et sociale, accumulation de modèles, dérive spectrale. Ce domaine est celui de la peinture comme imitation et figuration généalogique, investi par la photographie.

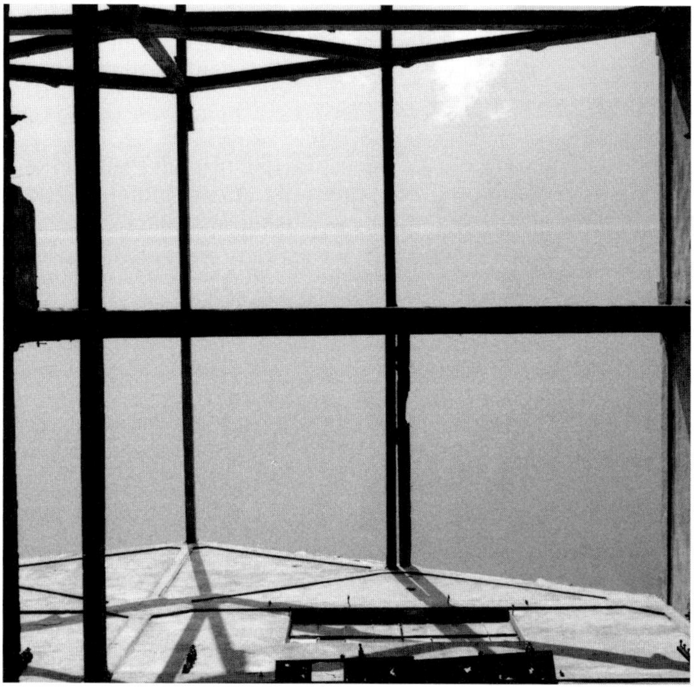

Suzanne Lafont. *Architectures*, 1985.
Tirage argentique noir et blanc, 21 x 21 cm.

Suzanne Lafont
La ruse de l'imaginaire

Les images de Suzanne Lafont sont spécifiques. Leur forme résulte chaque fois d'un propos défini, dans les termes d'une problématique spéculative. Irréductibles aux catégories et labels de l'art contemporain, elles échappent également aux répertoires et aux généalogies institués d'une histoire de la photographie. Ajoutons que cette spécificité ne tient pas à la particularité d'un contenu d'information : Lafont est de ces rares artistes qui utilisent la photographie en dehors de sa vocation documentaire et dont les images ne sont rien d'autre que des photographies.

Depuis 1984, elle enchaîne ses recherches avec rigueur, sans s'attarder sur un problème résolu, sans exploiter une formule éprouvée. Ayant choisi la photographie après s'être longtemps consacrée à la philosophie, elle a adopté naturellement une attitude d'étude et de réflexion. Peu d'artistes donnent le sentiment d'une progression aussi régulière et assurée ; et bien peu, parmi ceux ou celles qui utilisent la photographie, ont su se donner un espace propre de recherche avec une telle indifférence aux sollicitations diverses de la communauté photographique. Nous sommes ici aux antipodes d'un propos didactique, ou utopique, ou même « critique ». Suzanne Lafont ne se sent pas tenue

Texte paru dans *Suzanne Lafont*, cat., Paris, Galerie nationale du Jeu de Paume, 1992. Cette nouvelle version inclut des éléments d'un texte antérieur : « Ouverture », paru dans *Suzanne Lafont, 1984-1988*, cat., Centre de la Vieille Charité, Musées de Marseille et Actes Sud, 1989.

d'intervenir dans la culture contemporaine ou de prendre part aux débats d'actualité. Sa démarche est étrangère à la tradition de la photographie dite « créative »; étrangère également à une exubérance imaginaire qui sert si souvent d'échappatoire à une subjectivité contrainte, comme on l'observe dans les fantaisies de la photographie mise en scène néopictorialiste. Lafont pense que l'élargissement de l'imaginaire doit procéder d'une ouverture du regard.

On ne trouvera ici aucun ajout de matériaux hétérogènes, pas de manipulation du support, et – alors même que le critère d'objectivité est écarté au profit d'un principe spéculatif –, aucun signe manifeste de transgression de la norme naturaliste sur laquelle s'est fondé le dogme de la photographie directe (*straight photography*). Le regardeur est confronté à une pensée qui joue du renversement et du paradoxe – tel qu'il fut notamment pratiqué par les sophistes dans l'Antiquité – pour éprouver et relancer sa propre mobilité.

Lafont se tient à l'écart de toute communauté, mais elle ne cherche pas à développer ni imposer des traits d'originalité ; les questions qu'elle pose sont les plus « communes », de celles qui se cachent sous les évidences. Elle précise elle-même :

> J'ai commencé à réfléchir sur les idées de lieu commun, de convention, à l'occasion d'un travail universitaire sur la fin de l'œuvre de Flaubert. En m'intéressant à l'origine du commun dans notre tradition de pensée, j'ai été confrontée à la réflexion des contradicteurs du socratisme platonicien et aristotélicien. J'ai donc été familiarisée avec une pensée dont le principe n'est pas la démonstration et la recherche de la vérité, mais la mobilité, les déplacements, les retournements propres au paradoxe. Je précise cela parce que je sais que cette manière de procéder est présente dans ce que je fais, et que la figure de l'ambivalence me préoccupe. Par ailleurs, je me suis toujours intéressée aux préoccupations de la pensée picturale. Pour en revenir à Flaubert, il est évident que la place occupée à la fin de son œuvre par la citation m'a renvoyée à l'idée de ready-made et à Duchamp. Par la suite, ce sont les correspondances de cette pensée chez les artistes du pop art qui ont attiré mon attention et centré mon intérêt sur l'image fabriquée mécaniquement. La rencontre avec la photographie s'est faite pour moi autour de cet écho de la citation dans les préoccupations picturales des années 1960. Ce qui est à la fois très logique et très peu original[1].

Elle aimerait sans doute pouvoir déclarer, comme Ludwig Tieck (dans *Almensour*) : « Nous nous raconterons des contes merveilleux comme s'il s'agissait des choses les plus quotidiennes. » Elle voudrait considérer que le

1. Entretien avec Christian Milovanoff dans *Une autre objectivité*, cat., Milan, Idea Books, 1989, p. 169-173.

merveilleux n'est pas nécessairement une échappatoire, qu'il peut être un monde réel. Mais elle a mesuré, depuis sa lecture de Flaubert, la corruption du vocabulaire romantique. Elle sait que la fantaisie est un instrument publicitaire et l'ironie trop souvent un procédé d'adaptation. Elle accepte la sobriété de l'image enregistrée. Elle aime les renversements, mais elle ne voit pas comment elle pourrait faire de la photo avec la peinture ou de la peinture avec la photo. Elle utilise la forme tableau pour mettre en place des figures photographiques, et elle transforme cette forme avec ces figures.

Un modèle cinématographique, manifeste dans les portraits en gros plan ou faux instantanés, donne aux figures photographiques une valeur fragmentaire, qui induit une ouverture contraire à la clôture du tableau. Mais cela ne ressortit pas à cette spontanéité qui est souvent invoquée comme la cause miraculeuse des « bonnes images ». L'ouverture cinématique de l'image résulte encore d'une patiente étude de l'instrument artistique et de son histoire.

Autant dire que Lafont n'a pas cherché à nier les contraintes qui découlent de la structure optique de la *camera oscura* et de l'héritage du naturalisme pictural. En 1984, ses premières recherches ont porté sur les habitudes visuelles issues des avant-gardes historiques. Elle s'appliqua à détourner un poncif de la Nouvelle Vision des années 1920 : la vue en contre-plongée, telle qu'elle avait été appliquée notamment à l'architecture métallique (par Moholy-Nagy ou Rodtchenko), avec ses violents effets d'abstraction dynamique. En rectifiant les distorsions optiques du procédé, elle restaurait la stabilité orthogonale du tableau. Il lui a suffi de renverser les termes et les critères de la norme descriptive du dix-neuvième siècle, de montrer que la description naturaliste est conditionnée par une architectonique de la composition porteuse d'abstraction – et non le contraire –, pour que l'alternative expérimentale des années 1920, avec ses angles de prise de vue insolites, apparût comme l'exemplification des figures d'une rhétorique visuelle. L'expérimentation de la Nouvelle Vision n'était plus tant l'aventure d'une libre exploration des apparences que la suite d'un programme de géométrisation des sensations visuelles.

Lafont a retracé la continuité de ce programme dans l'histoire des représentations photographiques de l'architecture [2]. Comparant, à travers le traitement de motifs identiques ou similaires, la systématisation des points de vue dynamiques dans les années 1920 avec la stabilité des compositions du dix-neuvième siècle, elle montre que la complexité et la diversité des sensations se trouvent du côté d'un *naturalisme physicien* plus que d'un expérimentalisme qui prétendait libérer le regard des conventions naturalistes.

2. Suzanne Lafont, « Nature et classicisme. La leçon du XIXe », *Photographies*, n° 7, 1985, p. 12-17.

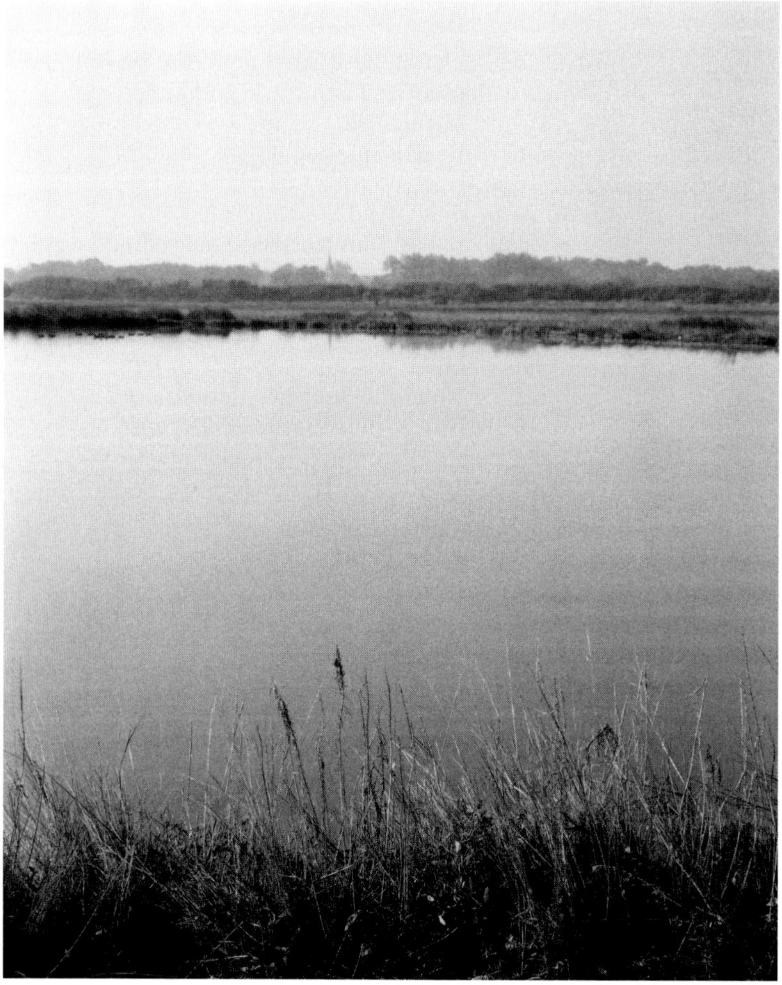

Suzanne Lafont. *Littoral*, 1987. Tirage argentique noir et blanc, 46,5 x 37 cm.

Il n'est donc guère surprenant que l'expérimentalisme des années 1920 ait abouti à la rhétorique visuelle des années 1930, conforme au développement de la propagande et de la publicité.

En soumettant une liberté expérimentale aux règles de la description naturaliste, elle prenait le risque d'une certaine rigidité, mais elle voulait surtout arrêter la dissipation des choses dans les images, défaire une rhétorique qui célèbre la surprise et l'insolite pour reproduire, en réalité, des schémas de

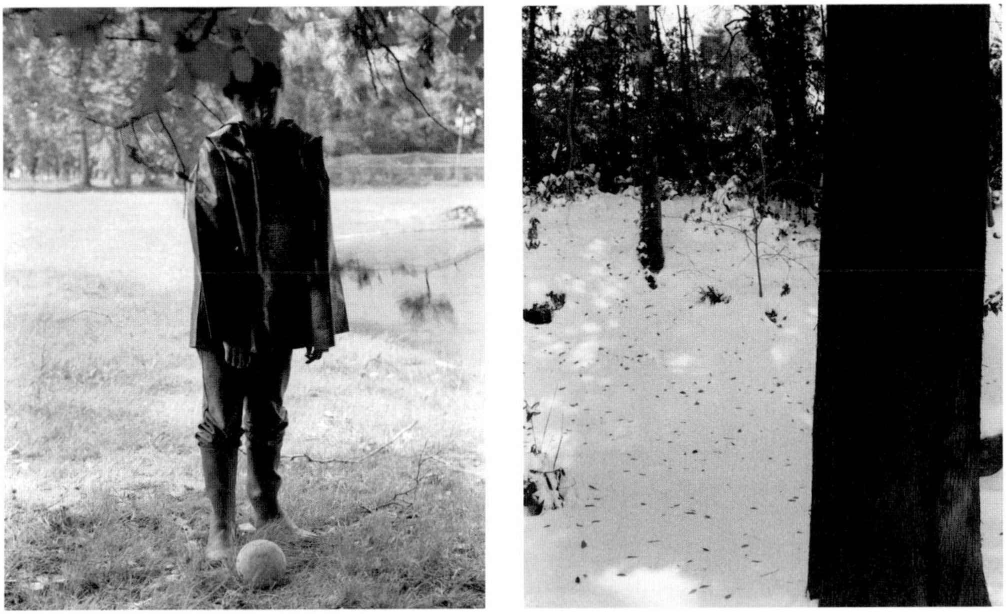

Suzanne Lafont. *Sans titre*, 1987. Tirages argentiques noir et blanc, 46,5 x 37 cm (chaque).

perception et d'interprétation abstraits. Cette première opération paradoxale semblait résoudre l'antinomie entre l'expérience ouverte de la vision fragmentaire et l'exigence d'une forme autonome qui appelle la clôture du tableau.

Dans les travaux suivants, Lafont utilisa toujours la rhétorique de la Nouvelle Vision *a contrario*, en explorant la zone frontière de l'image enregistrée, entre photographie, cinéma et théâtre. Après les premières « études » d'architecture, elle élargit son répertoire à la nature et au corps humain. En 1987, invitée à photographier le Désert de Retz, elle découvrit un théâtre de la nature découpée en tableaux. Ce nouveau sujet imposait un modèle scénographique, comme l'architecture industrielle avait inspiré le modèle architectonique antérieur. Elle travailla à la façon d'un cinéaste venu du théâtre, pour qui « le réel doit être traité comme un décor » (Orson Welles). Mais elle était prête pour cette expérience, car elle venait de réaliser les paysages de bord de mer de la série *Littoral*. Plus que les espaces successifs d'une profondeur, la terre, la mer, le ciel forment ici des plans étagés. Le départ de la mer au bord du rivage et le départ du ciel sur la ligne d'horizon constituent une redondance formelle qui défait la rêverie du lointain. Pour Lafont, cette réduction de la profondeur dramatique au rideau de scène est constitutive d'un *réalisme scénographique*. Le littoral est une zone frontière où se conjuguent des sensations de terre (d'herbe), de mer et de ciel, la richesse et le dénuement.

Or, c'est là, dans cet espace générique, commun, ou, plutôt, devant l'image qui en a été produite, qu'une première figure humaine, un premier acteur, a pu venir s'installer, se fixer, se planter, comme on plante un arbre.

Les figures se sont ensuite enchaînées comme une genèse hallucinée. Le corps passe au-devant du paysage, quand l'arbre n'était qu'une découpe sur le champ de neige. Mais il s'agit d'un corps figé, bloqué devant l'écran où se reflète son absence. Denis Vasse a décrit cette *sidération* schizophrénique : « Pour lui, le paysage – ce qu'il voit ou imagine de lui-même – devient miroir qui le fige et l'oblige à s'immobiliser dans la glace et le froid : il est sidéré [3]. » Être sidéré, c'est, selon l'étymologie, « subir l'action funeste d'un astre qui peut immobiliser jusqu'à la paralysie ». Suzanne Lafont a trouvé ici un terrible écho à la prise d'identité qu'est le portrait photographique. Toutefois, malgré cet effet de sidération, l'apparition du corps humain a ouvert de nouvelles possibilités : le mouvement, d'abord, puis le portrait isolé, puis le visage seul, puis, enfin, le portrait instantané, qui combine physionomie et gestes. L'artiste-scénographe a radicalisé sa méthode. Elle a installé des enfants dans un faux jardin, fait poser des modèles adultes devant un écran de feuillage qui rappelle les décors peints des studios du dix-neuvième siècle. Avec la série des *Enfants*, la séparation rigide des corps dressés a cédé la place à une figure de la continuité ; le bougé, qui capte et intensifie la lumière ambiante, enchaîne les gestes désordonnés aux vibrations et aux nervures du feuillage. Le rideau de scène s'est animé, il est gonflé, troué, gorgé de lumière.

Au début des années 1930, Walker Evans avait opposé aux poncifs de la photographie expérimentale la sobriété d'un réalisme descriptif. Chez Lafont, le réalisme est celui de la sensation formalisée ou dramatisée par l'image, dans l'image, et la sensation est plus forte qu'aucune chose décrite. Cette logique des sensations explique le recours à la figuration rhétorique des passions dans les grandes séquences en noir et blanc, jusqu'au traitement parodique des *têtes d'expression* inspirées de la tradition académique.

Le Bruit, réalisé dans l'été 1990, reprend la problématique initiale en profitant des acquis de six ans de travail. L'expression dramatique des personnages est inscrite dans un réseau serré de figures géométriques, mais ce

3. Denis Vasse, *La Chair envisagée*, Paris, Le Seuil, 1988, p. 16.

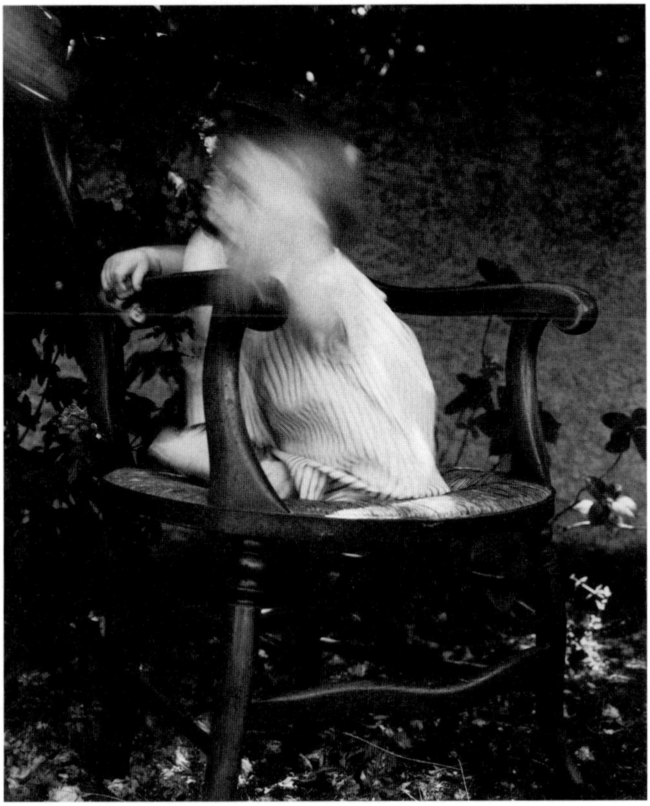

Suzanne Lafont. *Enfant*, 1987. Tirage argentique noir et blanc, 46,5 x 37 cm.

réseau est mobile, il s'étend comme une onde, animé du dehors. Le bruit agressif suggéré par les expressions de douleur et les gestes de protection des personnages est extérieur aux images. C'est une cause, un agent invisible. Le scénario est inspiré d'un slogan visuel de l'après-guerre, contre les nuisances du bruit, qui reprenait le principe dynamique des vues en contre-plongée de la Nouvelle Vision vulgarisé par la publicité. Six ans après les premières études de 1984, un poncif de la photographie moderne sert à une mise en scène de la terreur archaïque. La sensation figurée est l'effroi dont la cause invisible ne peut être représentée que par ses effets.

Les premiers visages en gros plan, présentés à Marseille en 1989, étaient encore des figures isolées, mais ils appelaient déjà une nouvelle forme, ne serait-ce que par leur aspect cinématographique. Cette forme est apparue dans *La Rue*, conçue comme une combinaison de faux instantanés. C'est celle des trois grandes fresques présentées aujourd'hui. On peut la définir comme du *cinéma d'exposition*. Plus ample que le tableau, en rupture avec la mesure descriptive, elle fait appel à une autre expérience de la part du regardeur, en le confrontant aux formes expressives d'un pathos dramatique et cinématique.

Ce qui subsistait de la clôture du tableau dans *Le Bruit* a disparu dans la deuxième phase de la trilogie. *L'Argent* se déploie latéralement, même si deux panneaux verticaux introduisent des ruptures rythmiques. Du visage l'attention s'est déplacée sur les mains ; les yeux sont des trous d'ombre dans des physionomies hermétiques, car la mobilité de l'échange repousse les signes d'ouverture et de transcendance. Moins nombreuses dans les séquences antérieures, les références picturales se présentent désormais comme des citations déchiffrables : qu'il s'agisse de la figure caravagesque du tireur de bourse, du portrait de Gabrielle d'Estrées au Louvre, ou de *La Cène* de Léonard de Vinci, dont ne subsisterait que l'agitation des apôtres sans la figure centrale du Christ. Ont été également mis à contribution Walker Evans (les portraits du métro dans *Many Are Called*) et Robert Bresson (*Pickpocket*). Jamais Lafont n'avait produit autant de signes, jusqu'à exhiber une main bandée hors de tout vraisemblable narratif. Tandis que les personnages du *Bruit* étaient solidaires dans l'effroi commun d'un dehors invisible, ceux de *L'Argent* sont livrés au jeu exubérant de l'échange, qui tient lieu de communication, mais une communication aveugle qui, telle la relation prostitutionnelle, n'associe que des fragments de corps. Dans *Vivre sa vie* (1962), Godard avait déjà identifié le montage cinématographique à cette fragmentation.

Il fallait ce passage par le drame moderne d'une humanité sans dieu, ou dont l'argent est le seul dieu. Pour Lafont, le drame est « lié à la perte du monde. La question est maintenant : comment sortir du drame, comment renouer croyance dans le monde [4] ? » Il n'est pas certain que *La Chute*, qui clôt la trilogie ouverte par *Le Bruit*, apporte une réponse. La rectitude architectonique des figures du triptyque central, encadrée et supportée par les courbes latérales des personnages soutenus dans leur chute, n'est pas celle des statues-colonnes de Chartres. La figure centrale du triptyque est renversée. Si elle semble croire à la magie du nombre et de la symétrie, Lafont ne prétend pas restaurer une demeure de la foi. Elle s'est inspirée des paradoxes plastiques de Piero Manzoni : le *Socle du monde* renversé, la ligne infinie enfermée dans une boîte. Mais sa proposition reste plus spéculative que celles de l'artiste italien, comme si elle était convaincue que le monde des

4. Conférence prononcée à l'École nationale supérieure des beaux-arts de Paris le 6 mai 1991.

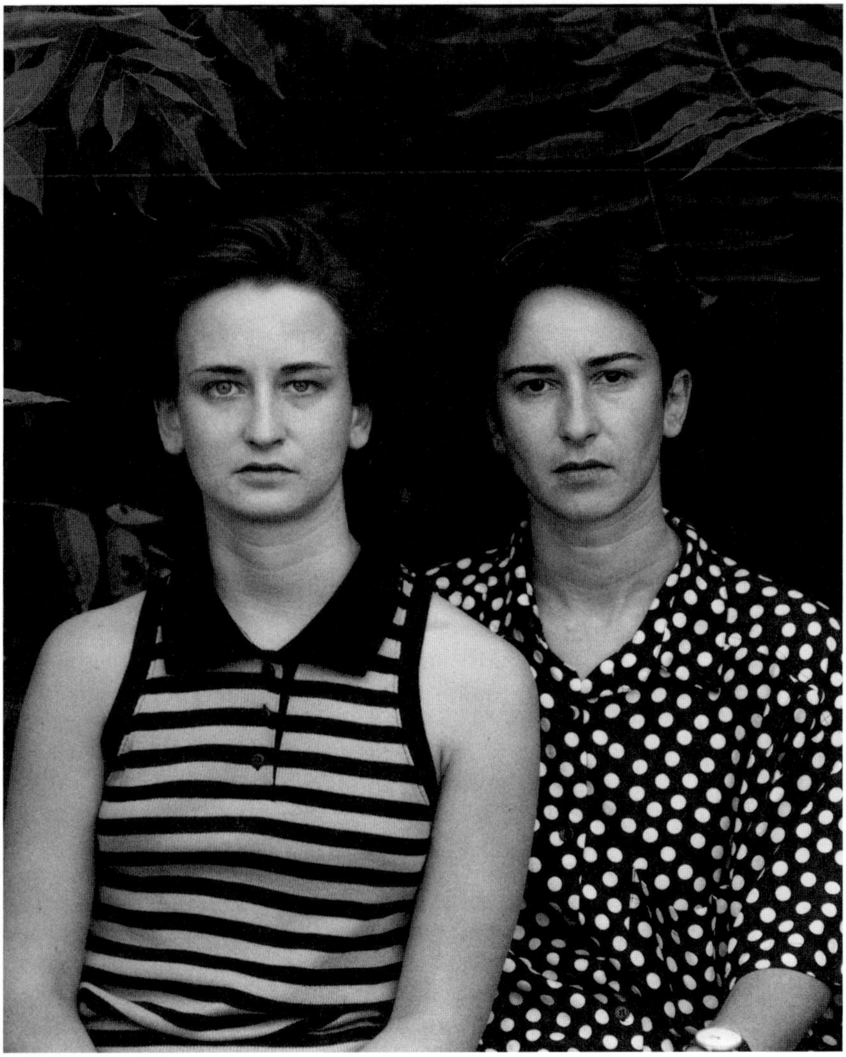

Suzanne Lafont. *Portrait*, 1988. Tirage argentique noir et blanc, 110 x 87 cm.

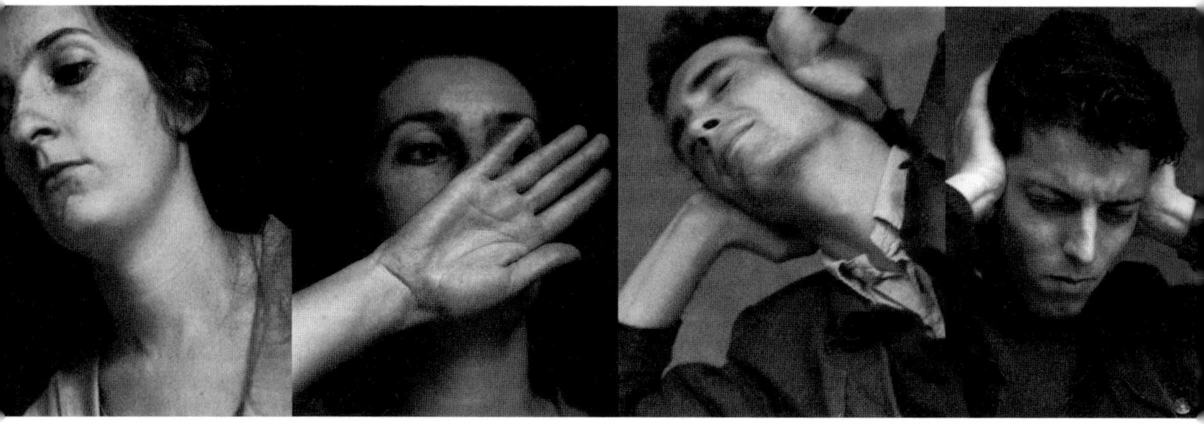

Suzanne Lafont. *Le Bruit*, 1990. Ensemble de huit tirages argentiques noir et blanc, 120 x 800 cm.

objets ne peut rien gagner à cette opération, et que l'appel, même ironique, à un pouvoir démiurgique est devenu une posture intenable pour l'artiste.

Le jeu s'est donc relancé sur un mode parodique. *Les Souffleurs* sont inspirés du joueur de trompette de *La Défaite de Chosroès* par Piero della Francesca à Arezzo. Cette référence est dictée par l'ordre hiératique de l'architecture, que rappellent les caissons du fond ornemental. Mais « la rectitude du regard divin est cassée, l'homme n'est plus dressé vers Dieu[5] ». *Les Souffleurs*, en couleur, figure surtout la foule bavarde des *Nuées* d'Aristophane, qui répand dans l'atmosphère du drame moderne le désordre d'une parole polymorphe. Lafont entend prouver qu'une pensée inscrite dans l'histoire des grandes formes de la tradition figurative peut être ouverte à l'habile improvisation du moment opportun, de l'occasion, du *kairos* cultivé par les sophistes.

Selon Socrate (dans le *Phèdre* de Platon), le sophiste « parlait avec tant d'art qu'il faisait paraître à ses auditeurs les mêmes choses semblables ou dissemblables, unes ou multiples, en repos ou en mouvement ». Cette manière d'éviter l'identité logique et la vérité permanente est pour Lafont le modèle de l'activité artistique[6]. Dans *Les Ruses de l'intelligence*, un des livres préférés de Lafont, Marcel Détienne et Jean-Pierre Vernant ont reconstitué la contre-tradition de l'hellénisme platonicien à laquelle se rattache la sophistique :

> Pour s'orienter dans le monde du changement, de l'instabilité, pour maîtriser le devenir en jouant de ruse avec lui, l'intelligence doit, aux yeux des Grecs, en épouser en quelque manière la nature, en revêtir les formes, comme Ménélas se glissant dans la peau d'un phoque pour

5. *Ibid.*
6. Platon avait déjà associé, dans un même discrédit, les sortilèges de l'art et la magie du verbe poétique – soit les faux-semblants de l'imitation – avec l'habileté trompeuse des sophistes. Voir Jean-Pierre Vernant, « Naissance d'images » (1975), dans *Religions, histoires, raisons*, Paris, Maspero, 1979, p. 105-137.

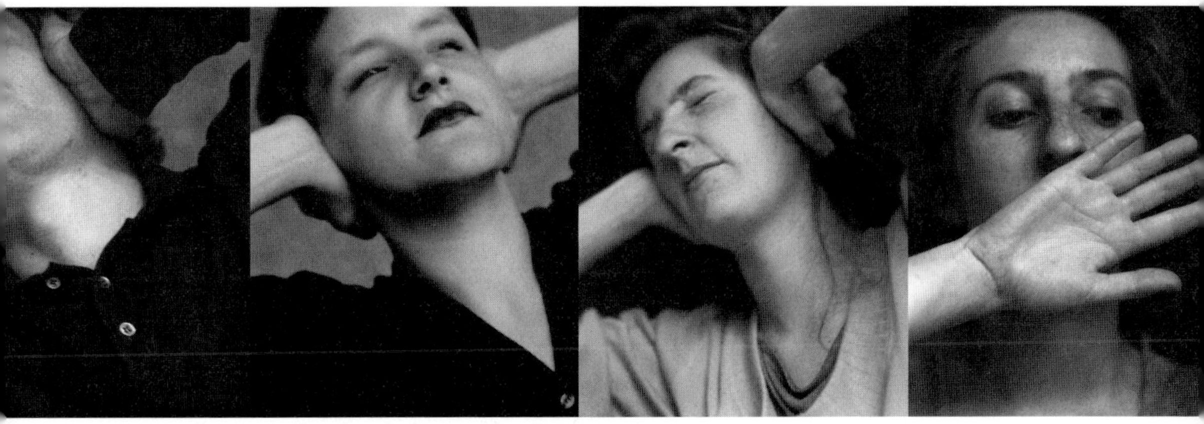

triompher des magies ondoyantes de Protée. L'intelligence doit donc, à force de souplesse, se faire elle-même mouvance incessante, polymorphie, retournement, feinte et duplicité[7].

Ainsi, la nuée des *Souffleurs*, conformément au génie de la déesse Mètis, fille d'Océan, est le filet qui « encercle » l'adversaire fixé à une certitude ou à une forme autoritaire de pensée. Selon Détienne et Vernant, « la nuée (*nephélè*) est le nom que porte en grec une espèce de filet de pêche. Le filet, invisible réseau de liens, est une des armes préférées de la *mètis*[8]. »

Lafont se joue de ses propres tendances autoritaires, de son goût du hiératisme, de sa nostalgie des grandes formes théologiques. Ses personnages forment un peuple grimaçant, tel le chœur parodique de la comédie d'Aristophane. La parodie ne porte pas sur Piero della Francesca mais sur les ombres rigides de *La Chute.* Comparables à des images de Cindy Sherman ou de Bruce Nauman, les têtes d'expression polychromes sont les doubles bouffons des masques noir et blanc installés dans le petit théâtre de nature qu'elle s'était construit quatre ans plus tôt. Une phrase absurde, formée selon le principe d'autoréfutation – « *le bateau sur lequel je me suis embarqué a péri avec tous ses occupants* » – est l'écho logique de ce chœur qui désespère de la forme édifiante disparue avec la vérité dogmatique. La fonction des têtes d'expression ne se réduit pas toutefois à une parodie du pathos dramatique. Leur apparition participe d'une pensée du commun qui cherche à réarticuler la croyance sur un « fond de vraisemblable », comme disait Michel de Certeau, distinct des énoncés autorisés, contrôlés, assignés à un sujet[9]. Dans la mesure où elle n'est pas seulement le renversement d'une croyance particulière qui doit être mise en doute, la parodie est une voie d'accès au vraisemblable de la croyance dans sa généralité. Car le

7. Marcel Détienne, Jean-Pierre Vernant, *Les Ruses de l'intelligence. La Mètis des Grecs* (1974), Paris, Flammarion, coll. « Champs », 1978, p. 56.
8. *Ibid.*, p. 51.
9. Voir Louis Panier, « Pour une anthropologie du croire », dans *Michel de Certeau ou la différence chrétienne*, éd. Claude Geffré, Paris, Cerf, 1991, p. 37-59.

vraisemblable est plus étendu et plus mobile que la vérité. Il ressortit au *on dit*, antérieur à l'énonciation subjective, au *je*, et le proverbe en est une manifestation exemplaire[10]. Comme principe de la croyance, le vraisemblable désigne le jeu, le flou, l'irrégularité, sous une forme commune à la diversité des expériences.

L'introduction du contraste comique dans le drame rejoint l'ironie, telle que la conçurent les romantiques allemands au début du dix-neuvième siècle : « forme du paradoxe », d'abord, puis « souffle divin » et « claire conscience de l'éternelle agilité, de la plénitude infinie du chaos »[11]. Aujourd'hui, cherchant à extrapoler le paradoxe, Lafont est tentée par une forme moderne du merveilleux, qui serait moins la nostalgie romantique du *naïf* qu'une imagerie du commun délivrée de l'ordre dogmatique de la représentation. Les masques colorés de la comédie sont de fausses têtes d'expression qui ne disent rien des passions humaines. Figurant une pure disposition à l'expression mimétique chez des acteurs occasionnels, ces visages anonymes réfléchissent le jeu même, l'activité de performance, la *claire conscience du jeu* libérée par la désorganisation du récit dramatique ; et, plus que les œuvres exposées, c'est cela, à travers elles, qui devrait être pour les visiteurs de l'exposition la chose à regarder, l'expérience à partager, l'imagerie commune en train de s'actualiser[12].

Après la trilogie noir et blanc, plus articulée, ces images figurent une sorte de régression, un babil feint, dirigé par l'artiste. On peut y voir également l'évocation, dans un lieu d'art, des performances plus ou moins improvisées d'un théâtre alternatif. Lafont a travaillé avec des gens jeunes, plus jeunes qu'elle, qui se connaissent et forment désormais à travers ses images un semblant de communauté. Mais elle s'en tient à ses habitudes. La communauté formée à l'occasion de l'exposition est *imaginaire*. Qui pourrait attester la réalité historique d'un groupe qui a entièrement péri dans un naufrage ? Personne. Mais Personne est déjà le faux nom qui permit à Ulysse de tromper Polyphème. Il fallait trouver une autre ruse. Seule la ruse de l'imaginaire pouvait défaire le drame et tromper les gardiens du récit. La phrase la plus retorse – l'autoréfutation des *Souffleurs* – spécifie encore le genre de *celui* qui l'énonce. L'image ignore les genres. Elle est aucune personne, ou toutes en même temps, dans le temps, et les trois genres en une.

10. Du *on dit* participe également l'*endoxa* évoquée par Aristote dans les *Topiques*, c'est-à-dire, en langage moderne, les idées reçues, les lieux communs.

11. Ces définitions successives de l'ironie, attribuées à Friedrich Schlegel, apparaissent dans le *fragment* n° 48 et l'*idée* n° 69 de la revue *Athenaeum*, publiée entre 1798 et 1800 (*L'Absolu littéraire*, trad. Philippe Lacoue-Labarthe et Jean-Luc Nancy, Paris, Seuil, 1978, p. 87 et p. 213).

12. Dans l'évolution du théâtre antique, selon Nietzsche, le chœur accompagnant l'action dramatique était devenu chez Euripide la présence sur scène du public, transformant la tragédie en comédie. « Avec lui [Euripide], c'est l'homme de tous les jours qui passa des gradins à la scène et le miroir, qui ne reflétait naguère que les traits de la grandeur et de l'intrépidité, accusa désormais cette fidélité exaspérante qui reproduit jusqu'aux ratés de la nature. » (*La Naissance de la tragédie*, trad. Philippe Lacoue-Labarthe, dans *Œuvres philosophiques complètes*, t. I, Paris, Gallimard, 1977, p. 87-88).

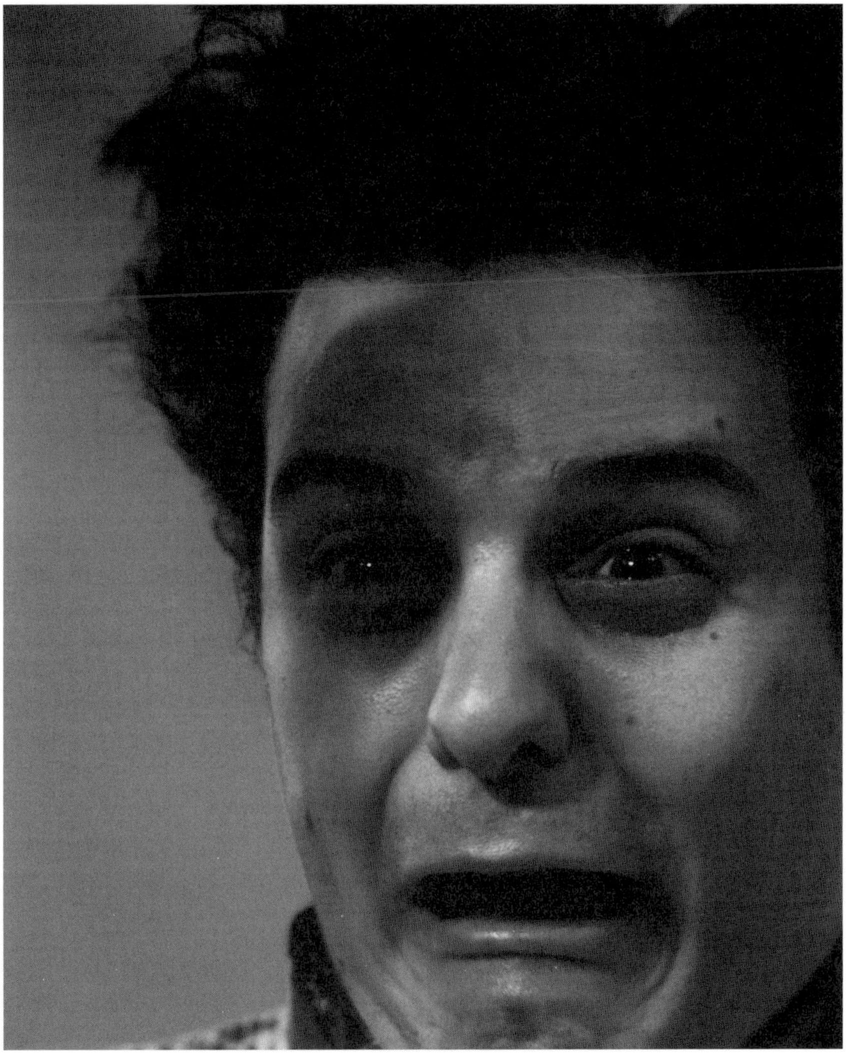

Suzanne Lafont. *Grimace*, 1992. Tirage couleur (cibachrome), 150 x 119 cm.

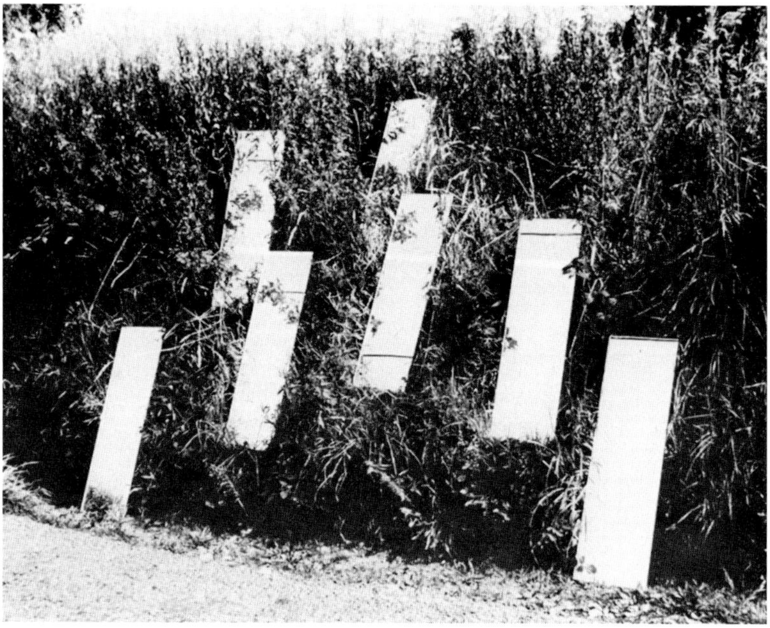

Robert Smithson. *Mirror Displacement*, Angleterre, septembre 1969.

La photographie comme modèle – une réévaluation

Après avoir été une pierre jetée dans le jardin des beaux-arts, la photographie est devenue au vingtième siècle, et plus particulièrement depuis le pop art, une de ces nouvelles frontières où l'art rencontre le non-art. Cet élargissement de l'art à la photographie a été, comme toutes les conquêtes, une assimilation (de l'autre) et une altération (par l'autre). L'art a quitté le terrain des beaux-arts. Le voir s'est substitué au faire. Au modèle de l'étude (comme exercice préparatoire ou, même, comme simple exercice) s'est substitué celui de l'appropriation esthétique.

Les photographes du dix-neuvième siècle appelaient « études » tout ce qu'ils n'osaient pas présenter comme une œuvre autonome, comme une composition achevée, se soumettant ainsi, ou feignant de se soumettre, aux catégories conventionnelles des beaux-arts. Dans le *Salon de 1859*, Baudelaire se plaint que les peintres réalistes, les paysagistes en particulier, osent présenter de simples études comme de véritables tableaux. Ces querelles de mots semblent aujourd'hui lointaines, comme si l'art avait changé de vocabulaire. L'image enregistrée, « chose vue », fragment d'expérience, image prise – parfois par surprise –, n'est pas une étude. La conception du monde dont elle procède, ou qui en résulte, n'est

Texte paru dans *Les Chefs-d'œuvre de la photographie dans les collections de l'École des beaux-arts*, Paris, École nationale supérieure des beaux-arts, 1991. Version revue.

plus celle, stable, unitaire, que l'homme du dix-neuvième siècle pouvait encore déduire du modèle de la composition picturale quand il parlait du « tableau de la nature ». Dès le dix-neuvième siècle, ce tableau s'est brisé en se multipliant, en se diffractant dans les miroirs de la reproduction. L'industrialisation de la photographie a changé l'échelle de production des images.

Le tableau pictural avait donné initialement, et donne encore largement, l'ordre de mesure, dans tous les sens du terme, de l'image photographique. Mais cette référence esthétique était fondée sur la permanence du modèle artisanal de la production d'atelier. La photographie s'est détachée de la peinture quand elle est passée au registre industriel. D'innombrables reproductions de tableaux peints sont venues prendre place dans les albums à côté des vues de monuments, de sites touristiques, qui sont, elles aussi, des reproductions, puisqu'elles traitent ces motifs comme des images. C'est ainsi que le tableau de la nature fut brisé quand, d'une part, la nature fut réduite à une collection de fragments, à force d'être traitée effectivement comme un tableau dont on reproduit des détails ; quand, d'autre part, les tableaux peints eux-mêmes sont devenus des images miniaturisées, analogues et assimilables à toutes les autres images prélevées par l'enregistrement dans le stock inépuisable du visible. Cézanne parle encore du tableau de la nature, mais il évoque un modèle déjà ancien, sinon épuisé, qu'il doit entièrement reconstruire, à force d'étude.

> Cézanne et ses contemporains, remarquait Robert Smithson, ont été expulsés de leur atelier par l'image photographique. Ils étaient effectivement en concurrence avec la photographie, et ils durent aller au motif. Avec la photographie, la Nature est devenue un concept impossible[1].

Il est désormais peu de peintres qui ne sachent que la photographie comme modèle a remplacé la nature. Une première exposition des collections de photographies de l'École des beaux-arts de Paris en 1982 était intitulée, précisément, *La Photographie comme modèle.* Cette formule peut être entendue dans son sens le plus large. Warhol, Richter n'ont pas copié des photos. L'époque n'était plus à la copie. Ils ont intégré la reproduction et se sont approprié des photos pour en faire des tableaux peints. La photographie n'était plus seulement un réservoir d'images que l'on peut étudier, utiliser, mais un modèle en soi, un paradigme. Après avoir été, dans la phase de ses premières expérimentations esthétiques et techniques, pensée à l'exemple de l'étude picturale ou graphique, la photographie est devenue le modèle d'une appropriation esthétique qui est sans doute la procédure la plus commune de l'art du vingtième siècle.

1. Robert Smithson, « Fragments of a Conversation », propos recueillis par William C. Lipke, février 1969, dans *The Writings of Robert Smithson,* éd. Nancy Holt, New York University Press, 1979, p. 168.

On peut reconnaître les antécédents de cette attitude dans le tourisme cultivé du dix-huitième siècle, chez les amateurs de nature pittoresque qui parcouraient un paysage en y cherchant des points de vue, munis des instruments d'optique utilisés par les peintres, tel le fameux miroir de Claude[2]. Mais ce jeu était encore restreint, car l'image captée par le miroir ne peut être fixée, enregistrée. Après l'invention de la photographie, quand la reproduction fut devenue enregistrement, le jeu s'est considérablement élargi, jusqu'à faire partie des habitudes du tourisme de masse. Chez les artistes, la logique de l'appropriation s'est développée surtout dans l'exploitation d'archives, privées ou publiques. Elle ressortit d'abord aux procédures de citation qui, depuis le maniérisme, privilégient les exemples de l'histoire de l'art sur le modèle de la nature. Le collage et le photomontage ont étendu la citation aux répertoires d'images les plus divers. Mais c'est avec l'invention du *document poétique* par les surréalistes que l'appropriation est devenue explicite, quand des images anonymes commencèrent à être reproduites dans les revues d'avant-garde, à côté des photographies de Man Ray, Kertész, Krull, Lotar, etc. L'art moderne renouait avec une culture de la curiosité qui, depuis la Renaissance, avait associé arts, sciences, histoire et divertissement.

Marcel Duchamp opposa la décision artistique à l'appropriation esthétique en posant l'indifférence (la suspension du jugement de goût) au principe du ready-made. Mais l'écart entre les deux attitudes est mince, et l'indifférence intenable. Son attrait pour les formes technologiques (la fameuse hélice contemplée au Salon de l'Aviation en compagnie de Léger et de Brancusi), son intérêt pour la photographie et les jeux optiques, son rejet de la cuisine picturale, participent d'un *revival* de la curiosité.

Si les collections de photographies documentaires formées au dix-neuvième siècle à des fins pédagogiques ont pu être, depuis une dizaine d'années, l'objet d'une réévaluation esthétique, ce n'est donc pas seulement parce qu'il existe enfin une histoire de la photographie ou des historiens de la photographie, mais parce que les notions de document poétique et d'appropriation tendent à reconstituer une culture de la curiosité antérieure aux spécialisations institutionnelles.

Toutefois, entre les cabinets de curiosité et les collections d'images documentaires, la distance historique est irréductible. À l'hétérogénéité des objets et des matériaux s'oppose l'uniformité de l'image. Celle-ci est l'équivalent

2. Le miroir de Claude doit son nom au paysagiste français du dix-septième siècle Claude Lorrain. Il fut utilisé au dix-huitième siècle par les touristes anglais, admirateurs de Claude Lorrain, dans la fameuse Région des lacs. Convexe, teinté en gris, il permettait de cadrer une portion « pittoresque » de paysage en réduisant les couleurs aux valeurs. Voir les citations données par Marie-Madeleine Martinet dans *Art et Nature en Grande-Bretagne au* XVIIIe *siècle : de l'harmonie classique au pittoresque du premier romantisme*, Paris, Aubier-Montaigne, 1980, p. 23-24, 226-229.

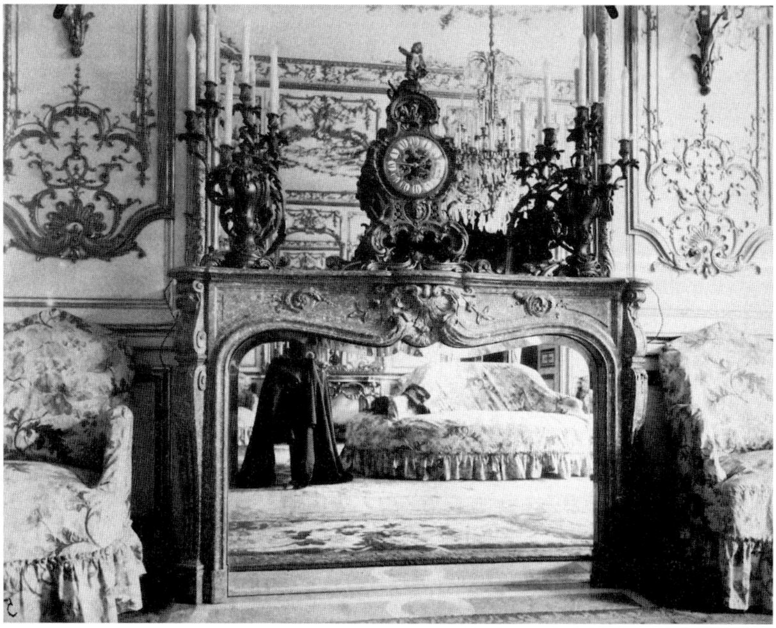

Eugène Atget. ***Ambassade d'Autriche, 57 rue de Varenne*****, 1905.**
Tirage sur papier albuminé, 17,8 x 22,2 cm.

général des objets de connaissance, d'étude, de contemplation, et d'usage, qu'elle permet de rassembler en un lieu commun. L'image égalise ce qu'elle rassemble. Allan Sekula a reconnu dans cette égalisation le principe du formalisme :

> Tout comme l'argent est la mesure étalon de la valeur d'échange et qu'il réunit tous les biens de ce monde dans un système unique de transactions, ainsi les photographies sont censées réduire toutes les perceptions visuelles à des relations d'équivalence formelle. [...] Le formalisme rassemble toutes les images du monde dans un seul grand marché esthétique, en les arrachant à tout contexte d'origine, de sens et d'usage[3].

Les historiens de la photographie qui explorent aujourd'hui des archives documentaires se trouvent donc confrontés à une double tâche. Ils « inventent » des documents artistiques. Cette attitude est justifiée par l'exemple de l'art moderne et contemporain. Mais ils doivent éviter de réduire une diversité historique qui correspond à des fonctions, des usages et des procédures distincts.

3. Allan Sekula, « The Traffic in Photographs », dans *Photography Against the Grain*, Halifax (Canada), The Press of the Nova Scotia College of Art and Design, 1984, p. 99.

L'équilibre est difficile. Il faut combiner des distinctions esthétiques et historiques, le regard surréaliste et celui du philologue. Ignorer l'un ou l'autre serait également absurde. Il serait absurde d'ignorer l'intérêt porté à Atget dans les cercles surréalistes, autant que la manière dont il a mené ses enquêtes. Comme l'atteste cet exemple canonique, un ensemble d'images d'un même auteur peut procéder de catégories distinctes. L'histoire de ces images est celle d'interprétations successives. Ce qu'elles doivent à une situation de production spécifique résulte déjà d'une interprétation de la fonction à laquelle elles répondaient. Les documents livrés par Atget à ses clients institutionnels témoignent de ses initiatives autant que des conventions documentaires auxquelles il s'est conformé. Ce que l'on peut reconnaître aujourd'hui sous le terme générique de *photographie*, au singulier, est donc constitué d'usages et d'interprétations autant que d'images et d'œuvres. Ces ensembles d'images, constitués dans le passé, que l'on appelle fonds ou archives, peuvent représenter un terrain d'expérimentation idéal pour l'historien, autant qu'un nouveau domaine de curiosité.

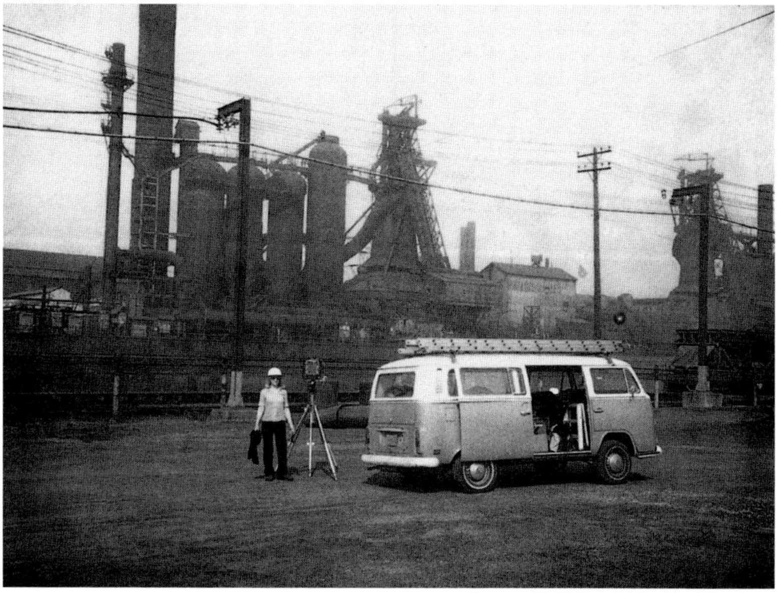

Photographie d'Hilla Becher à Youngstown (Ohio, États-Unis) prise par Bernd Becher en 1981.

L'histoire de Bernd et Hilla Becher

L'œuvre de Bernd et Hilla Becher a été longtemps rattachée à l'art minimal et conceptuel plutôt qu'aux développements de l'art allemand d'après-guerre. On sait leurs relations amicales avec Sol LeWitt et Carl Andre, qui leur consacra une « note » dans la revue new-yorkaise *Artforum* en 1972. Mais ce contexte ne doit pas réduire la signification historique de leur travail. Carl Andre concluait sa note en citant Hilla Becher : « La question de savoir si c'est ou non une œuvre d'art ne nous intéresse pas vraiment. Ça se situe probablement entre les catégories établies. Quoi qu'il en soit, le public qui s'intéresse à l'art devrait être le plus ouvert et le mieux disposé pour y réfléchir. » Cette remarque situe bien la question. Œuvre ou document ? La photographie peut être œuvre *et* document.

La note de Carl Andre dans *Artforum* eut un effet positif. Au cours d'un entretien en janvier 1989, quand nous préparions, James Lingwood et moi-même, l'exposition *Une autre objectivité*, Hilla rappela que « les gens ont commencé à accepter le simple fait qu'un objet peut être photographié d'une manière directe, sans composition... » Bernd ajouta :

Une première version de ce texte a paru en allemand, intégrée à l'essai intitulé « Zwischen der bildenden Kunst und den Medien. Das deutsche Beispiel », dans *Fotografie in der deutschen Gegenwartskunst*, Stuttgart, Cantz, 1993 ; et en français dans *Pratiques. Réflexions sur l'art*, n° 5, printemps 1998. Version revue et augmentée.

> …le fait que l'on puisse *trouver* des objets sans avoir à choisir une composition. Les châteaux d'eau, par exemple, sont comme des ustensiles de cuisine. Le texte a clarifié aussi une autre chose importante, le fait que photographier les objets depuis un point de vue élevé accentue leur enracinement dans le sol[1].

Il précisa ensuite :

> Ces objets sont fixés au sol, ils font partie du paysage, on pourrait presque dire qu'ils ont des racines. D'autres objets, comme une tasse ou une machine à coudre, n'ont pas de racines, mais un château d'eau est littéralement relié au sol ; ce n'est pas un objet mobile, même s'il n'est pas destiné à durer éternellement. Cet objet est lié à un certain mécanisme, il est lié au paysage, aux gens qui travaillent à cet endroit-là, à un réseau social. L'objet doit être isolé, sans quoi on se soumet au chaos et à la confusion, mais, dans le même temps, il faut montrer une partie de son environnement de manière à faire apparaître qu'il n'est pas mobile, que ce n'est pas une tasse à café.

Je demandai s'il y avait un rapport avec les « pièces au sol » de Carl Andre. Bernd répondit : « Non, je ne crois pas », puis insista sur le véritable point de rencontre avec l'œuvre de Carl Andre : la conjonction de l'objet trouvé et de la non-composition :

> Ce qui intéressait Carl, c'était surtout l'idée que l'objet est défini par la situation et non par la composition. Cela renvoie au concept d'*objet trouvé*, à l'idée que nous sommes entourés de matériaux préfabriqués, des briques ou des morceaux de fer par exemple, et que nous n'avons qu'à les voir, à les isoler et à les transporter dans un autre contexte pour qu'ils se transforment. Il n'est même pas nécessaire de les aligner, il suffit de mettre un peu d'ordre.

Au début des années 1960, quand il fit photographier à son ami Hollis Frampton des « objets trouvés industriels » (*found steel objects*), Carl Andre avait deux références : Brancusi et Duchamp[2]. Mais Bernd et Hilla Becher ont d'autres références : l'Allemagne des années 1920, le projet typologique du portraitiste August Sander. Plus loin dans le temps, ce sont les illustrations de livres de sciences naturelles publiés au dix-neuvième siècle. Quand je les rencontrai en 1989, j'ai pu voir dans leur bibliothèque de nombreux ouvrages de cette sorte, ainsi que des livres sur les photographes paysagistes de l'Ouest américain, Carleton Watkins, Timothy H. O'Sullivan,

1. « Bernd et Hilla Becher. Entretien avec Jean-François Chevrier, James Lingwood et Thomas Struth, 21.1.1989 », *Une autre objectivité/Another Objectivity*, cat., éd. Jean-François Chevrier et James Lingwood, Milan, Idea Books, 1989, p. 57-63. L'entretien eut lieu en anglais. Je rectifie les erreurs de traduction. Les propos de Bernd et Hilla Becher cités dans la suite du texte sont tous extraits de cet entretien.
2. Voir *Carl Andre/Hollis Frampton, 12 Dialogues, 1962-1963*, éd. Benjamin Buchloh, Halifax, The Press of Nova Scotia College of Art and Design, 1981.

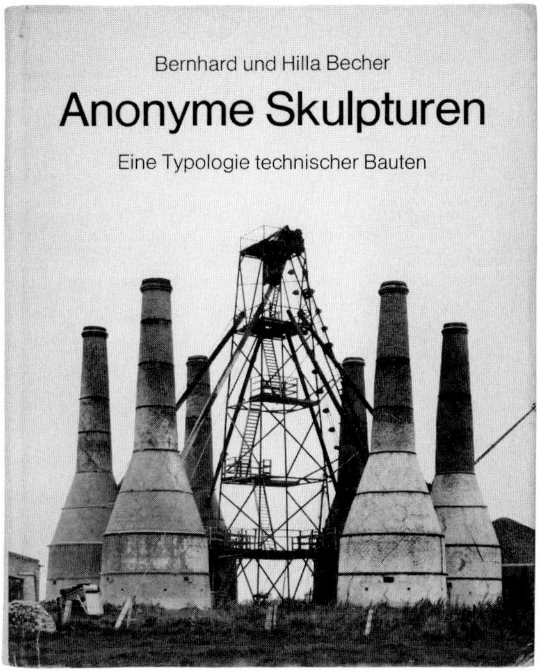

Anonyme Skulpturen, Düsseldorf, Art Press Verlag, 1970.

William H. Jackson, qu'ils avaient découverts dans les années 1970. Leur méthode provient d'une tradition de la description documentaire et comparative, qui est évidemment bien plus ancienne que les procédures conceptuelles apparues à la fin des années 1960. La référence à la sculpture dans le titre de leur premier ouvrage, *Sculptures anonymes*, doit être considérée avec prudence. Quand je mentionnai ce titre, Hilla Becher répondit : « La référence à la sculpture dans notre premier livre ne doit pas être prise trop au sérieux. C'était une façon d'inciter les gens à y réfléchir. L'éditeur a proposé ce titre et nous avons pensé que ce serait une jolie provocation. » Je remarquai que cela avait été pris très au sérieux. Elle renchérit : « Trop au sérieux, et cela ne nous a pas plu, nous pensions que ce n'était pas honnête. Nous avions, d'ailleurs, ajouté un sous-titre : *Une typologie de bâtiments techniques*. »

Il est significatif que cette mise au point soit venue d'Hilla, qui avait apporté initialement dans la collaboration avec Bernd son expérience de photographe.

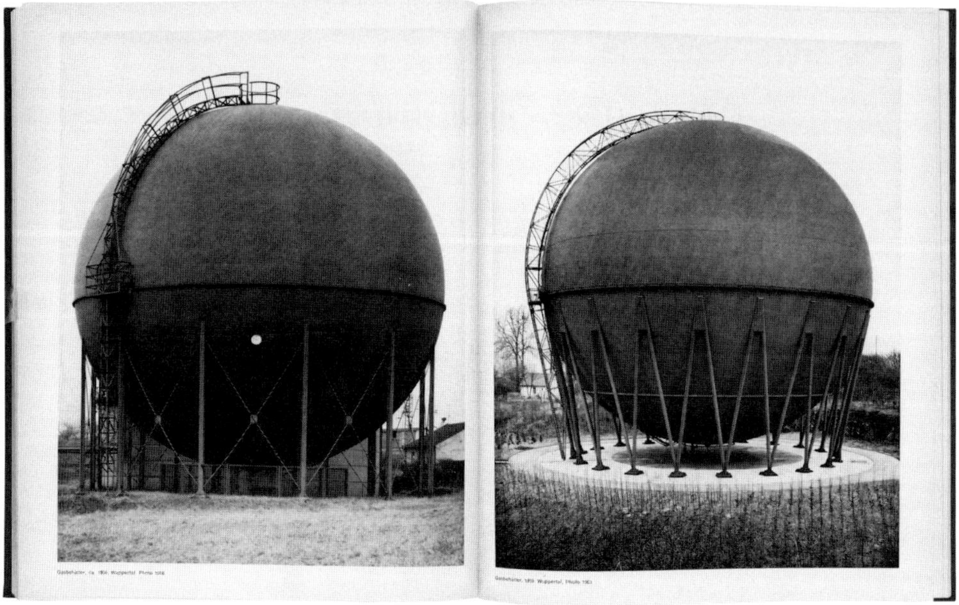

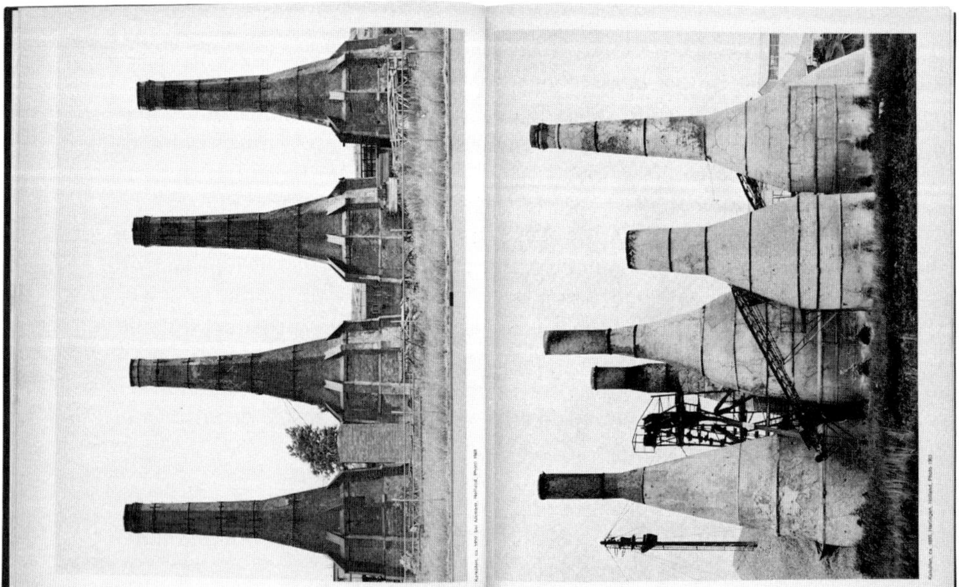

Bernd et Hilla Becher. Doubles pages de *Anonyme Skulpturen.*
En haut : Gazomètres à Wuppertal, Allemagne, 1966 et 1963.
En bas : Fours à chaux près d'Alkmaar, Hollande, 1968 (à gauche), et à Harlingen, Hollande, 1963 (à droite).

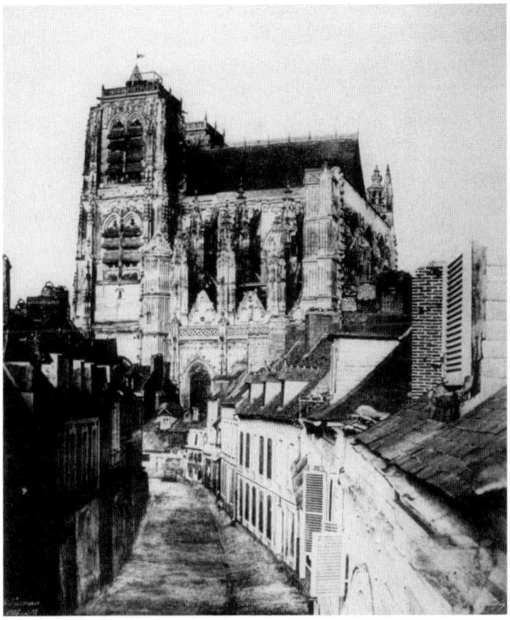

Édouard Baldus. Église St-Vulfran à Abbeville, 1855.
Tirage sur papier albuminé, 41,3 x 34,3 cm.

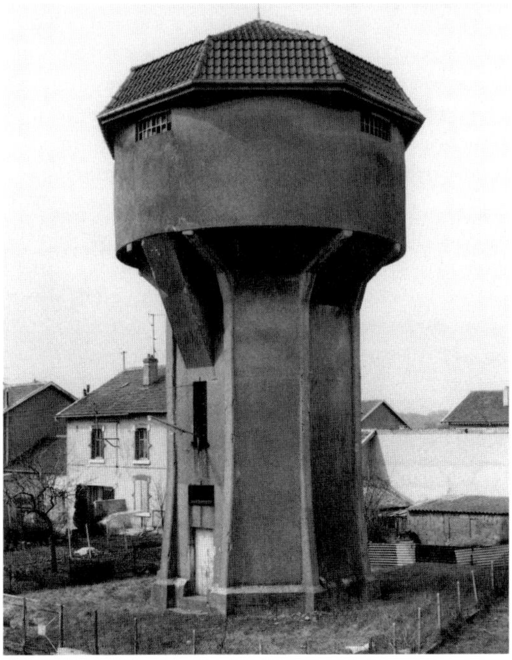

Bernd et Hilla Becher. Château d'eau, Crusnes, France, 1984.
Tirage argentique noir et blanc, 40 x 30 cm.

Bernd avait déjà pointé un malentendu similaire : « Notre première exposition a eu lieu à Munich, à la Neue Sammlung, mais c'était encore une sorte de malentendu. Ce musée était spécialisé dans l'histoire de l'architecture moderne. » Mais, quelle que soit la distribution des rôles dans le couple, il est évident que l'archive des Becher concerne l'histoire de l'Allemagne, depuis le dix-neuvième siècle et après la Seconde Guerre mondiale, plus que celle de la sculpture. Pour eux, *modernisme* n'est pas un terme de théorie de l'art, qui met l'accent sur la spécificité du médium, mais la désignation d'un processus de vaste ampleur, régi par le développement industriel, dont ils ont cherché à rendre visibles les *monuments involontaires*. Leur méthode, descriptive et archéologique, se distingue de l'interprétation du « folklore industriel » – selon l'expression de McLuhan reprise par Restany – chez les Nouveaux Réalistes, autant que du parti pris de l'imagerie mécanique dans l'art pop.

Bernd Becher est né à Siegen, une petite ville près de Düsseldorf, dont les principales activités étaient l'extraction du minerai de fer et la sidérurgie. Les habitants, dit-il, étaient en majorité calvinistes, tandis que ses parents étaient catholiques. L'idée de « baroque calviniste », qui qualifie à ses yeux une architecture correspondant à un type de comportement, lui a permis d'interpréter cette situation et de surmonter sa gêne :

> Je crois que derrière l'industrialisation il y a une idéologie calviniste, ce que j'appelle le *baroque calviniste*. C'est lié à l'idée de gagner de l'argent, de faire les choses vite, d'être efficace, et les formes architecturales découlent elles aussi de cette idée. Il n'y a aucune préoccupation esthétique derrière cette architecture, aucune recherche de beauté : elle n'a qu'à remplir sa fonction. Mais cette idée même de ne pas chercher la beauté crée une variété, elle crée une esthétique indépendante.

Quand je demandai à Bernd et Hilla Becher s'il y avait dans leur travail une idée de rédemption (comme chez Robert Adams), Bernd répondit :

> Je regardais vivre mes voisins ; ces protestants calvinistes qui allaient à leur petite église me semblaient un peu ridicules… Ils étaient si industrieux, si attachés à leur routine quotidienne. J'avais l'impression que même le paysage et les maisons leur ressemblaient. Ces gens étaient sur une frontière, encore paysans mais déjà ouvriers ; leurs maisons avaient une façade « bourgeoise » et une arrière-cour qui ressemblait à celle d'une ferme, exactement comme eux.

Il faut ici rappeler que l'industrialisation allemande fut tardive, en partie faute de soutien institutionnel, en l'absence d'une administration centralisée. Cette particularité permet de situer la teneur historique du travail des Becher. En France, dès les années 1850, les albums de chemins de fer produits par Édouard Denis Baldus témoignèrent de l'existence d'une oligarchie financière étroitement liée à l'administration impériale : c'est elle qui passa commande à l'artiste photographe pour des opérations de communication prestigieuses, tel le fameux album illustrant la ligne Paris-Boulogne que le baron James de Rothschild offrit à la reine Victoria venue visiter l'Exposition universelle. Baldus, qui était d'origine allemande – il acquit la nationalité française en 1856 –, travailla pour des compagnies ferroviaires dirigées par des entrepreneurs proches du pouvoir politique, comme il suivit la construction du Nouveau Louvre commandée par l'Empereur[3]. Ses travaux, ou ceux des frères Bisson dans une moindre mesure, illustrent l'invention d'une esthétique photographique accordée simultanément aux exigences d'un art officiel et à l'esthétique fonctionnaliste des ingénieurs, en un temps où la photographie pouvait représenter, comme l'architecture, un des terrains de rencontre privilégiés entre l'art et l'industrie. Cette phase fut de courte durée : la photographie fut rapidement exclue du système des beaux-arts, comme l'architecture des ingénieurs fut farouchement combattue et marginalisée. De même que la construction métallique, au centre de la capitale, devait être discrète, réservée aux structures intérieures des édifices, voire invisible – à l'exception, bien sûr, de la tour Eiffel, construite pour l'Exposition universelle de 1889 –, de même, la photographie documentaire ne fut plus jamais assimilée aux beaux-arts, sinon comme une pratique auxiliaire et plus ou moins clandestine.

En Allemagne, au dix-neuvième siècle, la photographie ne fut à aucun moment le reflet d'une alliance institutionnelle entre les beaux-arts et l'industrie, car l'émiettement politique et culturel du pays était défavorable à ce processus. Il fallut attendre les années 1920 et la confirmation par la République de Weimar d'une modernisation politique tardivement engagée (par Bismarck) pour que les premières initiatives prises au début du siècle dans le sens d'une intégration de la culture industrielle, telle la création du Werkbund en 1907, puissent produire pleinement leurs effets. C'est alors et alors seulement – mais avec une intensité exceptionnelle, comme en URSS, tant le processus avait été ici et là retardé – que se mirent en place des programmes expérimentaux intégrant la photographie. Il me semble remarquable que le propos de type archéologique des Becher ne se rapporte pas seulement à la phase d'aboutissement du modernisme industriel des années 1920 mais à l'ensemble du processus de modernisation de l'Allemagne, avec des éléments comparatifs pris dans d'autres pays. Ils peuvent ainsi prendre en compte les facteurs archaïques et les particularismes

3. Voir Malcolm Daniel *et alii*, *Édouard Baldus photographe*, cat., Paris, Réunion des musées nationaux, 1994.

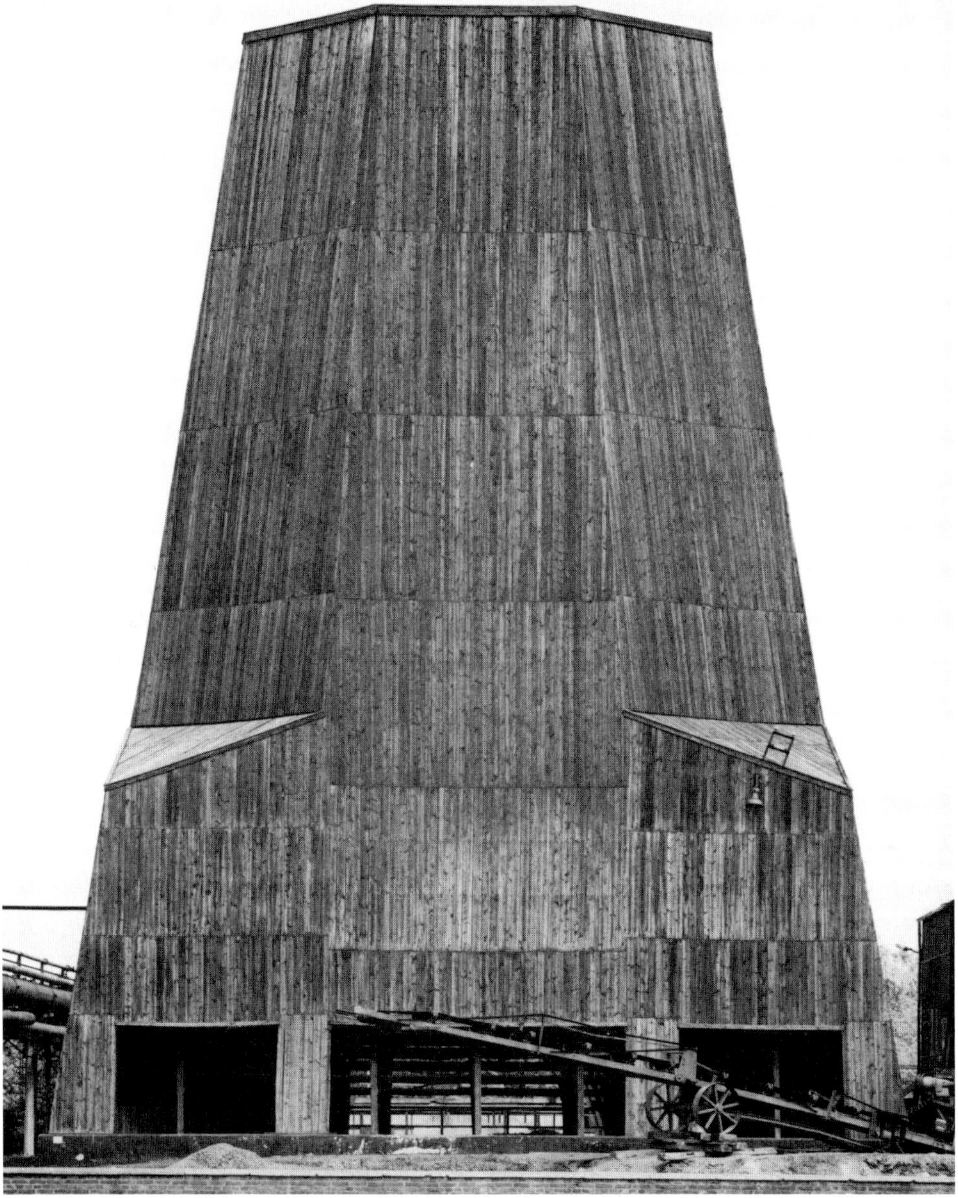

Bernd et Hilla Becher. Tour de réfrigération, Gelsenkirchen, Allemagne, 1967.
Tirage argentique noir et blanc, 40 x 30 cm.

régionaux ou confessionnels, c'est-à-dire, selon l'historien Thomas Nipperdey, « l'hétérogénéité prémoderne » qui a marqué cette évolution[4].

À la description par Bernd Becher de la population de sa ville natale fait directement écho cette observation de Nipperdey :

> Les disparités entre les secteurs économiques, y compris le secteur agraire, furent plus poussées que dans le cas d'une croissance plus lente, ce qui engendra naturellement des tensions. De sorte que l'opposition entre les structures modernes de l'économie, la ville, la bureaucratie, et les structures traditionnelles – opposition qu'on rencontre dans les phases de modernisation de toute société – atteignit en Allemagne un degré particulièrement élevé[5].

À la fin des années 1950, c'est cette compréhension de la durée historique – inscrite dans des objets témoins – qui distingua le projet des Becher, quand le mot d'ordre dans le milieu de la photographie créative allemande était la reconstruction sélective de l'héritage des années 1920. Dans l'immédiat après-guerre, Otto Steinert s'était présenté comme le héros d'un *revival* expérimental délivré de toute compromission idéologique. Le groupe *Fotoform*, encore restreint, dont il fut l'un des fondateurs (avec Siegfried Lauterwasser, Peter Keetman, Wolfgang Reisewitz, Tom Schneiders et Ludwig Windtosser), puis le mouvement élargi de la Subjektive Fotografie dont il assura la direction à partir de 1951, se recommandaient de l'avant-gardisme inclusif, voire œcuménique, représenté par Moholy-Nagy et le Bauhaus. Un acteur important du triomphe de la « Nouvelle Photographie » des années 1920, Franz Roh, apporta sa bénédiction à l'entreprise de Steinert[6]. Pour celui-ci, il s'agissait d'oublier le long intermède du national socialisme et de fonder, sur le modèle corrigé des années 1920, une définition de la photographie créative adaptée à l'individualisme libéral, antitotalitaire, qui avait triomphé du nazisme et devait maintenant lutter contre le stalinisme. Bernd et Hilla Becher ont compris que cette affirmation de la « subjectivité » était surtout un déni de l'histoire et un refus du présent, sacrifiés à la nostalgie du progrès célébré dans les années 1920.

4. Thomas Nipperdey, « Les problèmes de la modernisation en Allemagne », *Réflexions sur l'histoire allemande* (*Nachdenken über die deutsche Geschichte. Essays*, Munich, 1986), trad. Claude Orsoni, Paris, Gallimard, 1992, p. 60-80.

5. Thomas Nipperdey, *op. cit.*, p. 70. Après avoir souligné la rapidité de l'industrialisation tardive de l'Allemagne, Nipperdey remarque que l'unité nationale du pays s'est faite encore plus tardivement, en 1871, à l'occasion d'une victoire militaire, et donc « par le haut », au grand profit de « l'élite politique traditionnelle ». Cela eut pour effet que « la société allemande est restée dépourvue d'homogénéité, conservant des reliquats de particularisme, des milieux sociaux-culturels divers et segmentés : régionalismes et confessionnalismes ». L'auteur ajoute : « À cette hétérogénéité prémoderne se superposa la différenciation moderne des classes et des intérêts. » (*ibid.*, p. 73)

6. Sur l'histoire de la photographie subjective, voir Ute Eskildsen, *Subjektive Fotografie. Bilder der 50er Jahre*, cat., Essen, Fotografische Sammlung im Museum Folkwang, 1985.

Les adeptes de la Subjektive Fotografie avaient, très logiquement, oublié à la fois Renger-Patzsch et Sander : Renger-Patzsch qui avait opposé la description documentaire à l'expérimentation, et Sander qui s'était tenu à l'écart des milieux photographiques. Telle qu'elle s'est diffusée à travers le monde durant les années 1950, la doctrine de la photographie créative, à laquelle se rattache le mouvement de Steinert, obsédée par l'antique débat entre art et métier, ne pouvait convenir au propos descriptif et systématique des Becher. Aujourd'hui, les historiens d'art attentifs à la diversité des années 1950 ne peuvent pas négliger les reportages de Ludwig Windtosser sur le travail industriel ; ils ne peuvent pas ignorer ce qui participe chez Keetman d'une authentique étude visuelle de la complexité aléatoire, telle que la décèlent les biologistes dans les systèmes d'organisation du vivant. On peut critiquer la dramatisation rhétorique de Steinert, considérer les premiers paysages de Christer Christian comme une réussite lyrique sans suite ; on peut écarter les *remakes* expérimentaux produits par la plupart des compagnons de Steinert[7]. Mais ces réévaluations nécessaires ne font que mieux ressortir ce qui distingue les Becher. Comparées avec l'héritage de la Nouvelle Vision et les témoignages subjectifs ou pittoresques de leurs contemporains et prédécesseurs immédiats, leurs enquêtes systématiques relèvent d'un réalisme distancié qui favorise l'interprétation historique plus que l'expression lyrique ou l'empathie intimiste.

Même si l'on distingue ce réalisme du contexte minimaliste et conceptuel, on peut encore s'interroger sur son rapport avec une tendance élargie de la culture d'avant-garde apparue dans les années 1950. En 1991, une exposition intitulée *Typologies* a tenté un rapprochement entre les Becher et Edward Ruscha[8]. Ce rapprochement a surtout permis de mesurer les différences entre les deux œuvres. Le propos « antiphotographique » des livres de Ruscha – tel qu'il le définit lui même – participe d'une variante californienne du pop art. La typologie n'est pas pour lui une méthode d'enquête, elle n'a pas de fonction heuristique, elle est surtout un prétexte de collection et une forme de sérialité. Comme il le précisa lui-même en 1965, à propos du dernier en date de ses livres, *Various Small Fires*, son modèle était l'objet produit en série[9]. En revanche, les « séries » des Becher, bien que présentées le plus souvent en grilles, ne sont pas essentiellement sérielles : les variations formelles dans chaque grille tiennent d'abord à la nature fonctionnelle des bâtiments industriels eux-mêmes – qui conservent des traits de singularité – plus qu'à une structure et à un ensemble de décisions préalables.

7. Voir *Peter Keetman. Fotoform*, Berlin, Nishen, 1988.
8. *Typologies*, commissaire Marc Freidus, Newport Harbor Art Museum, 1991.
9. Edward Ruscha, entretien avec John Coplans, *Artforum*, février 1965 ; repris dans Lucy Lippard, *Six Years: The dematerialization of the art object*, New York, Praeger, 1973, p. 12. On peut d'ailleurs remarquer que les Becher n'apparaissent pas dans le livre de Lippard.

Roland Barthes a qualifié les premiers romans d'Alain Robbe-Grillet de « littérature objective » puis de « littérature littérale »[10]. Les Becher partagent la même référence à la tradition descriptive inaugurée par Flaubert[11]. Mais la différence des projets et des contextes subsiste. Elle s'accentue encore si l'on considère les résonances du *littéralisme* dans l'art nord-américain des années 1960. Le rejet par Robbe-Grillet de la métaphore et de l'anthropomorphisme a séduit de nombreux artistes de la génération minimaliste. Mais les Becher n'ont pas érigé le littéralisme en principe. Bernd remarque :

> Dans la photographie du dix-neuvième siècle, on trouve à la fois l'objet et la métaphore. S'ils sont bien utilisés, cela devient tellement fascinant qu'il est possible de dire : ceci est un certain objet, il a un nom etc., mais il représente en même temps une certaine situation historique.

De même, ils n'ont jamais souscrit à l'anti-humanisme prôné par Robbe-Grillet, ni à l'impératif pop de platitude de l'image opposé à la « profondeur émotionnelle de l'abstraction lyrique[12] ». Leur parti pris de description participe d'une attitude opposée au lyrisme rhétorique des années 1950. En s'intéressant à l'architecture industrielle vernaculaire, ils ont rompu avec l'héritage des beaux-arts, mais leur exigence de réalisme se rapporte à une culture antérieure aux médias modernes.

10. Roland Barthes, « Littérature objective » (1954), « Littérature littérale » (1955), dans *Essais critiques*, Paris, Seuil, 1964, p. 29-40, 63-70. Un troisième texte de Barthes publié dans ce recueil, « L'activité structuraliste » (1963), pourrait être rapproché de la méthode comparatiste et combinatoire des Becher.

11. Quand je demandai à Bernd et Hilla Becher s'ils aimaient Flaubert, Bernd répondit qu'il venait de lire *Madame Bovary* pour la troisième fois. Il mentionna également *De sang froid* de Truman Capote : « Ce qui m'intéresse chez lui, c'est cette façon de rester absolument distant tout en étant complètement impliqué. Si vous vous impliquez beaucoup dans quelque chose, vous devez trouver le moyen de garder une distance. Vous devez être honnête envers votre objet et ne pas le détruire avec votre subjectivité, tout en restant impliqué. »

12. La formule est une citation de Lichtenstein par Robbe-Grillet au cours d'un entretien (« Anti-Humanism in Art », *Studio International*, avril 1968) où l'écrivain exprimait son accord avec le parti pris de platitude du pop art. Cité par Irving Sandler dans *Le Triomphe de l'art américain*, t. II : *Les années soixante*, trad. Frank Straschitz, Paris, Éditions Carré, 1990, p. 87.

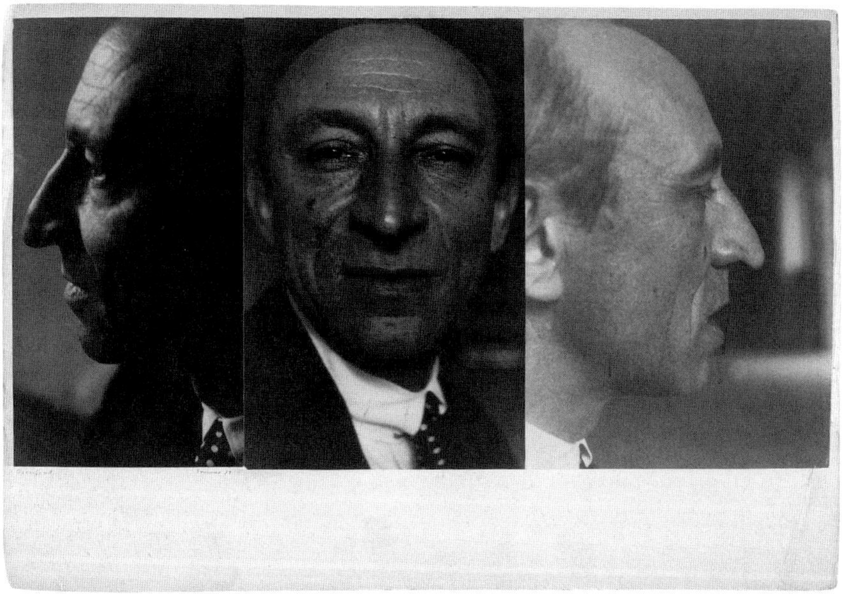

Josef Albers. *Amédée Ozenfant*, 1931.
Photocollage, 29,5 x 41 cm.

Josef Albers
Figures musicales

Malgré une exposition au Museum of Modern Art de New York en 1987, les photomontages (ou photocollages) d'Albers, réalisés dans les années 1920 et 1930, ne sont quasiment jamais mentionnés par les historiens de la photographie. Il est vrai qu'ils sont restés en possession de la Josef and Anni Albers Foundation (Connecticut) et qu'il n'en passe quasiment jamais dans les ventes aux enchères. Les historiens de la peinture moderne, même quand, par exception, ils s'intéressent un peu à la photographie, ne les ont pas examinés. Un petit nombre d'entre eux furent présentés dans la rétrospective allemande et américaine de 1988, mais aucun auteur du catalogue ne les commente. Alors qu'ils datent pour la plupart des années 1929 et 1930, c'est-à-dire de l'époque où Albers enseignait au Bauhaus, les historiens de cette institution n'y ont pas attaché grande importance. Aucun n'est reproduit dans le gros ouvrage sur la photographie du Bauhaus publié en 1982 par Marzona (et repris en 1985 par MIT Press). Le même oubli s'est répété dans l'importante exposition réalisée par le Bauhaus Archiv de Berlin[1].

L'exposition présentée au Kunstverein de Cologne au moment de la Documenta pouvait donc constituer une véritable révélation[2]. Sans grâce, elle avait la qualité et

Texte paru dans *Galeries Magazine*, n° 52, décembre 1992-janvier 1993. Version légèrement modifiée.

1. Le catalogue a été publié en français par les éditions Carré. Depuis 1993, des publications sont venues partiellement combler les lacunes de l'époque.

2. L'exposition *Josef Albers Photographien, 1928-1955* s'est tenue au Kunstverein de Cologne en mai et juillet 1992, au musée d'Ulm en décembre 1992, au Josef Albers Museum de Bottrop en février et mars 1993, et enfin à l'Österreichisches Museum für Angewandte Kunst, à Vienne, à l'automne 1993.

le défaut de l'exhaustivité. Le catalogue, exclusivement en allemand, est décevant, malgré un texte intéressant de Brenda Danilowitz sur les portraits. Le choix d'œuvres (mal) reproduites montre que le commissaire n'a pas su dégager les points forts de son sujet. Le catalogue du Museum of Modern Art de New York, plus modeste et mieux réalisé, présentait au contraire une sélection d'images remarquable. Un court texte de John Szarkowski replaçait les recherches d'Albers dans le contexte de la photographie des années 1920, mais il négligeait de les mettre en relation avec les travaux picturaux de l'artiste. Il soulignait surtout l'originalité des combinaisons d'images, en les distinguant à juste titre de procédures séquentielles (narratives), et il remarquait que ces expériences n'avaient pas eu de descendance directe. S'ils n'ont pas accès à ce petit ouvrage devenu introuvable, les curieux devront consulter la nouvelle publication allemande, en sachant qu'elle ne peut remplacer en aucune manière un examen plus précis et plus sélectif des œuvres.

Les expériences photographiques menées par Albers participent du *Zeitgeist* des années 1920. Leur intérêt principal ne vient pas de ce qui les assimile aux recherches de la Nouvelle Vision rassemblées et théorisées par Moholy-Nagy dans le cadre de son enseignement au Bauhaus jusqu'en 1928. On sait qu'Albers n'appréciait guère la peinture de Moholy, et il commença à s'intéresser activement à la photographie quand celui-ci se fut retiré de l'école de Weimar. Ce qu'Albers introduisit dans la photographie expérimentale constructiviste des années 1920, et dont on commence juste à prendre conscience, est précisément la qualité picturale – et musicale – qui manquait à ceux qui l'ont précédé dans cette voie.

Cette qualité se définit essentiellement par l'accord entre une transformation des *plans*, et les modulations de *valeurs* du gris de l'image photographique « noir et blanc ». Les photographes du vingtième siècle avaient joué avec subtilité des modulations de valeurs et des différentes tonalités possibles de l'épreuve, au-delà du gris, mais, sauf quelques remarquables exceptions, ils étaient restés prisonniers de la structure orthogonale statique, dictée par le point de vue naturaliste. La mobilité visuelle jouait à l'intérieur de cette contrainte. En multipliant les points de vue (plongée, contre-plongée, gros plan, vue oblique), les photographes constructivistes et la Nouvelle Vision ont cassé la contrainte naturaliste, mais, ce faisant, ils ont appauvri le jeu des valeurs. Cet appauvrissement correspondait à l'accent mis sur l'efficacité visuelle au détriment de la chimie artisanale, sur la manipulation optique au détriment de l'accomplissement plastique. On peut parler d'un abandon du métier, résultant à la fois de la simplification

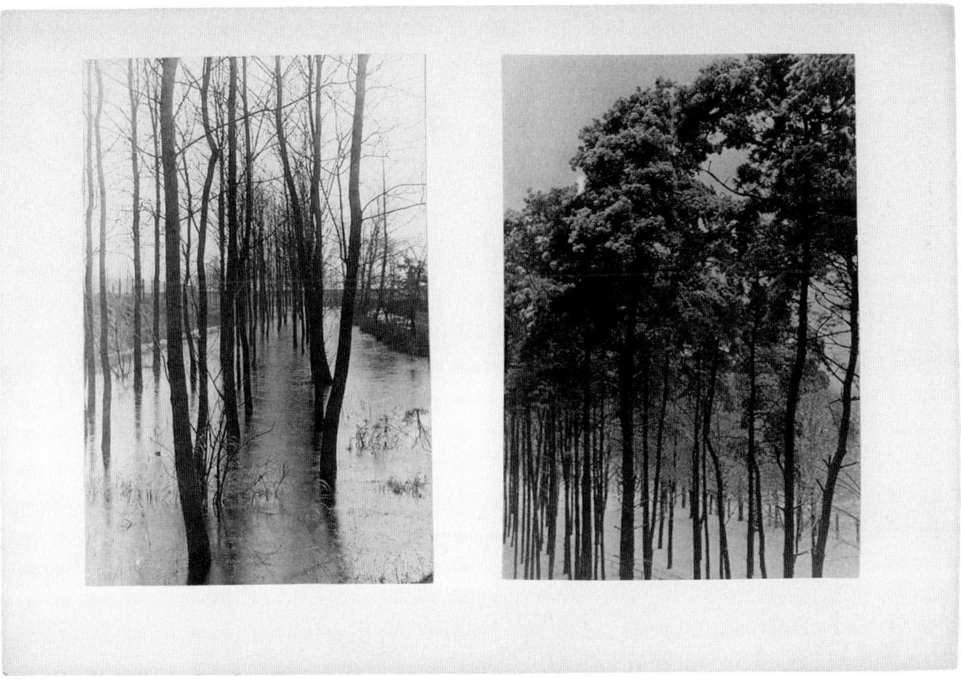

Josef Albers. *Arbres et pinède inondés*, vers 1931.
Photocollage, 29,5 x 41,8 cm.

technique de l'enregistrement – depuis la diffusion des appareils instantanés portatifs – et du modèle de l'image de presse, dont la reproduction mécanique s'oppose au rendu de l'épreuve artisanale. À la différence des pictorialistes, Albers ne récuse pas ces nouvelles données. Il ne cherche pas non plus à compenser la rigueur mécanique de la géométrisation constructiviste en recourant aux techniques d'empreinte directe ou à un biomorphisme surréalisant. Mais il associe à la mobilité des distorsions optiques celle des modulations de valeurs produites par l'exposition inégale du négatif d'une image à l'autre.

Albers est fidèle à l'esprit inaugural du Bauhaus. Il entérine les effets du progrès industriel dans la conception de l'image moderne. Il refuse toute nostalgie des métiers traditionnels. Mais dans un texte de 1943 (publié dans le catalogue de Cologne), quand il enseignait au Black Mountain College,

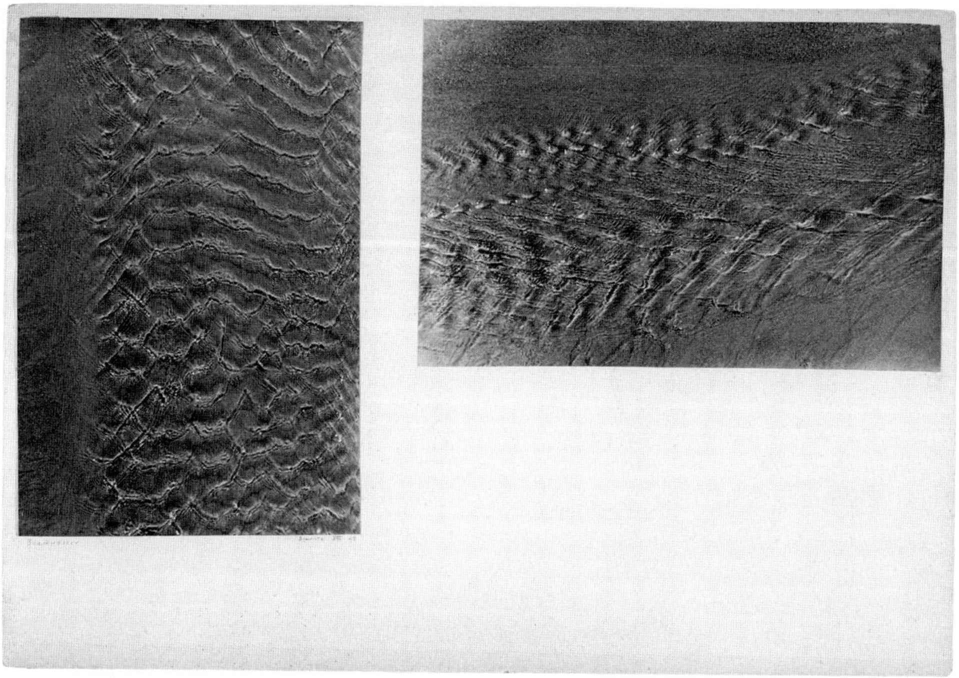

Josef Albers. ***À marée basse, Biarritz,*** **août 1929.**
Photocollage, 29,5 x 41,8 cm.

il remarque : « L'industrie a remplacé les outils par des machines, les artisans par des ouvriers, la production individuelle par la production de masse. Le résultat est le déclin de l'artisanat, mais l'industrie a jusqu'à présent très peu fait pour remplacer les meilleures qualités de l'artisanat d'autrefois ». Ce qu'il vérifiera plus tard dans ses *Homages to the Square* (Hommages au carré), et ce qu'il formulera comme la loi d'« interaction des couleurs », se profile déjà dans ses œuvres photographiques. La précision et la justesse du métier artisanal peuvent être actualisées dans l'ère industrielle, à condition d'en adapter la logique à la perception de l'homme moderne et aux nouveaux outils et matériaux dont il dispose. De même qu'il est inutile pour un peintre de vouloir enrichir les couleurs disponibles dans le commerce, et qu'il lui suffit de jouer savamment de leur interaction, de même, le photographe n'a pas besoin de chercher dans ses épreuves un rendu de valeurs ou de tons particulièrement sophistiqués ; il lui suffit d'exploiter la gamme des variations d'intensité lumineuse permises par l'enregistrement, en accord avec la syntaxe optique mise en place par la Nouvelle Vision.

Cet accord s'accomplit dans un travail de combinaison qui participe rigoureusement du montage. Il est particulièrement sensible dans les portraits. C'est la grande invention photographique d'Albers. Sur ce point, il ne doit rien à personne, et personne, jusqu'à présent, n'a vraiment poursuivi ses recherches. Dans le catalogue de l'exposition du MoMA, Nicholas Fox Weber mettait justement ces œuvres photographiques en rapport avec une série de gouaches légèrement postérieures (1932-1935), *Treble Clef* (Clé de Sol), où l'on retrouve « l'extraordinaire intensité de mouvement produite par de précises juxtapositions de tons de noir, de blanc et de gris, soigneusement calculés ». Mais ce qui se développe comme une abstraction sérielle dans *Treble Clef* avait été expérimenté dans les travaux photographiques comme autant de propositions spécifiques, construites à partir des données de la vie privée du peintre. Les portraits sont ceux d'amis artistes et de leur famille. Il y a quelques remarquables études d'architectures et de paysages, qui dépassent les conventions de la photographie constructiviste, mais souvent, surtout dans les paysages, les habitudes visuelles de l'époque sont trop présentes. À partir de 1932, Albers s'intéressa moins à la photographie. Il réalisa encore quelques belles images en Amérique du Sud (Mexique, Pérou). L'axe de ses recherches reste finalement une ligne étroite où l'expérimentation s'articule avec l'expérience privée, dans un traitement de la figure par montage d'instantanés. C'est ici qu'il est de loin le plus convaincant et le plus novateur, tout en se conformant parfaitement à l'esprit du Bauhaus qui associait la recherche multidisciplinaire à une expérience communautaire et ludique.

En dehors des portraits, les plus beaux montages sont constitués d'images de vacances, d'instantanés de la vie quotidienne, quand les contraintes professionnelles du peintre se relâchent. On peut remarquer notamment des images des plages de Biarritz en 1929, où la liberté de l'instantané est exaltée par le jeu du montage. Le meilleur de la production photographique d'Albers participe d'une transformation de l'album de famille, dont il reprend toute la procédure : l'instantané, le collage, la grille, en y projetant ses intérêts picturaux, avec la rigueur analytique du montage. Une notion est ici essentielle : celle d'intervalle, que les premiers théoriciens du montage cinématographique dans les années 1920, tel Dziga Vertov, avaient empruntée à la musique. C'est en effet dans le jeu calculé des intervalles que se mettent en place, d'une manière à la fois très libre et précise, les interruptions et les reprises du cadrage (comme une articulation de plans), mais aussi les contrastes et modulations de valeurs, et enfin l'interaction des distorsions optiques et chimiques produites par les irrégularités plus ou moins contrôlées de l'enregistrement instantané.

Le résultat traduit une mobilité de perception qui est simultanément un bonheur de l'art et de l'expérience. C'est aussi une démonstration de liberté à laquelle on aimerait aujourd'hui pouvoir rattacher quelques usages conceptuels de la photographie à la fin des années 1960 (Dan Graham, Douglas Huebler, Vito Acconci, Ian Wallace...), si des artistes avaient, depuis cette époque, actualisé et élargi la ligne de recherche ouverte par Albers. Mais cet élargissement est encore une perspective d'avenir. Il suppose que les artistes contemporains sachent hériter de traditions encore mal établies et toujours disjointes, qu'ils sachent retrouver la rigueur formelle de la photographie constructiviste, en acceptant les complexités de la perception précipitées par la vitesse de l'instantané et l'arbitraire calculé de la fantaisie conceptuelle. Mais, si l'on a bien compris la démonstration photographique d'Albers, cette nouvelle actualité du montage ne pourra exister sans une prise en compte de la picturalité de l'image photographique, en dehors de tout précepte néopictorialiste. John Coplans est à ce jour, à ma connaissance, le seul artiste travaillant avec la photographie qui ait regardé de près les montages d'Albers et sache s'en servir avec l'efficacité d'un peintre.

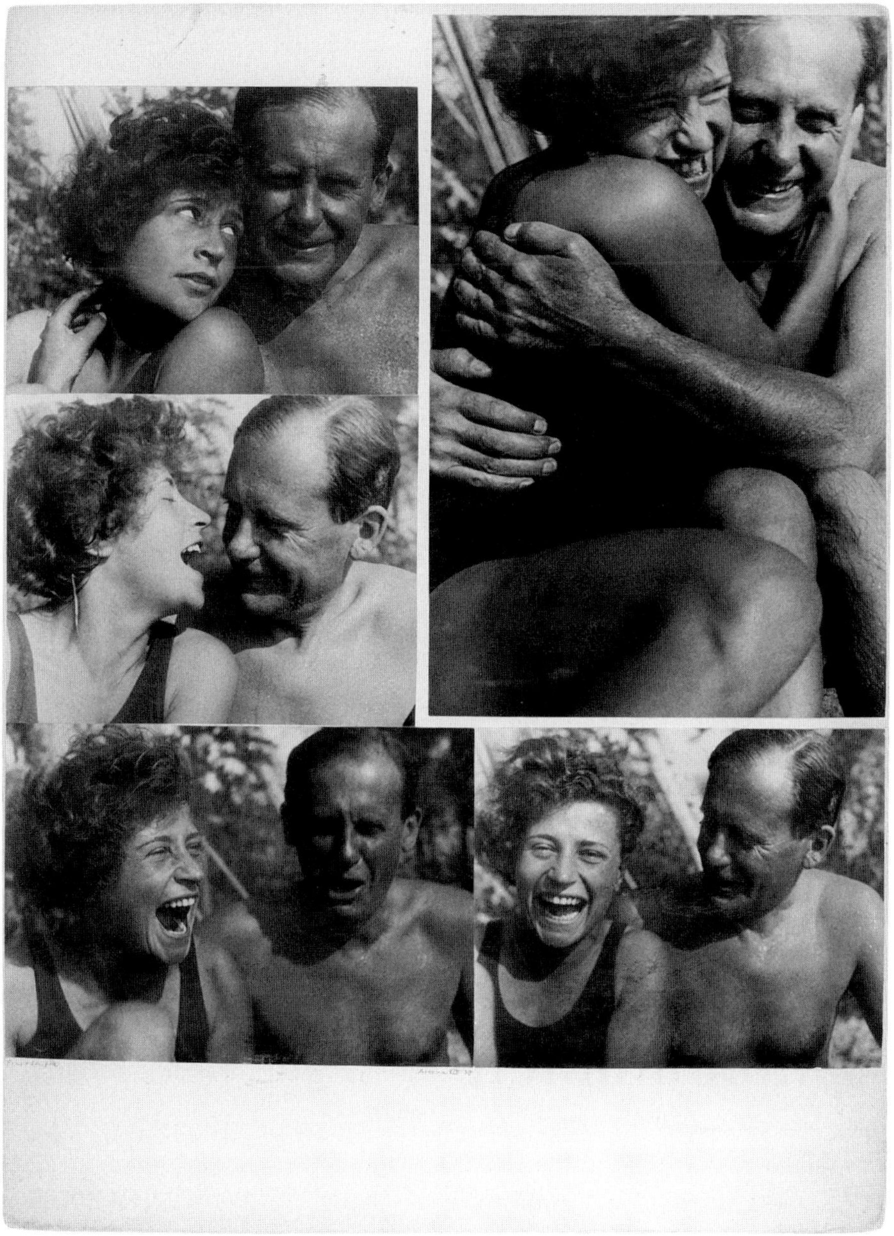

Josef Albers. *Pius & Schifra, Ascona*, octobre 1930. Photocollage, 41,8 x 29,5 cm.

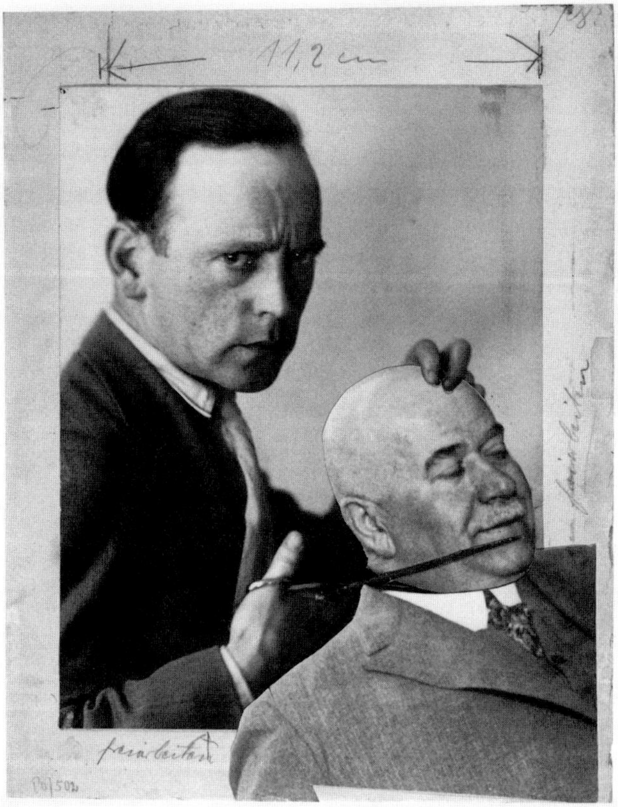

John Heartfield mit Polizeipräsident Zörgiebel
(John Heartfield avec le chef de la police Zörgiebel).
Photomontage pour *AIZ* (n°37, 1929), 28 x 21,1 cm.

John Heartfield, photomonteur

La notion de montage, présente dans le photomontage, conjugue deux références : à l'industrie – puisqu'on parle de chaîne de montage ou d'assemblage – et au cinéma, qui est lui-même une industrie. Le photomontage participe également de l'héritage du cubisme. Il désigne l'application strictement bidimensionnelle du principe du collage, dont l'assemblage est, depuis Schwitters, l'extension plastique et environnementale. Pratiquée dans les années 1920 par des artistes d'obédiences diverses, voire opposées, cette technique a fait l'objet de multiples débats. S'opposèrent, parfois violemment, non seulement ses partisans et ses détracteurs – ceux-ci se recrutant dans le camp de la Nouvelle Objectivité et du réalisme descriptif, documentaire ou « socialiste » – mais aussi ceux qui acceptaient l'emprise de l'industrie publicitaire, en cherchant, tel Schwitters, à l'orienter dans une direction artistique, et ceux qui, par conviction anticapitaliste, la rejetaient.

En 1931, deux ans après la grande manifestation de Stuttgart, *Film und Foto* (appelée souvent *Fifo*), une exposition sur le photomontage organisée à Berlin par l'artiste hollandais Cesar Domela, affilié à De Stijl, rassembla pour la première et la dernière fois tous les courants d'une pratique constructiviste dont les applications

Texte paru dans *Galeries Magazine*, n° 53, février-mars 1993. Version légèrement modifiée.

étaient encore aussi diverses que les appartenances politiques des quarante-six artistes représentés. Les deux groupes principaux étaient constitués par les artistes soviétiques, affiliés pour la plupart au groupe Octobre (quinze artistes dont Gustav Klucis, El Lissitsky, Alexandre Rodtchenko), et les Allemands, parmi lesquels John Heartfield. Le photomontage surréaliste était absent de l'exposition, ce qui confirme la grande division instaurée à l'époque entre constructivisme et surréalisme, alors même que de nombreux artistes constructivistes venaient, comme les surréalistes, du dadaïsme. Cette division semble s'être établie essentiellement autour de l'idée fonctionnaliste, à laquelle les surréalistes, à la différence des constructivistes, ne pouvaient souscrire. Les partages politiques avaient une moindre importance.

Domela, disciple de Schwitters autant que de Mondrian, croyait à l'alliance de l'art et de l'industrie par le design et la typophotographie. Il acceptait que le photomontage servît d'arme politique dans l'édification du socialisme et de « l'homme nouveau », même s'il ne pouvait souscrire au radicalisme politique ou à la croyance révolutionnaire des membres du groupe Octobre. Malgré l'hostilité de Klucis, qui voulait que le photomontage fût un pur produit de la révolution soviétique, Heartfield partageait largement les options du groupe Octobre, en opposant sa pratique politique, subversive et propagandiste aux applications publicitaires, fonctionnelles, « apolitiques », donc bourgeoises, du procédé constructiviste. Il formula clairement cette position dans une conférence prononcée à Moscou en 1931.

Dès 1918, quand il était un des membres les plus actifs du dadaïsme berlinois, il s'était inscrit au parti communiste allemand (en même temps que George Grosz). À partir de 1930, il collabora au magazine communiste *AIZ* (*Arbeiter Illustrierte Zeitung*, le journal illustré des travailleurs), créé en 1925 par Willi Münzenberg, le tout puissant agent de la propagande bolchevique en Allemagne. Dans ce journal, il publia jusqu'en 1938 deux cent trente-sept photomontages (dont la galerie Kent à New York vient de produire le catalogue raisonné)[1]. Mais en 1929, dans l'exposition *Film und Foto*, la salle qui lui était consacrée présentait surtout ses travaux de graphisme dans le domaine de l'édition. Le visiteur pouvait donc presque oublier l'engagement politique de l'artiste, s'il ne lui était pas rappelé par la nature des ouvrages exposés, notamment la production des éditions Malik, fondées par Heartfield et son frère Wieland Herzfeld, spécialisées dans une littérature d'inspiration communiste. On comprend qu'il n'y eut pour Domela aucune

1. La rétrospective *John Heartfield*, organisée par Peter Pachnicke et Klaus Honnef, a été présentée en Allemagne (Berlin, Bonn, Tubingen et Hanovre) entre mai 1991 et mai 1992, puis en Grande-Bretagne et en Irlande (Londres, Dublin, Edimbourg) entre août 1992 et mars 1993. Elle fut montrée ensuite aux États-Unis (New York, San Francisco, Los Angeles) entre avril 1993 et janvier 1994. Catalogue en anglais, New York, Abrams. Voir également le catalogue raisonné, *John Heartfield, Arbeiter Illustrierte Zeitung/Volks Illustrierte 1930-1938*, par David Evans, New York, Kent Fine Art, 1992.

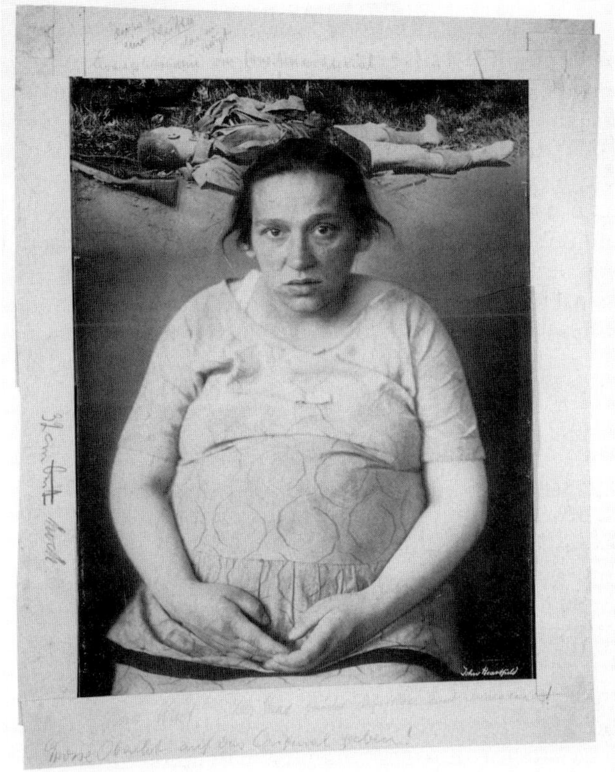

John Heartfield. *Zwangslieferantin von Menschenmaterial. Mut, Mut, der Staat braucht Arbeitslose und Soldaten* (Pourvoyeuse forcée de matériel humain. Courage, courage, l'État a besoin de chômeurs et de soldats). Photomontage pour *AIZ* (n°10, 1930), 38 x 27 cm.

difficulté, deux ans plus tard, à intégrer le talent d'Heartfield dans une description œcuménique du photomontage constructiviste et fonctionnaliste.

Aujourd'hui encore, si l'on veut absolument dissocier art et propagande, le risque est d'oublier que la puissance des images d'Heartfield tient en grande partie à la radicalité de son engagement politique. Cet engagement politique s'est exprimé par un violent refus de l'art bourgeois et, dans le domaine de la presse, de tout pittoresque illustratif. Pour replacer l'œuvre des années 1930 dans son contexte politique, on peut lire, en complément de la publication réalisée par David Evans, le catalogue plus modeste mais également passionnant, *Camera as a Weapon* de Leah Ollman, qui rappelle comment, dans l'entreprise de Willi Münzenberg, l'illustration de *AIZ* devait être constituée autant que possible de documents et d'essais en images produits non seulement pour des travailleurs (afin d'accroître leur conscience de classe) mais par eux[2]. *AIZ*, le journal illustré du travailleur, devait être aussi le journal des «travailleurs photographes». Münzenberg publia d'ailleurs un magazine spécialisé, *Der Arbeiter Fotograf* (le travailleur photographe), qui combinait conseils techniques et discussions sur l'esthétique prolétarienne appliquée à la photographie. Ce mensuel était l'organe d'une association également soutenue et inspirée par Münzenberg, qui essaima même en dehors de l'Allemagne, en Suisse et en Hollande notamment, où *AIZ* recruta quelques collaborateurs et inspira d'excellents photographes, tel le Hollandais Cas Oorthuys.

Il serait toutefois erroné de confondre l'activité d'Heartfield avec celle des photojournalistes amateurs ou professionnels de la presse communiste allemande des années 1920 et 1930. Aussi parlantes soient-elles, dans l'empathie et la description documentaire, les images d'actualité et les reportages d'*AIZ* participent de l'information manipulée de la presse militante, plus ou moins greffée sur une tradition de culture ouvrière ; elles sont le support d'un texte qui, fonctionnellement, prédomine. Les photomontages d'Heartfield abolissent au contraire cette distinction. Ils sont animés par une violence et une énergie qui participent d'une révolte et d'une aspiration collectives, mais ils n'en restent pas moins marqués par un modèle d'expression (ou d'intervention) distinct de tout programme idéologique. Chacun d'eux est un message complet, combinant texte et image pour produire un impact simple, un effet de choc global. Dans le magazine, il occupe une page entière ; il fait même souvent la couverture. En 1930, la rédaction d'*AIZ* avait averti ses lecteurs : «Désormais, le journal publiera une page de Heartfield chaque mois.» Tout est là : l'investissement de la page, avec les matériaux du montage typophotographique.

La contribution d'Heartfield à la propagande communiste et à la lutte antinazie n'est donc pas un apport d'information mais une action visuelle qui interprète et transforme l'information. L'interprétation participe de la tradition satirique, marquée par Hogarth, par Daumier, auxquels il est aujourd'hui banal de le comparer. La transformation résulte de l'appropriation violente et de la fusion des matériaux hétérogènes de la chronique et de l'allégorie. On peut considérer cet art comme l'une des formes les plus abouties de la rhétorique moderne, distincte des apories d'un fonctionnalisme utopique, comme de tout appel aux associations oniriques, paralogiques, célébré par les surréalistes. C'est pourquoi il peut apparaître aujourd'hui exemplaire, non sans quelque nostalgie, et alors même que les

2. *Camera as a Weapon*, cat., éd. Leah Ollman, San Diego (Californie), Museum of Photographic Arts, 1991. Sur l'activité de Willi Münzenberg (1889-1940), qui organisa la propagande soviétique en Europe occidentale, mais fut finalement assassiné par la police stalinienne, voir *Willy Münzenberg, un homme contre*, actes du colloque d'Aix-en-Provence de mars 1992.

œuvres actuelles qui en revendiquent l'esprit n'en sont que la réplique bavarde et conventionnelle. Car cette rhétorique, qui devait être l'expression d'une vérité de classe, était aussi et surtout une réponse à la terreur générée par la montée du national socialisme, dans un contexte où la confrontation armée des croyances idéologiques était nourrie par la misère sociale et la désorientation culturelle des masses. La rhétorique la plus sophistiquée, la plus artistique, est ici une réponse à la terreur fasciste et à la panique des foules.

Heartfield participa à la construction de « l'homme nouveau », comme les constructivistes inspirés par l'utopie communiste, mais il allait au plus pressé. Aussi légitime fût-il, le propos des photojournalistes d'*AIZ* n'était pas le sien : il ne s'agissait pas pour lui de témoigner des conditions de survie de l'homme exploité, aliéné au capitalisme. Il craignait une nouvelle destruction, comparable aux massacres de la Première Guerre mondiale. Il fallait répondre massivement, par un art aux effets massifs et destiné aux masses. Dans le cadre de la propagande communiste, comme auparavant dans le contexte de la révolte Dada, l'urgence était pour lui une nécessité d'expression qui devait être assez orientée, focalisée, concentrée, pour produire un impact immédiat et des effets d'entraînement. La publicité a évidemment hérité des inventions formelles d'Heartfield comme d'autres expérimentateurs du photomontage. Mais il lui manquera toujours cette « rage de l'expression », comme disait Francis Ponge, qui est une reconnaissance et un refus de la terreur. La publicité ne peut, au mieux, que substituer l'audace (ou la provocation) d'un message un peu terrorisant à la rhétorique artistique provoquée par la terreur. Il ne lui reste, sinon, qu'à s'aligner sur le régime ordinaire de l'information manipulée.

En Allemagne, des critiques ont reproché à la rétrospective en cours d'esthétiser l'activité d'Heartfield, d'en réduire la portée politique. Mais il fallait accentuer la signification esthétique et historique de son parcours, depuis Dada jusqu'au triste épisode de l'exil londonien (1939-1948) et aux dernières années de retraite honorifique en RDA (1949-1968), pour exalter la puissance d'invention d'un langage politique dans les années 1920 et 1930. C'est ainsi seulement – quand on voit la reconstitution de la Foire Dada de Berlin de 1920, celle de la salle *Film und Foto*, les montages originaux pour *AIZ*, suivis par la perte de substance des derniers travaux – que l'on peut radicalement distinguer ce qui, dans l'art, et chez Heartfield exemplairement, permet d'éviter la sinistre normalisation de l'esthétique publicitaire, à laquelle trop d'artistes contemporains soi-disant politiques ne cessent de sacrifier.

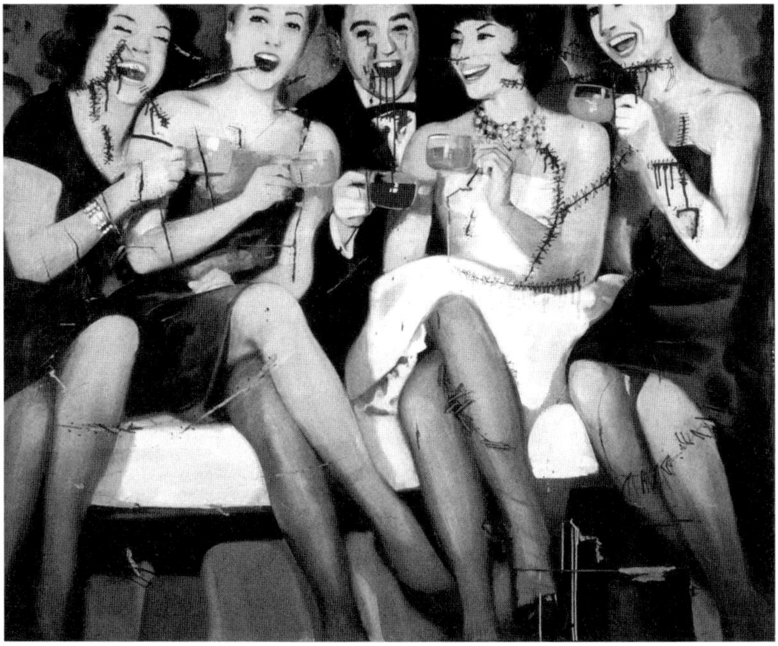

Gerhard Richter. *Party*, 1963. Technique mixte (peinture, fil de fer etc.), 150 x 182 cm.

Gerhard Richter, peintre-photographe

À Düsseldorf, au cours des années 1960, les artistes d'avant-garde ont noué, dans leur usage de la photographie, des rapports variables avec leurs homologues ou immédiats prédécesseurs américains. Le propos de Bernd et Hilla Becher n'est pas réductible aux procédures de l'art conceptuel, ni, *a fortiori*, aux principes de l'art pop. Richter, au contraire, est parti du pop. Né en 1932 à Dresde, il vivait à l'Ouest depuis 1961 et étudiait à l'école des beaux-arts de Düsseldorf, quand il a découvert dans le pop art une possibilité picturale distincte à la fois de ce qu'il avait pu connaître à l'Est et de ce qu'il avait découvert et expérimenté à l'Ouest. Après avoir engagé en Allemagne de l'Est une carrière de peintre assez conforme aux normes du réalisme socialiste, il s'était rallié à l'alternative abstraite « informelle » (révélée à la Documenta II de 1959). En 1962, sa première exposition, avec Manfred Kuttner, dans la galerie « Junge Kunst » à Fulda, présentait un ensemble d'œuvres de ce type, mais aucune ne subsiste (ils les a détruites)[1]. Immédiatement après cette exposition, Richter vit dans un magazine la reproduction d'un tableau de Lichtenstein. Cette découverte précipita son évolution. Il avait commencé à utiliser des photographies, mais l'exemple de Lichtenstein lui montra qu'il fallait *simplifier*, en réduisant toute trace gestuelle à la

Une première version de ce texte a paru en allemand, intégrée à l'essai intitulé « Zwischen der bildenden Kunst und den Medien. Das deutsche Beispiel », dans *Fotografie in der deutschen Gegenwartskunst*, Stuttgart, Cantz, 1993. Restée inédite en français, elle a été traduite en anglais, espagnol et catalan (Barcelone, MACBA, 1999), italien (Prato, Centro per l'arte contemporanea Luigi Pecci, 1999), et de nouveau en anglais (Londres, Whitechapel, 2003). Version revue.

1. Voir Jürgen Harten, « The Romantic Intent of Abstraction », dans *Gerhard Richter : Bilder/Paintings 1962-1985*, cat., Düsseldorf/Berlin/Bern/Vienne, DuMont Buchverlag, 1986, p. 5 et note 5 p. 57.

facture unifiée du tableau. Rauschenberg lui-même lui parut « trop intéressant » (comme il l'indiqua au cours d'un entretien dans les années 1980)[2]. Avec son ami Konrad Lueg (Fischer), ils se présentèrent quelques mois plus tard à Ileana Sonnabend, à Paris, comme des « artistes pop allemands », et, au mois d'octobre 1963, ils organisaient la fameuse exposition-performance *Leben mit Pop. Eine Demonstration für den kapitalistischen Realismus* (Vivre avec le pop. Une manifestation pour le réalisme capitaliste) dans le magasin de meubles Berges à Düsseldorf[3].

Quand il évoque cette période, Richter se démarque de l'abstraction constructive et utopique des artistes du groupe Zero mais il indique sa dette à l'égard de Fluxus, tout en rappelant que le *décollage*, interprété en Allemagne par Wolf Vostell en 1962 (après Hains et Villeglé à Paris), lui était resté étranger. Il rappelle également l'influence de Dada et de Duchamp, qu'il associait alors à Beuys[4]. Beuys fut d'ailleurs invité à participer à l'exposition *Leben mit Pop*, et il serait erroné de rapporter exclusivement le réalisme photographique de Richter au pop, en oubliant ce qu'il doit à l'ambiance de Fluxus. On peut également noter d'évidentes analogies entre les effets de grisaille et de « flou » dans ses tableaux de 1964-1965 et les recherches de « bougé » ou de « filé » chez le photographe Peter Keetman (1916-2005), plus facilement associable au groupe Zero qu'à l'avant-garde américaine[5].

2. « *Rauschenberg war zu artifiziell und zu interessant, er zeigt nicht diese verblüffende Vereinfachung* » : « Rauschenberg était trop artificiel et trop intéressant, il n'y a pas chez lui cette simplification stupéfiante. » (Entretien avec Benjamin Buchloh [1986], dans *Gerhard Richter: Paintings*, cat., Chicago/ Toronto/Londres, Thames and Hudson, 1988, p. 17 ; trad. dans *Gerhard Richter*, vol. II, textes de Benjamin Buchloh, cat., Musée d'art moderne de la ville de Paris, 1993, p. 94). Le texte original en allemand a été publié en 1993 dans *Gerhard Richter. Text, Schriften und Interviews* (Francfort/Leipzig, Insel Verlag, 1993) ; repris dans *Gerhard Richter. Text, 1961 bis 2007. Schriften, Interviews, Briefe*, éd. Dietmar Elger et Hans-Ulrich Obrist, Cologne, Walther König, 2008 (citation p. 168). Une autre traduction a paru dans un recueil de *Textes* de Richter publié par les Presses du réel (Dijon, 1995 et 1999). Je ne me référerai pas à ce livre dans la suite du texte, les traductions étant généralement trop imprécises.

3. *Leben mit Pop* a été photographié par Reiner Ruthenbeck. Plus généralement, les images de cet artiste donnent une image sensible, vibrante, des différentes orientations de la scène artistique de Düsseldorf et de Cologne dans les années 1960, du moins pour les aspects qui l'intéressaient, et qui intéressaient également Richter ou Polke. Voir *Reiner Ruthenbeck. Fotografie, 1956-1976*, éd. Brigitte Wontorra, Stuttgart, Cantz, 1991.

4. « En 1963, j'ai vu l'exposition Duchamp à Krefeld. Cela m'a rappelé Beuys et c'est là que j'ai commencé à m'intéresser vraiment à Duchamp » (Entretien avec B. Buchloh, 1986, dans *Gerhard Richter: Paintings*, 1988, p. 17 ; Buchloh, 1993, p. 93). L'exposition Duchamp dont parle Richter eut lieu à la Haus Lange de Krefeld en 1965 (du 6 juin au 1er août), et non en 1963.

5. Voir Peter Keetman, *Fotoform*, Berlin, Nishen, 1988, notamment p. 21, 23 et 25. Comparer aussi *Stachus* (1953), reprod. p. 9, qui est sans doute l'image la plus célèbre de Keetman, avec les *Stadtbilder* (peintures de villes) de Richter dans les années 1968-1969. Les tableaux photographiques de Richter, comme l'image de Keetman, évoquent des vues de villes détruites. À propos de *Stadtbild Paris* de la Crex Collection, Richter remarqua : « Quand je regarde aujourd'hui les vues urbaines [*townscapes*], elles me rappellent certaines images de la destruction de Dresde pendant la guerre. » (*Gerhard Richter*, cat., Londres, Tate Gallery, 1991, p. 126). Or, Keetman est connu également pour ses vues des rues détruites de Munich.

Le recours à la photographie chez Richter à partir de 1962, et surtout de 1963, participait d'une double postulation. Les *Fotobilder* (tableaux photographiques) procèdent d'une attitude anti-art et d'un besoin de simplifier la peinture. En même temps, Richter prend en compte l'impact émotionnel de l'image photographique en intégrant une diversité iconographique étrangère à tout système formaliste, abstrait ou figuratif. Dans les années 1960, la photographie fut l'instrument de l'« anti-sensibilité » qui qualifiait selon Ivan Karp la « peinture de l'image commune »[6]. Pour Richter, elle fut aussi un moyen de réintroduire un contenu existentiel immédiat – et « commun » – dans une pratique de la peinture qui s'était concentrée soit sur « l'intérêt » subjectif du geste et du matériau, soit sur l'idéalisation ou la schématisation d'une construction géométrique. Cette compréhension de la photographie n'eut pas d'équivalent dans la peinture américaine, sauf chez Warhol ; mais, dans les années 1960 et 1970, celui-ci se limita aux images à sensation et aux portraits de célébrités, alors que Richter se donna un répertoire plus large, en mêlant les genres et sous-genres picturaux (portraits, paysages, natures mortes ; architectures, vues urbaines, etc.) aux deux grandes spécialités de la photographie, l'illustration de presse et l'album de famille[7].

Pour saisir la singularité de l'attitude de Richter et de son usage de la photographie en 1963, on peut se fonder sur la position qu'il énonça dix ans plus tard, en 1972, quand il occupa le pavillon allemand de la Biennale de Venise et exposa pour la première fois à la Documenta. Dans les mois qui précédèrent et suivirent ces deux manifestations, il donna des entretiens et rédigea des lettres ; il devait se situer, dissiper les confusions possibles. 1972 fut l'apogée du photoréalisme. À la fin de l'année, le magazine *Art in America* publia un numéro spécial, dans lequel Robert Bechtle – considéré comme le leader du mouvement sur la côte ouest – énonçait les principes de son usage de la photographie : « Il y a là un grand danger. Tout d'abord, le danger de faire des photos achevées. Je dois veiller à ce que les photos soient vraiment mauvaises, de sorte que l'achèvement ait lieu dans la peinture.

6. Ivan C. Karp, « Anti-Sensibility Painting », *Artforum*, septembre 1963, repris dans *Looking Critically: 21 Years of Artforum Magazine*, éd. Amy Baker Sandback, Ann Arbor (Michigan), UMI Research Press, 1984, p. 14-15. Le texte décrit la teneur anti-artistique et anti-lyrique d'un « art de l'image commune » (*Common Image Art*), qui sera peut-être, conclut-il, « un pont pour un splendide nouveau Romantisme » (*a bridge to a splendid new Romanticism*). L'expression *anti-sensibility* se retrouve chez Lichtenstein, en particulier dans un entretien de 1966 avec Alan Solomon : « *I'm interested in portraying a sort of anti-sensibility that pervades the society and a kind of gross oversimplification.* » Mais il ajoutait : « *I use that more as style than as actuality. I really don't think that art can be gross and oversimplified and remain art.* » (*Roy Lichtenstein*, cat., éd. John Coplans, New York, Praeger, 1972, p. 66).

7. L'iconographie de Richter rencontra au moins une fois le monde de Warhol, dans la suite de six portraits qu'il fit de Brigid Polk (alias Brigid Berlin) en 1971 (numérotés 292, 305, 306, 307, 308 et 309 dans l'inventaire tenu par Richter). Brigid Polk (née en 1939) fut une proche de Warhol, de 1964 jusqu'à sa mort. Elle apparaît dans de nombreux films, en particulier dans une longue séquence de *Chelsea Girls* (1966). Issue de la haute société new-yorkaise et cosmopolite, elle incarna l'anticonformisme underground, par son exhibitionnisme et sa truculence. Richter a réalisé les tableaux d'après des autoportraits au Polaroïd qu'elle lui avait donnés au cours d'un séjour à Cologne.

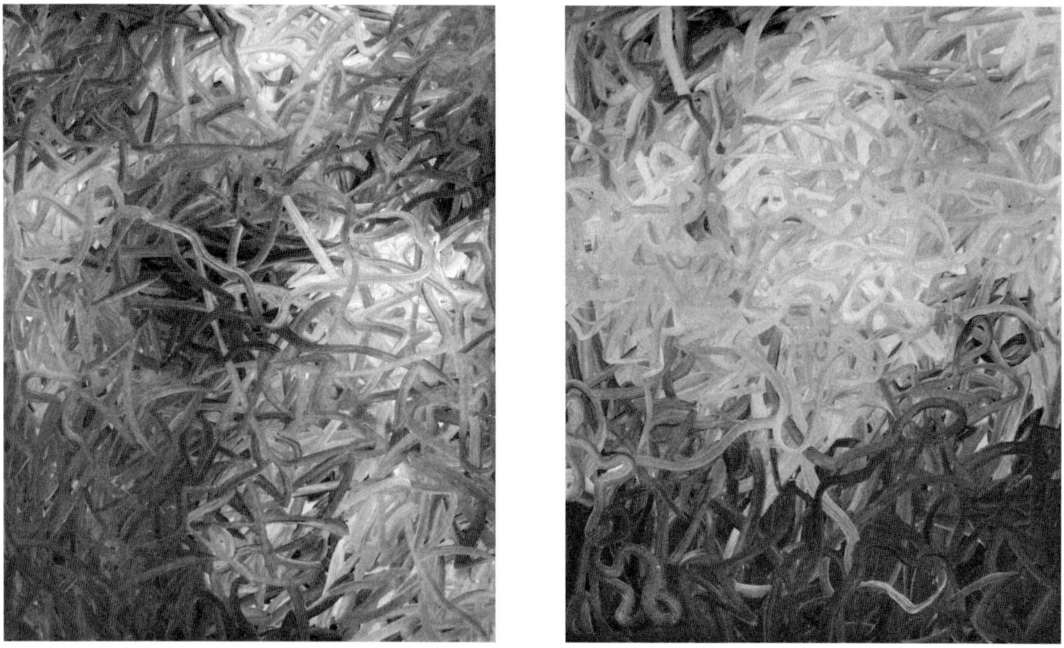

**Gerhard Richter. *Ohne Titel (grün)* (Sans titre [vert]), 1971.
Premier et troisième panneau du triptyque.
Huile sur toile, 200 x 150 cm (chaque).**

Si une photo est trop bonne et peut constituer une œuvre d'art en elle-même, il n'y a pas de raison d'en faire une peinture. Je sens aussi que je dois essayer d'éviter un type de photo trop naïve [*candid*, comme on dit *candid camera*] ; cette qualité survient très facilement quand on utilise un appareil 35 mm[8]. » Richter risquait d'être considéré comme un photoréaliste de la première heure. Il devait éviter cette assimilation.

À la Biennale de Venise, il présentait des tableaux de feuillage, dont un triptyque, *Ohne Titel (grün)*, numéro 318 dans l'inventaire publié pour la première fois à cette occasion[9]. Ces tableaux sont inspirés de photographies, mais l'exubérance de la touche les tire du côté de l'abstraction. En 1972, Richter parle fréquemment d'*abstraction*, bien que les premiers *Abstrakte Bilder* datent de 1976 ; il désigne les tableaux de végétation de la Biennale de Venise comme des *Dschungelbilder* (tableaux de jungle)[10]. Les tableaux

8. Entretien avec Brian O'Doherty, dans « The Photo-Realists: 12 Interviews », *Art in America*, novembre-décembre 1972 ; repris partiellement dans Ellen H. Johnson, *American Artists on Art (From 1940 to 1980)*, New York, Harper & Row, 1982, p. 151-157.

9. Dans le catalogue de la Biennale de Venise, l'inventaire comportait 324 numéros, de *Tisch* (1962) à *Achtundvierzig Porträts* (1971-1972). Des mises à jour ont été régulièrement publiées depuis cette date.

10. Le terme *Dschungelbilde* ne figure toutefois pas dans l'inventaire, à l'exception du n° 312 dans l'édition de 1993. Le qualificatif *abstrakt* était apparu entre parenthèses dans le titre de deux tableaux de 1969 et 1970 : *Seestück (abstrakt)* (Morceau de mer [abstrait]), n° 239/3, et *Welle (abstrakt)* (Vague [abstrait]), n° 246.

de feuillages participent de l'intérêt manifesté par Richter, entre 1966 et 1976, pour la tension figuration/abstraction dans la réalité matérielle du tableau et les effets de surface de l'image. La veine non figurative s'amplifia après la Biennale de Venise, dans la série des vastes tableaux informels *Rot-Blau-Gelb* (Rouge-bleu-jaune). Interrogé pour un dossier spécial des *Chroniques de l'art vivant* sur « l'hyperréalisme », il déclara : « Ils [les photoréalistes] ont l'air de croire à ce qu'ils font. Ils ont trouvé leur salut une fois pour toutes ; ils sont capables d'en faire, du photoréalisme, jusqu'à la fin de leurs jours. Je suis incapable, pour ma part, d'y croire à ce point-là. Il n'y a plus de salut possible[11]. »

Au cours de ce même entretien, Richter donna deux « raisons » de son usage de la photographie. La seconde est classique : « La photographie, dit-il, vous empêche de styliser, de voir "faux", de donner une interprétation trop personnelle au sujet[12]. » L'argument était déjà avancé en 1851 par le critique Francis Wey, ami de Courbet, dans sa lutte « contre le système des *poncifs*, au profit de la réalité[13] ». On le retrouve chez Matisse quand il explique sa pratique du portrait d'après photo[14]. La première raison est plus originale : « Une photo est déjà un petit tableau, tout en ne l'étant pas encore complètement. Ce caractère est irritant et vous pousse à vouloir la transformer définitivement en tableau. » La peinture, en somme, accomplit un tableau photographique préexistant : il ne s'agit pas de prendre comme modèle une mauvaise image, comme le fait Bechtle ; l'image photographique est déjà un (petit) tableau. *Compléter* n'est pas rectifier, corriger, mais *accomplir*, réaliser. Au cours d'un entretien antérieur, publié dans le catalogue de la Biennale de Venise de 1972, Richter avait déjà déclaré : « Je ne veux pas copier des photos, je veux en faire. » Et : « Je fais des photos avec d'autres moyens, et non des tableaux qui ressemblent à une photographie[15]. »

Ces deux formules ont été souvent citées, mais on a un peu négligé leur signification dans le contexte de l'après pop art et du photoréalisme, comme leurs résonances dans l'œuvre même de Richter. Les photoréalistes monumentalisaient une image descriptive : ils évitaient l'image instantanée (*candid*), préférant la rigueur professionnelle de l'imagerie commerciale. Ce que Richter cherchait à rendre en peinture, pour sa part, était

11. Entretien avec Irmeline Lebeer, « Gerhard Richter ou la réalité de l'image », *Chroniques de l'art vivant*, n° 36, février 1973, p. 15 ; Irmeline Lebeer, *L'art ? C'est une meilleure idée ! (Entretiens, 1972-1984)*, Nîmes, Jacqueline Chambon, 1997, p. 247.

12. *Ibid.*

13. Francis Wey, « De l'influence de l'héliographie sur les beaux-arts », *La Lumière*, n° 1, 9 février 1851.

14. En 1933, Matisse déclarait à Tériade (*Minotaure*, vol. I, n° 3-4) : « La photographie a beaucoup dérangé l'imagination, parce qu'on a vu les choses en dehors du sentiment. Quand j'ai voulu me débarrasser de toutes les influences qui empêchent de voir la nature d'une façon personnelle, j'ai copié des photographies. Nous sommes encombrés des sentiments des artistes qui nous ont précédés. La photographie peut nous débarrasser des imaginations antérieures. » (*Écrits et propos sur l'art*, éd. Dominique Fourcade, Paris, Hermann, 1972, p. 126).

15. Entretien avec Rolf Schön, 36e Biennale de Venise, Pavillon allemand/Museum Folkwang, Essen, cat., 1972, p. 23.

moins une performance descriptive que la qualité de l'image photographique en elle-même, en tant qu'objet[16]. Les photos « banales » le retiennent plus que les photos « artistiques, composées » : celles-ci sont « des images foncièrement appauvries, avec leurs jeux d'ombre et de lumière, leurs harmonies et leurs effets de composition. En comparaison, la photo de famille, tout le monde bien campé au milieu de l'image, est littéralement débordante de vie[17]. » Ce *débordement*, évoqué ici de manière ironique, est précisément ce que fait apparaître le traitement abstrait du paysage, dès les années 1960, et de manière explicite dans la série présentée à la Biennale de Venise, *Ohne Titel (grün)*.

Au cours de l'entretien de la Biennale de Venise, Richter formula sa conception *réaliste* de l'image-objet. Quand son interlocuteur lui demande pourquoi la photographie joue un rôle si important dans son travail pictural, il répond : « La photographie, que nous utilisons tous, chaque jour, massivement, m'étonnait. Soudain, j'ai pu la voir différemment, comme une image [*Bild*] qui m'ouvrait une autre perspective, dégagée des critères conventionnels que j'avais toujours attachés à l'art. Elle était sans style, sans composition, sans jugement. Elle me libérait de l'expérience personnelle. Ce n'était rien d'autre qu'une pure image [*ein reines Bild*]. C'est pourquoi j'ai voulu m'en emparer, la montrer – et, plutôt que de l'utiliser comme un moyen pour la peinture [*für eine Malerei*, pour une peinture], j'ai voulu utiliser la peinture comme un moyen pour la photographie[18]. »

Le procédé d'agrandissement pictural de photographies noir et blanc fut pour Richter une méthode quasiment exclusive de 1962 à 1969. C'est au cours de ces mêmes années qu'il élabora par écrit – dans des « notes » qui ne furent publiées qu'en 1993 – sa conception des relations entre peinture et photographie. Ce qu'il cherche à transposer en peinture est « une abstraction propre à la photographie ». Il note : « mes tableaux ressemblent tellement à la photographie que ce qui distingue la photographie des autres images subsiste[19]. » Depuis son invention, la photographie a toujours été pour les artistes un outil d'étude de la nature, mais aussi une manière de faciliter la transposition du volume au plan du tableau : elle montrait comment rendre les formes vues en raccourci et le modelé dans les jeux d'ombre et de lumière. L'image photographique était un intermédiaire entre le modèle (ou le motif) et le tableau ; elle n'était pas considérée pour elle-même, dans sa matérialité. Richter, au contraire, s'intéresse à la *réalité*

16. Richter distingue objet et objectivité : « Les photographies ne peuvent d'abord être objectives que parce qu'elles se rapportent à un objet, sans être elles-mêmes un objet. Je peux toutefois les considérer en tant qu'objets et même en faire des objets, par exemple en les peignant. Dès lors, elles ne peuvent plus être objectives, elles n'ont plus à l'être ; elles n'ont pas à documenter quoi que ce soit, ni la réalité ni des idées. Elles sont en elles-mêmes réalité, idées, donc objet, et, de ce fait, elles ne peuvent être que documentées ». (*Ibid.*, p. 24.)

17. « Gerhard Richter ou la réalité de l'image », *op. cit.*, p. 15.

18. Entretien avec Rolf Schön, *op. cit.*, p. 24.

19. « Notizen 1964-1965 », dans *Gerhard Richter. Text, 1961 bis 2007*, *op. cit.*, p. 32.

de l'image. Cette réalité tient pour l'essentiel à un processus d'abstraction. C'est une qualité de *retrait* et d'intensification qui s'applique au réel figuré, et non un jeu formel relatif à la composition, au tracé des lignes ou à des rapports de valeurs[20]. Accentuée dans la peinture par l'agrandissement et l'atténuation – inversement proportionnelle– des détails, l'abstraction photographique révèle la nature double de ce qu'elle représente ; elle fait apparaître une doublure d'ombre, de silence et de mort. Richter décrit dans ses notes une opacité qui peut aller jusqu'à susciter l'effroi. La photographie ne l'intéresse que parce qu'elle « rapporte des événements ». Nous sommes loin de la transparence instrumentale de l'étude descriptive. « Ce qui me fascine est la dimension alogique, irréelle, hors du temps, insensée, d'une chose qui advient et qui est en même temps parfaitement logique, réelle, inscrite dans un présent, et humaine. Cela est captivant. Et je voudrais conserver cette simultanéité dans la représentation que j'en fais[21]. »

Les commentateurs ont parfois surestimé le modèle duchampien. En 1966, Richter déclara qu'il trouvait « certaines photos d'amateurs meilleures que le meilleur Cézanne ». Mais il ajoutait : « Il ne s'agit certainement pas de peindre de bons tableaux, car la peinture est un acte moral[22]. » Duchamp avait opposé la photographie à la peinture contre l'héritage cubiste de Cézanne. Mais Richter parle de « certaines photos d'amateurs » plutôt que de la photographie en général, et il avance un critère moral étranger à Duchamp. De même, s'il s'est inspiré du modèle du ready-made, il n'a pas suivi la prescription d'indifférence que Duchamp lui avait associée (et que Duchamp lui-même ne respecta pas)[23]. Bien qu'il ait mis en avant le hasard dans les années 1960, Richter admit plus tard que ses choix d'images obéissaient à des intérêts précis et inconscients[24]. De plus, la déclaration contre Cézanne se situe en 1966, c'est-à-dire l'année même où il essaya d'aborder dans ses peintures photographiques l'irreprésentable du désir voyeuriste en associant les camps de la mort à la pornographie et aux crimes sexuels.

20. En 1985, en réaction à l'interprétation formaliste et éthérée d'une photographie de Raoul Hausmann (*Rückenakt*, vers 1930), Richter écrit : « le tracé de la ligne, et le formalisme en général, sont aussi ennuyeux que peut l'être une ligne, la seule chose vraiment intéressante est la femme nue, sa corporéité familière et étrangère à la fois, fascinante d'ambiguïté. » (note du 22/2/85, *ibid.*, p. 140. Richter réagit à un article de Katharina Hegewisch, paru la veille dans le *Frankfurter Allgemeine Zeitung* : « Hanteln statt Rüschen. Das Aktfoto : ein Panorama in Münchner Stadtmuseum »).

21. *Ibid.*, p. 34.

22. Texte de l'exposition Richter-Polke, Hanover, Galerie h, 1966 ; repris dans le catalogue de la Biennale de Venise, 1972, p. 32.

23. En 1977, Benjamin Buchloh remarquait que l'application paradoxale de la peinture au ready-made peut être interprétée comme une réaction à la réification de l'idée de ready-made (« Ready-made, photographie et peinture dans la peinture de Gerhard Richter », dans *Gerhard Richter*, cat., Paris, Musée national d'art moderne, 1977, p. 11-58). Duchamp lui-même s'était inquiété de la transformation du ready-made en procédé, au vu notamment de la production des Nouveaux Réalistes.

24. Richter contredit la référence insistante de Buchloh à Duchamp (et Warhol) quand il lui objecte : « Les motifs n'ont jamais été indifférents… » À une question sur ses critères de choix des photos, il répond ensuite : « Très certainement des critères de contenu. Autrefois j'aurais certainement dit le contraire et affirmé que ça n'avait rien à voir avec le contenu parce qu'il s'agissait simplement de reproduire une photo et de faire la démonstration d'une indifférence. » (Buchloh, 1993, p. 96.)

Cette association était scandaleuse, obscène ; elle n'aboutit pas, l'interdit moral fut plus fort que l'aiguillon d'un pseudo-radicalisme critique[25]. Il est évident qu'un tel projet ne présentait qu'un très lointain rapport avec l'exemple duchampien. Dans ce contexte, le principe d'indifférence ne pouvait être que la dénégation d'un insupportable pathos voyeuriste, ou le prétexte d'une épreuve (punitive, rédemptrice ?) que l'artiste voulait s'imposer et imposer au regardeur. Richter avait sans doute intérêt à prétendre choisir ses images au hasard. C'est en tout cas dans le contexte de cet extrémisme critique que l'opposition du critère moral au critère de qualité picturale prend son sens.

À la différence de Warhol, Richter n'a pas cherché à rivaliser avec les médias. Les deux artistes ont, chacun à sa manière, traduit (et trahi) le principe d'indifférence duchampien. Dans les années 1960, Richter s'est situé entre les beaux-arts et les médias : il s'est saisi du modèle de l'art « pop » non pour interpréter (et critiquer) l'environnement médiatique, mais comme une manière d'actualiser l'imitation picturale en substituant l'Image à la Nature. Tandis que Warhol a précipité la transformation de l'artiste bohème en entrepreneur culturel, Richter a finalement perpétué la tradition du maître d'atelier. Pour Richter, l'exemple de Duchamp fut surtout un défi à relever par et dans la peinture, c'est-à-dire une manière de relancer la mobilité de l'activité picturale en intégrant la négation de la peinture. Cette attitude fut commune à quelques artistes des années 1960, aux États-Unis et en Europe. La plupart optèrent pour une démarche de réduction, centrée sur la réalité, décomposée et recomposée, du tableau. En suivant la voie ouverte par Lichtenstein, plus encore que par Warhol, Richter a déduit *l'unité du tableau* d'un travail de transposition picturale de l'image photographique. Pour lui, l'indifférence est un état de la peinture et de la couleur, autant et plus qu'une attitude psychologique. Elle est la somme nulle des différences inscrites dans le gris de l'image photographique. En février 1975, il écrivait à Edy de Wilde : « Pour moi, le gris est le juste équivalent, le seul possible, pour l'indifférence, le refus de prendre position, l'absence d'opinion, l'absence de forme[26]. » Mais le gris n'est pas pour autant la vérité de la peinture, et Richter ne s'y est pas tenu. Le gris est le commun dénominateur de l'image photographique (« noir et blanc ») et du spectre des couleurs picturales.

Plusieurs critiques ont remarqué une insistante iconographie de la mort. Mais cette iconographie est contredite par la vie enregistrée, comme encapsulée dans l'image. Celle-ci est « littéralement débordante de vie ». En

25. Jurgen Harten remarque : « En 1966, Richter s'est risqué à l'extrême du voyeurisme critique quand, avec Lueg, il projeta pour la galerie Niepel de Düsseldorf une exposition sur le sexe et le meurtre de masse en tant que réalités inavouées du désir de regarder. Mais la tentative de montrer côte à côte des images pornographiques et des photos des camps de concentration échoua. » (Harten, 1986, p. 21)

26. *Gerhard Richter*, Tate Gallery, 1991, p. 112.

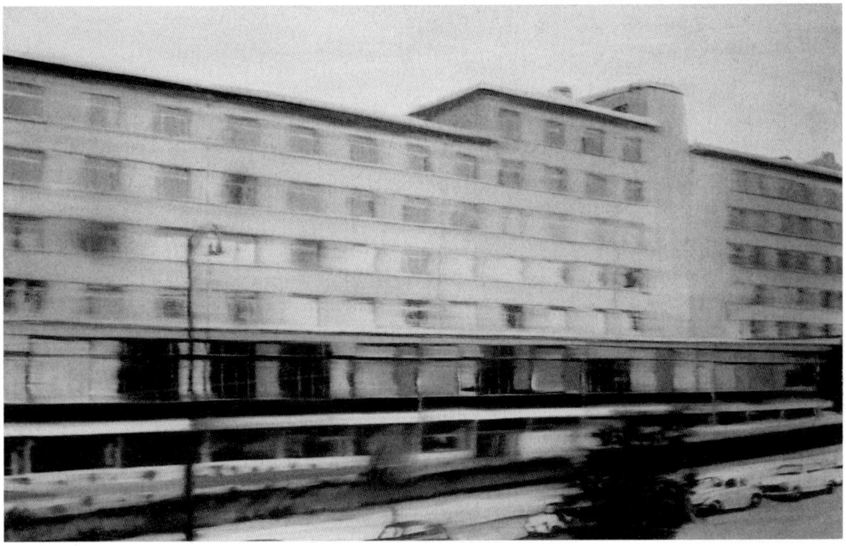

Gerhard Richter. *Verwaltungsgebäude* (Bâtiment administratif), 1964.
Huile sur toile, 98 x 150 cm.

1962-1963, Richter choisit la sobriété de l'art pop à la fois contre l'imagerie d'un pseudo-humanisme social (dont il avait fait l'expérience en Allemagne de l'Est) et contre les complications du néopittoresque informel. Mais dix ans plus tard, en 1972, il réaffirmait son intérêt pour l'informel et affichait même une référence au romantisme.

Les *Dschungelbilder* (tableaux de jungle) présentés à la Biennale de Venise en 1972 représentent le tournant de cette peinture de l'image. Richter écrivait à Jean-Christophe Ammann au début de l'année suivante : « Pour illustrer la fascination que ces entremêlements de formes évoquant une jungle exercent sur moi : quand j'étais petit, à la fin du dîner, je barbouillais du doigt sur mon assiette vide et grasse des boucles et des courbes qui s'entrecroisaient et dessinaient des structures spatiales fantastiques que la lumière modifiait et que l'on pouvait transformer à l'infini. Je trouve que laisser évoluer, laisser dégouliner, relativiser, est bien plus attrayant qu'une forme figée, un signe bien posé. Cela renvoie à l'informel et cela me convient car c'est à l'opposé de la mort, qui n'a aucune place parce qu'elle est sans intérêt. / Je considère aujourd'hui que tous mes tableaux sont informels (les *Gläser* [Verres] aussi, que je n'ai malheureusement pas encore poursuivis), sauf peut-être les paysages. / Un tableau de Caspar David Friedrich n'est pas dépassé, seules les circonstances qui l'ont fait naître le sont, par exemple certaines idéologies. De plus, quand une chose est “bonne”, elle nous touche par-delà les idéologies, en tant qu'art, un art que nous nous donnons les moyens de défendre (percevoir, exposer, faire). On peut donc peindre "aujourd'hui" comme Caspar David Friedrich[27]. »

Au cours de l'entretien publié en cette même année 1973 dans les *Chroniques de l'art vivant*, celui qui s'était voulu dix ans plus tôt un « artiste pop allemand », affirmait « une authentique référence historique au romantisme ». Il ajoutait : « C'est ce qui me distingue des hyperréalistes représentant tout le monde actuel avec ses voitures, ses autoroutes, etc. Quant à moi, je peins des tableaux historiques. » La référence au romantisme était donc un anti-actualisme. Mais, quand Irmeline Lebeer lui demanda : « L'époque romantique vous est-elle plus proche que la nôtre ? », il répondit : « Non, je crois simplement que nous n'avons pas encore dépassé le romantisme. Les tableaux de cette époque font encore partie de notre sensibilité. Sinon, nous ne les regarderions plus. Le romantisme est loin d'être liquidé. Tout comme le fascisme[28]. »

* * *

En 1973, Richter se référait à Friedrich et au romantisme. Mais il avait d'abord opposé le débordement de l'image photographique à l'hermétisme du tableau cézannien. Cézanne était le drapeau des idéologues de la peinture « organique », anti-photographique. Cela venait en partie d'une interprétation du cubisme comme affirmation de l'autonomie du tableau[29]. Dans les années 1920, quand la photographie émergea dans le monde de l'art européen, la distinction tableau organique / image mécanique se renforça. D. H. Lawrence, par exemple, voyait en Cézanne l'anti-photographe par excellence : à plusieurs reprises, il décrivit ses natures mortes comme l'antithèse de l'image instantanée Kodak ou du « cliché » qui fixe des identités abstraites, désincarnées[30]. Richter prit le contre-pied de cette tradition, mais son affirmation de l'actualité du romantisme contre l'actualisme post-pop est le complément – je serais tenté de dire dialectique – de sa première prise de position.

Cette affirmation de l'actualité du romantisme établit que l'histoire culturelle dont participe l'art moderne est un processus de remémoration inachevé, fragmentaire, bien que fondateur du présent. L'art moderne n'est pas un

27. Lettre datée 24/2/73, dans *Gerhard Richter*, Tate Gallery, 1991, p. 111.
28. « Gerhard Richter ou la réalité de l'image », p. 15-16.
29. Gleizes et Metzinger écrivaient en 1912 : « L'œuvre décorative n'existe que par sa *destination*, ne s'anime qu'en vertu des relations qui s'établissent entre elles et des objets déterminés. [...] Le tableau porte en soi sa raison d'être. On peut impunément le porter d'une église dans un salon, d'un musée dans une chambre. [...] Il ne s'accorde pas à tel ou tel ensemble, il s'accorde à l'ensemble des choses, à l'univers : c'est un organisme. » (Cité par John Golding, *Le Cubisme*, trad. Françoise Cachin, Paris, Julliard, 1962, p. 82-83.)
30. Voir notamment « Art et moralité » de 1925 dans *Eros et les chiens*, éd. Marcel Marnat, Paris, Christian Bourgois, 1969, p. 45-58.

héritage à dilapider dans l'exubérance du pastiche, un fonds ou magasin d'accessoires en libre service, mais une exigence d'actualité. Pour Richter, cette exigence a été satisfaite par Courbet[31]. Mais elle doit être elle-même actualisée sans oublier (ou rejeter) le passé romantique : le passé du romantisme et l'interprétation romantique du passé. Dans la culture de masse, le passé romantique disparaît, englouti sous l'esthétisation sentimentale du présent. Dans la mesure où il extrait de l'actualité un futur antérieur, l'enregistrement photographique peut produire à tout moment une nostalgie anticipée : il contribue ainsi à confondre l'histoire (le récit historique) avec l'idéalisation de la mémoire[32]. Richter a voulu intégrer cette ambiguïté. En spécifiant sa conception photographique de la peinture par « une authentique référence historique au Romantisme », il introduisait une actualité critique de la peinture dans l'idéalisation « romantique » du présent.

La position de Richter au début des années 1970 était celle d'un peintre ; elle participait aussi d'une évolution de la pensée critique. En 1918, *L'Esprit de l'utopie* (*Geist der Utopie*) de Ernst Bloch avait ouvert un *revival* du romantisme révolutionnaire, en dénonçant l'effet de la modernité capitaliste comme « déracinement transcendantal », *Heimatlosigkeit* (perte du foyer). Dans l'art allemand, la génération de 1968 fut marquée par l'héritage de Bloch et par Herbert Marcuse autant que par Andy Warhol. En France, le philosophe Henri Lefebvre, qui inspira l'Internationale situationniste, avait publié en 1947 sa *Critique de la vie quotidienne* où la référence au modèle de la communauté rurale anéantie par le développement industriel n'est pas sans analogie avec la position de Bloch. Dix ans plus tard, l'année où se forma l'Internationale situationniste, Lefebvre écrivait : « Tout romantisme se fonde sur le désaccord, sur le dédoublement et le déchirement. En ce sens le romantisme révolutionnaire perpétue et même approfondit les dédoublements romantiques anciens. Mais ces dédoublements prennent un sens nouveau. La distance (la mise à bonne distance) par rapport à l'actuel, au présent, au réel, à l'existant, se prend sous le signe du possible et non au titre du passé, ou de la fuite[33]. »

31. Richter apprécie particulièrement Courbet (dont il possède d'ailleurs un tableau). L'artiste par qui le scandale du réalisme moderne arriva fut aussi celui autour duquel se cristallisèrent, dans les années 1850, les débats sur l'influence et la légitimité de la photographie. Pour son ami Francis Wey, Courbet apportait la preuve que la photographie était non seulement une technique auxiliaire d'étude de la nature mais un utile et nécessaire critère de vérité. C'est en suivant ce critère, et non en le refusant au nom d'un idéal historique, que le peintre pouvait – et devait – surpasser l'exactitude photographique.

32. Le thème de l'idéalisation de la mémoire est très présent dans le Journal de Delacroix, par exemple le 28 avril 1854 : « En réfléchissant sur la fraîcheur des souvenirs, sur la couleur enchantée qu'ils revêtent dans un passé lointain, j'admirais ce travail involontaire de l'âme qui écarte et supprime, dans le ressouvenir des moments agréables, tout ce qui en diminuait le charme, au moment où on les traversait. Je comparais cette espèce d'idéalisation, car c'en est une, à l'effet des beaux ouvrages de l'imagination. »

33. Publié initialement, en 1957, dans la *Nouvelle Revue française*, « Le Romantisme révolutionnaire » fut repris par Lefebvre dans *Au-delà du structuralisme*, Paris, Anthropos, 1971. Le texte est cité par Michael Löwy et Robert Sayre dans *Révolte et mélancolie. Le romantisme à contre-courant de la modernité*, Paris, Payot, 1992, p. 228.

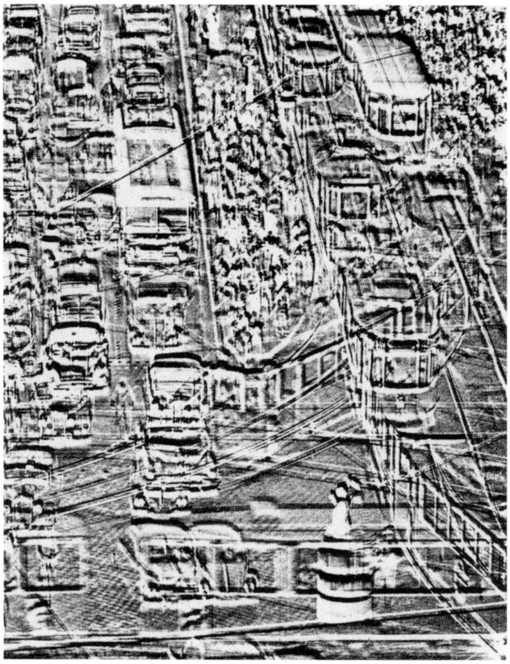

Peter Keetman. *Stachus*, 1953. Tirage photographique noir et blanc, 29,2 x 23,9 cm.

Richter n'a pas adhéré au romantisme révolutionnaire, mais on perçoit dans ses tableaux comme dans ses propos les traces d'un projet de rédemption de la modernité ; c'est pourquoi il a toujours refusé d'identifier l'actuel au « banal » et à l'imagerie urbaine du quotidien. Une histoire du paysage commence avec les *Stadtbilder* (peintures de ville) de 1968, immédiatement suivis de vues de montagnes : cette association de la ville détruite avec la grandeur inhospitalière de la montagne est une convention du sublime moderne. En 1976, des études de ciels sur le site du Vésuve rappellent le sublime atmosphérique du dix-neuvième siècle. Enfin, dans les années 1980, est apparu – en contrepoint des tableaux abstraits de plus en plus nombreux – un paysage rural, parfois quasiment pastoral, aux effets mesurés, plus pittoresque que sublime. Cette évolution iconographique manifeste l'accentuation du thème de l'*Heimatlosigkeit*.

Depuis les premiers tableaux abstraits et surtout depuis le milieu des années 1980, la relative neutralité de l'image photographique apparaît

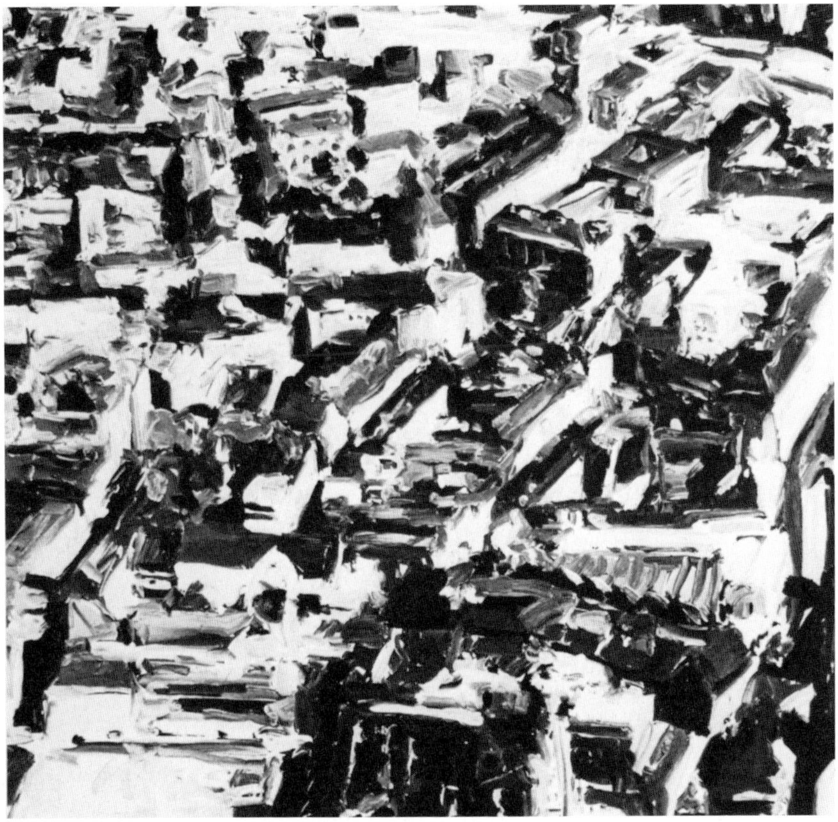

Gerhard Richter. *Stadtbild* (Peinture de ville), 1968. Huile sur toile, 200 x 200 cm.

comme un écho à l'indifférence de la nature, contredite par l'étendue vibrante des formes gestuelles. Même s'il peut avoir une tonalité nostalgique, le spectacle de la nature reste détaché de la diversité kinesthésique qui mobilise ce que Merleau-Ponty appelait « le fond immémorial du visible ». Au « débordement » de la vie s'est substituée la confrontation de « la forme-spectacle », que l'action picturale peut seule « faire craquer »[34]. Richter pense peut-être à Rilke qui projetait dans l'indifférence de la nature « une parabole libératrice pour notre destin[35] ». Il notait en 1986 : « Mes paysages ne sont pas seulement beaux ou nostalgiques, romantiques et classiques tels des paradis perdus, ils sont avant tout "trompeurs" (même

34. Dans *L'Œil et l'Esprit* (rédigé en 1960), Merleau-Ponty parle des « propriétés frontales du visible », qui se réduisent à « la forme-spectacle » si elles ne sont pas associées à un mouvement de fond qui s'anime et anime la réponse du peintre : « Au fond immémorial du visible quelque chose a bougé, s'est allumé, qui envahit son corps, et tout ce qu'il peint est une réponse à cette suscitation... » L'essai a paru initialement dans *Art de France*, n° 1, 1961, p. 187-208.

35. Rainer Maria Rilke, « Von der Landschaft », dans *Sämtliche Werke*, vol. V, Francfort-sur-le-Main, Insel Verlag, 1965, p. 520 ; « Sur le paysage », trad. Maurice Betz, dans R. M. Rilke, *Œuvres I, Proses*, Paris, Seuil, 1966, p. 372.

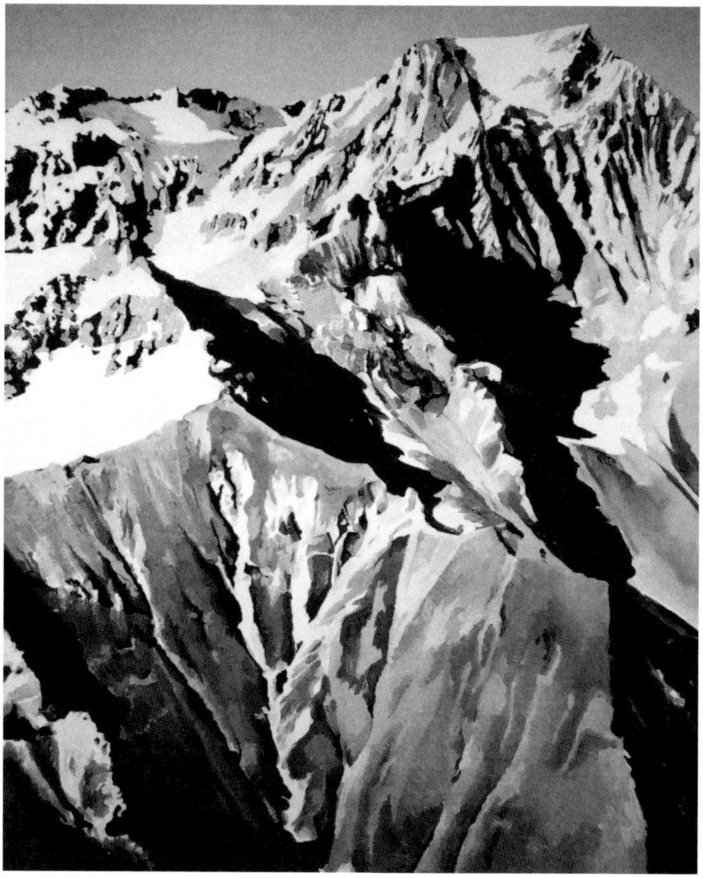

Gerhard Richter. *Himalaya*, 1968. Huile sur toile, 200 x 160 cm.

si je n'ai pas toujours trouvé le moyen de le montrer précisément). Par "trompeur", j'entends que nous transfigurons la nature en la regardant ; la nature, dans toutes ses formes, est *contre* nous, elle ne connaît ni sens, ni clémence, ni compassion, elle ne connaît rien, elle est totalement dépourvue d'esprit, elle est notre absolu contraire, absolument inhumaine. Toutes les beautés que nous voyons dans un paysage, l'enchantement des couleurs, le calme apaisant ou la puissance d'une atmosphère, la douceur des lignes, la majesté grandiose de l'espace, que sais-je encore, sont nos propres projections ; nous pouvons les interrompre, et nous ne verrons plus alors que l'abominable et la laideur[36]. » L'exécration de la nature est ici à la mesure des hymnes d'adoration romantiques.

36. Note du *Journal* de l'artiste, le 18/2/1986, reproduite (en allemand, avec traduction en anglais) dans *Gerhard Richter*, Tate Gallery, 1991, p. 117. Dans ses plus anciennes « notes » publiées, datées 1962, Richter écrivait : « Considérer que l'art copie la nature est un sinistre malentendu. Car l'art a toujours œuvré contre la Nature et pour la Raison. » (*Text*, *op. cit.*, p. 14).

Richter parle généralement de ses paysages photographiques avec plus de « mesure », en les associant à l'abstraction, ou en semblant accepter leurs résonances nostalgiques et leur charme conventionnel. L'exécration de la nature qui s'exprime dans la note de 1986 est, pour reprendre une formule de Francis Ponge, une *rage de l'expression*. Sous un masque de facilité décorative, cette rage imprègne les petites photographies couvertes de peinture de la fin des années 1980. Richter se défie trop des compulsions expressionnistes pour laisser un grand développement à ces gestes de recouvrement. Il renouait toutefois avec l'impulsion destructrice qui s'était manifestée dans le tableau de 1962, *Tisch* (Table).

À trente ans de distance, ce tableau permet de comprendre non seulement la situation initiale du peintre-photographe, dans les premiers temps de sa carrière à l'Ouest, mais sa situation actuelle. Richter a donné les indications nécessaires. Après avoir rappelé que l'image source provenait du magazine de design italien *Domus*, il signale que le tableau, à la différence de beaucoup d'autres de la même époque, qui ont été détruits ou recouverts, marque un point d'origine de son travail : le brouillage pictural du motif photographique a résolu la difficulté de donner corps à l'image[37]. Il évoque ensuite d'autres tableaux photographiques antérieurs, très différents par leur source et leur iconographie : « Dans un de mes catalogues est reproduit un des premiers [tableaux photographiques], *Peloton d'exécution*, où l'on voit un SS en partie dans l'ombre. C'est le type d'images que j'ai utilisées plus tard quand j'ai opposé des photographies pornographiques avec des images des camps de concentration. »

En plaçant *Tisch* à l'origine de sa biographie picturale, Richter a marqué une ligne de séparation : « Je voulais prendre un nouveau départ après mon travail en Allemagne de l'Est, mais aussi après les nombreux tableaux que j'avais peints à l'Ouest, parmi lesquels un grand nombre de tableaux photographiques. Je voulais tracer une ligne, indiquer que ces peintures appartenaient au passé. » Extraite d'une actualité de l'illustration, l'image de la table résume, après avoir été recouverte de peinture, l'impossibilité de la table rase. L'imagerie rejetée dans le passé est inscrite dans les couches de peinture, et dans le geste même qui en signifie l'effacement. La ligne de séparation indique une préhistoire refoulée. La tentative ultérieure d'associer des images de camps de concentration au voyeurisme pornographique n'a évidemment pas pu lever ce refoulement, elle l'a confirmé.

37. « La photo pour *Tisch* provenait, je pense, du magazine de design italien *Domus*. Je l'ai peinte, mais je n'étais pas satisfait du résultat et je l'ai recouverte en partie de papier journal. On peut encore voir la trace du papier collé à la toile fraîchement peinte. Je n'étais pas satisfait parce qu'il y avait trop de peinture sur la toile, je l'étais de moins en moins. Je l'ai recouverte. Et d'un coup, elle a pris une qualité qui m'a plu, et j'ai senti qu'elle devait être laissée ainsi, sans savoir pourquoi. » Propos reproduits dans la notice consacrée à *Tisch* dans le catalogue de la Tate Gallery, p. 125. Les citations suivantes sont extraites du même texte.

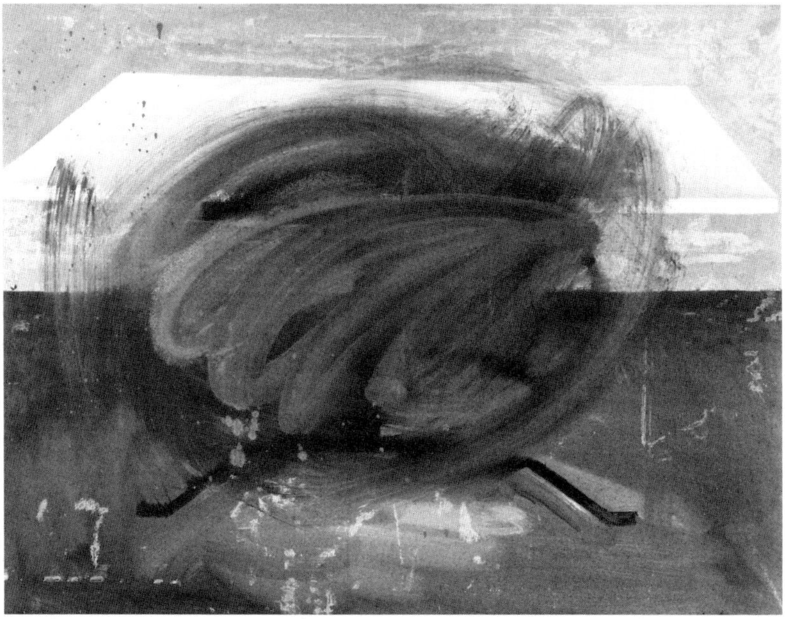

Gerhard Richter. *Tisch* (Table), 1962. Huile sur toile, 90 x 113 cm.

Le recouvrement partiel de *Tisch*, en réponse à la difficulté de transformer une image trouvée, ne fut pas seulement une solution picturale ; il inscrivait dans la peinture l'efficacité du mécanisme de censure de l'inconscient. En tentant, par la suite, un impossible rapprochement entre la mémoire photographique des camps de concentration et une imagerie pornographique, Richter a vérifié que le modèle de l'actualisme pop recouvrait pour lui un tout autre enjeu : la difficulté du deuil de la Seconde Guerre mondiale dans la culture amnésique de la société de consommation, importée des États-Unis. L'association de la pornographie et des camps est restée contenue dans l'*Atlas*. Mais *Tisch* a marqué l'exacte limite ou, mieux, la frontière – car une frontière constitue elle-même une zone, elle a une étendue, une épaisseur – sur laquelle opère la transformation picturale de la mémoire photographique. Cette transformation est un *travail* ambigu qui révèle et occulte. La peinture révèle l'image en l'accomplissant comme *tableau* ; mais l'accomplissement du tableau procède d'une sélection qui ressortit aux mécanismes de la censure. Dans les petites photos peintes, c'est-à-dire en l'occurrence littéralement couvertes de peinture, ce qui peut apparaître comme un simple jeu, ou exercice, participe encore de l'ambivalence de la mémoire[38].

38. La publication la plus complète à ce jour sur les photos peintes de Richter est *Gerhard Richter. Overpainted Photographs*, cat., éd. Markus Heinzelmann, Stuttgart, Hatje Cantz, 2008.

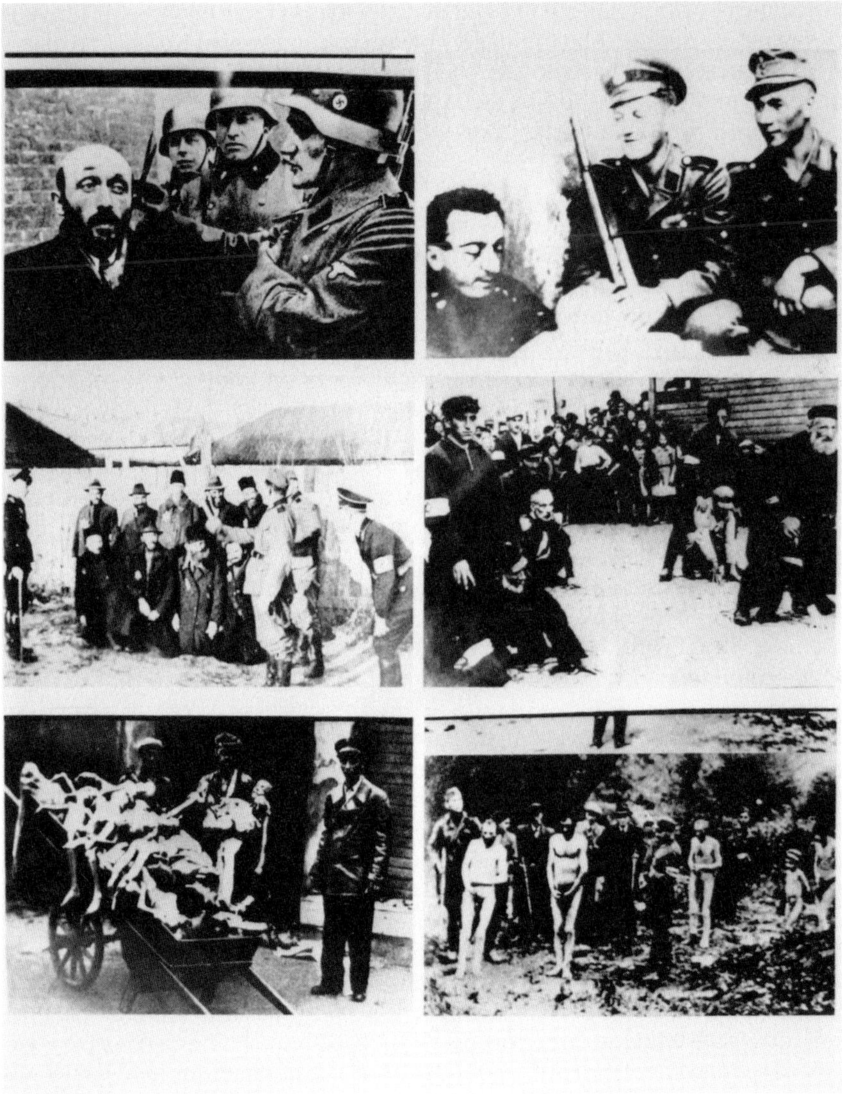

Gerhard Richter. Planche 17 de l'*Atlas*, 1967.

Un tableau peut être une photographie réalisée avec les moyens de la peinture. Une image photographique peut être vue comme un petit tableau en puissance, et elle remplace le motif découpé dans l'environnement : l'Image remplace la Nature. Mais l'image photographique résulte d'un processus d'*enregistrement*, apparenté aux mécanismes de la mémoire. La force des tableaux photographiques de Richter, dans la période où dominait le gris, tient précisément à une équivalence entre l'impact virtuel de l'image enregistrée et la facture du tableau.

À défaut de pouvoir figurer l'inoubliable, Richter a figuré le processus même de l'oubli, c'est-à-dire fixé dans l'espace du tableau peint/photographique, la révélation de l'image sous son recouvrement. La transformation picturale de l'image enregistrée est une affaire de facture, mais la facture n'est pas un procédé innocent, elle rejoue l'enregistrement dans l'application, inconsciente, de la peinture : « Quand je peins d'après une photographie, la pensée consciente est annihilée. Je ne sais pas ce que je fais[39]. » Ce travail, appliqué à une image préexistante, reconduit l'effet photographique. Au terme du processus, l'image *tient*, elle tient au mur, elle a gagné en présence : Richter a produit dans les années 1970 les seuls tableaux photographiques, avec ceux de Warhol, qui pouvaient exister à côté d'un monochrome de Robert Ryman[40]. Mais cette présence du tableau photographique n'est pas seulement un effet « plastique », car l'image persiste, tel un lointain rapproché. La surface est unifiée dans la mesure où elle participe à l'unité du tableau, elle n'est pas unidimensionnelle : elle est picturale *et* photographique.

Dans la biographie picturale de Richter, comme dans l'histoire de la peinture en général depuis Courbet, la photographie est cet immense territoire de l'image où, de l'album de famille au journal illustré, ne cesse de se rejouer le rapport privé/public qui conditionne l'exercice et la réception de l'activité artistique. *Tisch* avait été *tiré*, comme on le dit pour une estampe ou une photographie, d'une image reproduite dans *Domus*. Le nom même de la revue est parlant. Bien qu'il ait condamné l'hédonisme bourgeois associé à l'œuvre de Matisse, Richter a intégré dans son autobiographie picturale la dimension domestique de la vie privée. Il suffit de feuilleter l'*Atlas* pour vérifier combien, selon cette logique, il a laissé paraître de plus en plus son attrait nostalgique pour l'art de Vermeer. Toutefois, l'espace privé n'est pas nécessairement privatif, ni intimiste. Il est la condition nécessaire de l'autonomie de l'individu, le complément et la garantie d'un espace public respectueux des libertés individuelles. On peut interpréter le cycle du

39. « Notizen 1964-1965 », *op. cit.*, p. 29.
40. Dans l'entretien avec Irmeline Lebeer, en 1973, Richter mentionne, parmi les artistes dont il se sent proche : Ryman, Gilbert & George, Walter De Maria, Bruce Nauman et Sol LeWitt. En 1986, dans l'entretien avec Buchloh, il dit que « Carl Andre, Sol LeWitt, Bob Ryman, Dan Flavin, Larry Weiner, Walter De Maria et d'autres » furent les artistes les plus importants pour lui à la fin des années 1960.

18 octobre 1977 comme une manière d'interroger les limites de cette conception démocratique (libérale) du rapport privé/public. Le titre même renvoie à l'issue d'un drame qui s'est déroulé dans une prison, c'est-à-dire dans un espace de réduction et de contrôle total de la vie privée. Plusieurs tableaux figurent d'ailleurs des détails « domestiques » (une bibliothèque, un tourne-disque) de l'environnement carcéral des détenus de Stammheim.

On a pu reprocher à Richter de s'intéresser aux « suicidés » de Stammheim alors qu'il s'était tenu à l'écart du Mouvement de 1968. Depuis sa position, assumée, d'artiste bourgeois, Richter a voulu représenter la grandeur d'un échec idéologique. Il n'avait cessé de répéter que les idéologies totalitaires du vingtième siècle, le fascisme et le communisme – dont il a pu éprouver les effets en Allemagne de l'Est – étaient criminelles. À partir de 1976, après les tableaux gris (*Grau*), il avait choisi de mener son activité picturale à l'écart du militantisme de l'art dit « radical ». Aux yeux des révoltés et révolutionnaires de 1968, il avait choisi le parti bourgeois de la peinture, c'est-à-dire une définition privative de l'activité artistique. Or, en 1988, quand on lui demanda pourquoi la mort des prisonniers de Stammheim était pour lui « un malheur exceptionnel », il répondit : « Tout d'abord, les ambitions publiques de ces gens, leur motivation non privée, impersonnelle, idéologique[41]. » Selon son habitude, il n'avançait aucune considération politique précise. En revanche, il insista sur ce qui dans l'engagement de la RAF contrastait le plus avec sa situation de peintre bourgeois, c'est-à-dire cette dimension « publique » qu'il avait, dans ses propres « ambitions », réduite sinon écartée, au titre d'un refus global des idéologies. Il mettait en avant la dimension publique de la peinture d'histoire, à laquelle il s'était déjà référé en 1972. Figurant la grandeur d'un échec, le cycle du *18 octobre 1977* poursuivait la réévaluation de l'héritage romantique.

Ce cycle fut aussi la conclusion et l'aboutissement de la veine des tableaux photographiques en noir et blanc (en gris), interrompue depuis les *Quarante-huit portraits* de 1971-1972[42]. Les quinze tableaux reprennent tous les genres qui composaient l'essentiel du corpus de 1962-1971 : portrait, image de presse, photographie de famille et vues de ville. « Ce travail, écrit Richter en 1989, met un terme à ce que j'ai entrepris dans les années soixante (tableaux d'après des photos noir et blanc) sous la forme d'un résumé condensé qui ne permet plus aucun prolongement[43]. » À l'impasse idéologique répond « un caractère de séparation radicale ».

Depuis *18 octobre 1977*, Richter semble placer l'activité picturale, avec ses intérêts privés, entre deux extrêmes : l'indifférence de la nature et le pathos

41. Entretien avec Jan Thorn Prickker, dans *Gerhard Richter. 18. Oktober 1977*, cat., Londres, Institute of Contemporary Arts, 1989, p. 55.
42. Entre 1972 et 1988, Richter n'a réalisé que deux tableaux photographiques en noir et blanc : *Touriste (avec 1 lion)* et *Touriste (avec 2 lions)*, en 1975 (n° 369 et 370).
43. Note du 1/10/89, dans *Text*, *op. cit.*, p. 222.

de l'action régie par des convictions idéologiques. « Les photos, dit-il, sont presque la nature[44]. » Ce cadrage du domaine de la peinture correspond au fait que l'Image s'est substituée à la Nature et tend à absorber les faits et gestes historiques. En produisant indifféremment la trace des crimes, proches ou lointains, commis à tous les niveaux de motivation, du simple acte crapuleux au meurtre politique, les photographies superposent ou confondent histoire et chronique médiatique, événements et faits divers. Richter a d'abord inscrit sa propre histoire dans ce grand territoire « gris », dont l'*Atlas*, défini en 1968 et exposé pour la première fois en 1972 (bien que l'accumulation ait commencé au début des années 1960), contient l'archive. Mais l'*Atlas* ne conserve pas seulement les images *réalisées* en tableaux, il rassemble aussi toutes les autres, les tableaux virtuels : celles qui n'ont pas directement servi, qui constituent à la fois un fonds iconographique et le fond de l'expérience picturale.

Aussi protégé soit-il des croyances dogmatiques, le domaine de l'activité picturale reste exposé à toutes les ambiguïtés : l'artiste se protège vainement quand il s'enferme dans son œuvre. L'*Atlas* est la forme de cette clôture impossible. Dans l'iconographie du *18 octobre 1977*, la mort et la féminité, associée à la jeunesse, sont les deux formes d'une altérité à laquelle Richter, parvenu à une maturité artistique et à un relatif statut d'autorité, s'est confronté de manière spectaculaire. Le titre de la première séquence de trois tableaux, *Gegenüberstellung* (Confrontation), désigne cette expérience, autant que l'affrontement politico-judiciaire. Richter déclara à propos de la composante féminine de la RAF : « Je pense que les femmes ont joué le rôle le plus important ; elles m'ont aussi beaucoup plus impressionné que les hommes[45]. » Cette double altérité, qui lie la féminité à la mort, a trouvé son équivalent dans le gris dramatisé de la photo de presse, opposé aux couleurs lumineuses des tableaux abstraits. Elle était déjà apparue au moins à deux reprises : en 1966, avec *Eight Student Nurses* (les victimes d'un tueur en série dans un hôpital de Chicago) et deux portraits d'*Helga Matura* (une prostituée dont l'assassinat avait défrayé la chronique)[46].

Rendue au « noir et blanc », la photographie est redevenue l'autre de la peinture. L'indifférence du gris s'est chargée d'un nouveau pathos. À la lumière de *18 octobre 1977*, Richter fut même conduit à redéfinir les tableaux gris de 1972-1976, qui avaient provoqué l'explosion de couleurs des premiers « tableaux abstraits ». À la question de Gregorio Magnani : « Considérez-vous cette série [*18 octobre 1977*] comme isolée, comme une parenthèse unique, ou êtes-vous vraiment en train de revoir votre relation au "contenu" ? », il

44. *Ibid.*, p. 53
45. *Ibid.*, p. 54.
46. À propos d'*Helga Matura*, voir le texte de Christina Richie dans *Gerhard Richter: Helga Matura*, cat., Toronto, Art Gallery of Ontario, 1992.

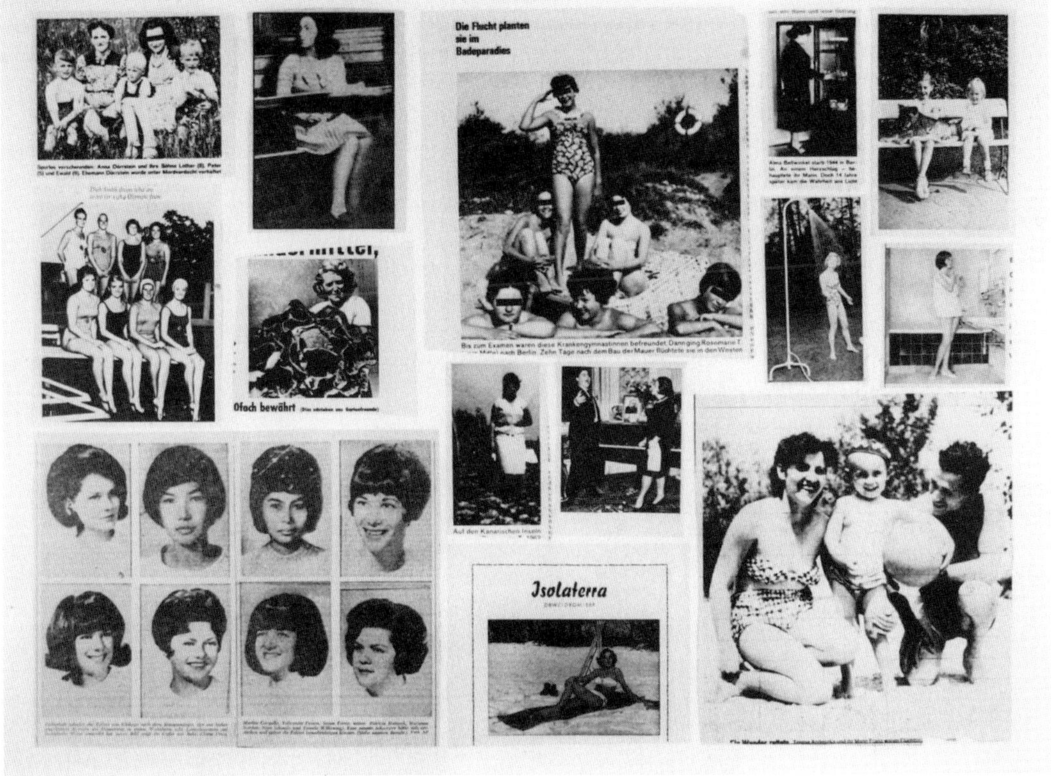

Gerhard Richter. Planche 8 de l'*Atlas*, 1962.

répondit : « Oui, elle peut sembler un peu en dehors de mon travail. Mais maintenant, quand je regarde les monochromes gris, je réalise que, peut-être, et sûrement pas entièrement consciemment, c'était la seule manière possible pour moi de peindre les camps de concentration. C'est impossible de peindre la misère de la vie, excepté peut-être en gris, pour la couvrir[47]. » Les quinze tableaux du *18 Oktober 1977* inscrivent le drame de l'histoire dans une imagerie du quotidien où le tremblement de l'image photographique est aussi la pulvérulence des cendres. Le travail de la photographie dans la peinture y apparaît comme la condition d'une mémoire empêchée.

47. Entretien (mené en anglais) avec Gregorio Magnani, *Flash Art*, n° 142, octobre 1989, p. 97. On peut noter que c'est un fond monochrome gris dont se détache, avec une acuité descriptive exceptionnelle et des couleurs très vives, le portrait vu de dos de la fille du peintre, *Betty*, de 1988. Ce portrait – qui a rencontré un énorme succès aux États-Unis – constitue, par ses caractéristiques formelles et sa situation chronologique, l'exacte antithèse des portraits féminins de la série *18 octobre 1977*.

Le gris est la surface indifférente, correspondant à une neutralisation des couleurs, à travers laquelle opère la mnémographie picturale. L'*Atlas* est une archive, et un palimpseste qui tend à annexer l'œuvre pictural. À chaque tableau correspondent plusieurs images enfouies, conservées. Reliées par un fil thématique ou analogique, elles constituent le fond du tableau, son milieu d'inscription, c'est-à-dire le sous-texte qui transparaît d'un tableau à l'autre. On retrouve ce fonctionnement du palimpseste chez Polke, de manière plus explicite, dans une manipulation du matériau photographique, avec des procédés de surimpression et de transparence empruntés notamment au cinéma. Les deux artistes ont transformé l'exemple du pop art. En même temps qu'elle leur ouvrait un répertoire de la vie moderne, la photographie leur a permis de repenser la peinture comme un travail de la mémoire historique et biographique, en surmontant l'actualisme des médias.

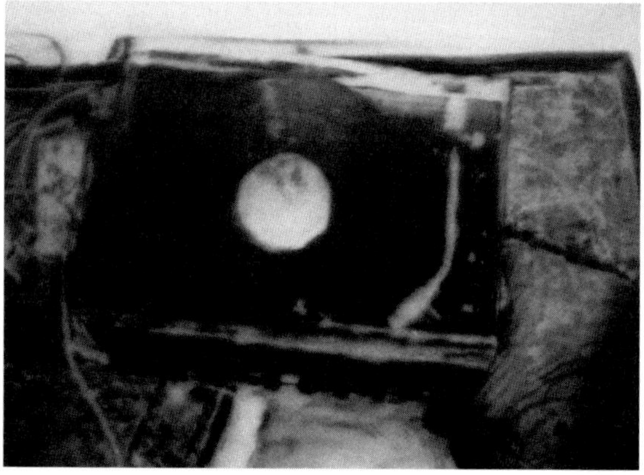

Gerhard Richter. *18. Oktober 1977 : Plattenspieler* (Tourne-disque), 1988. Huile sur toile, 62 x 83 cm.

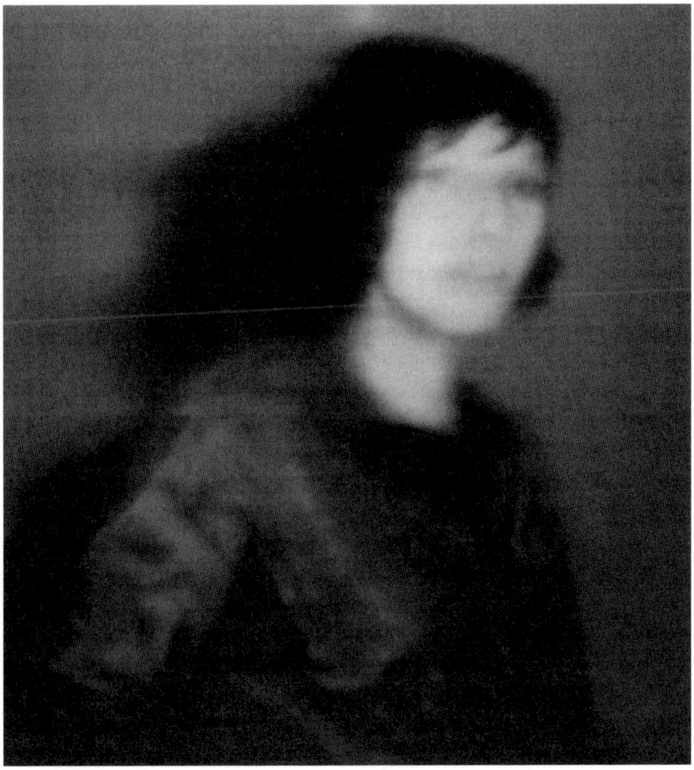

Gerhard Richter. *18. Oktober 1977 : Gegenüberstellung 1* (Confrontation 1), 1988.
Huile sur toile, 112 x 102 cm.

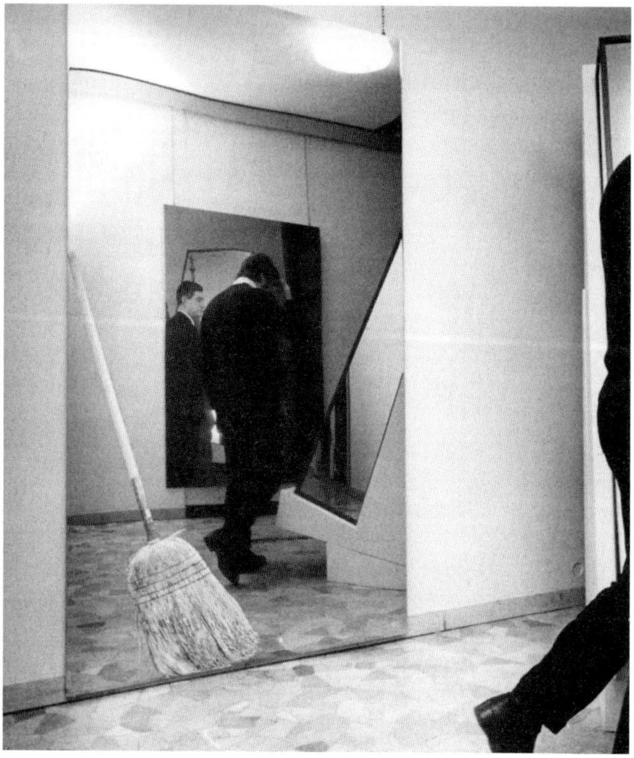

Michelangelo Pistoletto. *Scopa* (Balai), 1962-1967. Tableau-miroir, sérigraphie sur acier poli, 220 x 120 cm. Reflets dans l'œuvre : l'artiste, *Vetrina specchio* (Vitrine miroir), 1966, et *Comizio X* (Réunion X), 1965. Galleria del Naviglio, Milan, 1967. Photographie : Renato Rinaldi

Michelangelo Pistoletto
Le protagoniste

Michelangelo Pistoletto est l'artiste du miroir. Produits en grand nombre depuis 1961 (près de trois cents), ses tableaux-miroirs sont la manifestation la plus visible d'un recours constant à l'outil et au modèle photographiques. La forme du tableau-miroir n'est pas un principe intangible. Elle se distingue d'autres types d'images plus ou moins autonomes, tels le tableau peint et l'épreuve photographique. Mais elle n'est pas une solution : Pistoletto a produit de nombreux tableaux peints ou photographiques qui ne font pas miroir. C'est une structure d'expérience, une matrice symbolique, datée, qui n'a cessé de s'actualiser et de se transformer dans la rencontre d'impulsions – ou « raisons » – subjectives et de circonstances historiques.

Le tableau-miroir apparut en 1962, quand les *Black Paintings* et les *Shaped Canvases* de Frank Stella semblaient réaliser un idéal anti-illusionniste. En 1965, dans « Specific Objects », Donald Judd notait que la peinture ne permet pas de produire un objet entièrement dénué d'effet illusionniste. Pour Pistoletto, il ne s'agissait pas d'accomplir l'identité du tableau peint comme objet, mais de la transformer en stimulant la sensibilité du champ pictural à l'environnement ; il ne s'agissait pas d'établir le tableau dans son actualité littérale (débarrassée de la représentation) mais de l'exposer à l'actualité variable de sa présentation.

Texte paru en anglais et en néerlandais dans *Michelangelo Pistoletto e la fotografia*, cat., Porto, Fundação de Serralves / Rotterdam, Witte de With, 1993. Version revue et abrégée.

Les premiers tableaux-miroirs résultent d'une suite d'autoportraits sur fond monochrome. Pistoletto a rencontré Yves Klein et sa recherche d'un « rayonnement » pictural. À partir de 1958, après la période bleue, les « zones de sensibilité picturale » produites par Klein étaient censées produire un « vide » et réaliser « l'autonomie du tableau hors de lui-même » par absorption de l'environnement[1]. Sans récuser le rayonnement du matériau pictural, Pistoletto, dans ses autoportraits, considère implicitement le tableau comme un plan de réflexion, non seulement parce que la surface colorée est un obstacle réfléchissant la lumière, mais parce que la figure de l'autoportrait se dessine dans la couleur comme un reflet en miroir. Selon les matériaux utilisés, l'intégrité de la figure varie avec l'intensité d'irradiation de la surface colorée. En 1960, une peinture à l'or conjugue la découpe de la silhouette et une violente érosion de l'identité physionomique[2]. Avant même de refléter l'environnement du tableau, la sensibilité du champ pictural exalte et altère la figure. En 1961, deux autoportraits (de face et de dos) sur fond noir verni, intitulés *Il presente*, constituèrent les premiers tableaux-miroirs. L'autoportrait de face fut exposé à Turin en 1962. Quatre ans plus tard, Pistoletto le qualifiait de *il primo quadro specchiante*[3]. Aujourd'hui, les tableaux-miroirs portent toujours une double date : l'année de production, précédée de 1962, l'année inaugurale.

L'expression *quadro specchiante* n'a pas d'équivalent en français : les verbes « réfléchir » et « refléter » ne dérivent pas du substantif « miroir », comme *specchiare* dérive de *specchio*. « Tableau-miroir » ne restitue pas l'action réfléchissante du tableau, mais on perd dans « tableau réfléchissant » l'indication nominative du miroir (*specchio*). Une solution serait de reprendre le néologisme « miroirique » inventé par Duchamp[4]. La difficulté se retrouve en anglais : *mirror* et *reflecting* sont tous deux inexacts ; il faudrait préférer *mirroring* qui indique à la fois le miroir et son action réfléchissante. Mais comment traduire *quadro* ? Ni *painting* ni *picture* ne conviennent. *Quadro* n'est pas *dipinto* : il indique la forme de l'image-objet, sans spécifier la technique utilisée. Désignant aussi et d'abord un carré, *quadro* rappelle que le tableau de chevalet s'est distingué d'autres images peintes, la fresque ou

1. L'« exposition du vide » chez Iris Clert en avril 1958 s'intitulait *La Spécialisation de la sensibilité à l'état matière première en sensibilité picturale stabilisée*. Dans « L'aventure monochrome », texte publié dix ans plus tard, après la mort de l'artiste, on peut lire à propos de cette exposition : « Cet état pictural invisible dans l'espace de la galerie doit être à ce point présent et doté d'une vie autonome qu'il doit être littéralement ce que l'on a donné de mieux jusqu'à présent comme définition à la peinture en général, "rayonnement". » Voir *Yves Klein*, cat., Paris, Musée national d'art moderne, 1983, p. 183.
2. Cette peinture, restée en possession de l'artiste, est reproduite notamment dans *Pistoletto. Division and Multiplication of the Mirror*, cat., New York, P.S.1 / Milan, Fabri Editori, 1988, p. 37.
3. « Gli oggetti in meno », dans *Michelangelo Pistoletto*, cat., Gênes, galerie La Bertesca, décembre 1966 ; repris, comme tous les textes de Pistoletto jusqu'en 1988, dans Pistoletto, *Un artista in meno*, Florence, Hopeful Monster, 1989. Sur les *Objets en moins*, voir également *Michelangelo Pistoletto. Oggetti in meno*, cat., Kunsthalle de Berne/Wiener Secession, 1989-1990.
4. Pour la notion de « miroirique » chez Duchamp, voir *Duchamp du Signe*, éd. Michel Sanouillet, Paris, Flammarion, 1975, p. 93.

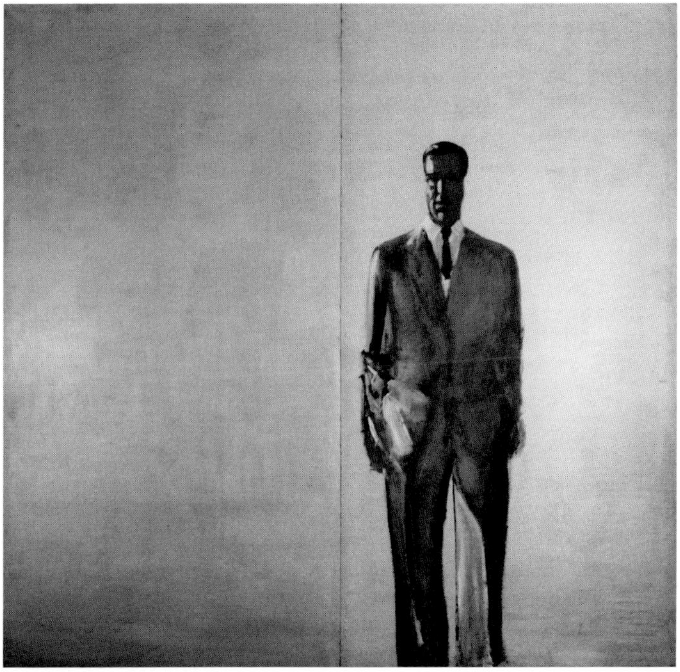

Michelangelo Pistoletto. *Autoritratto argento* (Autoportrait argent), 1960.
Huile, acrylique et argent sur bois, deux panneaux, 200 x 200 cm.

l'enluminure en particulier, par son caractère d'objet autonome, déplaçable. Aujourd'hui, un tableau (*quadro*) n'est pas nécessairement peint, puisqu'il peut être photographique ou « miroirique ». Après Warhol, Pistoletto fut un des premiers artistes qui, au début des années 1960, dans la lignée de Duchamp, établirent cette distinction.

Ces difficultés de traduction soulignent comment Pistoletto s'est inspiré de la langue italienne pour désigner en 1966 ce qu'avait été le point de départ de son expérience. À cette date, les *Objets en moins* (*Oggetti in meno*), bien que très différents, matériellement, des tableaux-miroirs, en sont l'exact développement.

> En mars 1962, j'ai exposé à la Promotrice de Turin le premier tableau-miroir intitulé *Le Présent*. L'homme qui y était peint s'avançait, comme s'il était vivant, dans l'espace vivant de la galerie. Mais le véritable protagoniste était le rapport d'instantanéité qui se créait entre le spectateur, son reflet et la figure peinte, dans un mouvement toujours « présent » qui

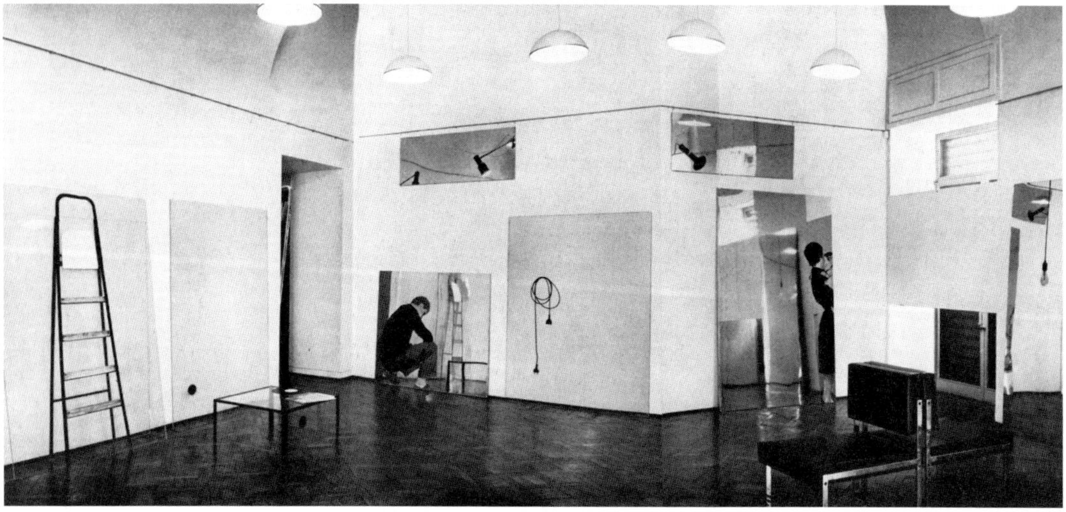

***I plexiglass* (Les plexiglas), 1964. Exposition à la Galerie Gian Enzo Sperone, Turin, 1964.**
Photographie : Paolo Bressano

> concentrait en lui le passé et le futur, jusqu'à faire douter de leur existence : c'était la dimension du temps. J'ai l'impression, avec mes travaux récents, d'être entré dans le miroir, entré activement dans cette dimension du temps qui était représentée dans les tableaux-miroirs. Mes travaux récents témoignent de la nécessité de vivre et d'agir selon cette dimension, c'est-à-dire selon l'impossible répétition de tout instant, de tout lieu et donc de toute action présente[5].

Ce texte permet de dégager la ligne de recherche suivie depuis *Il presente* et d'en articuler les trois premières étapes : les tableaux-miroirs, les *Objets en moins*, et, dans l'intervalle, *Les Plexiglas* (*I plexiglass*). Depuis le premier *quadro specchiante*, la figure peinte a cédé la place à l'image photographique, *fotogramma* peint sur papier de soie, ou photographie sérigraphiée ; le miroir n'est plus constitué d'un fond pictural verni mais d'une plaque d'aluminium ou d'acier inoxydable poli. Présentés en 1964 à la galerie Sperone de Turin, *Les Plexiglas* sont des reproductions photographiques d'objets détourées et fixées sur des plaques de plexiglas. Celles-ci sont à leur tour fixées au mur ou posées sur une table, ou, encore, posées sur le sol et, dans ce cas, parfois inclinées contre le mur. Parmi ces diverses positions – dictées par la nature de l'objet reproduit –, la première et la dernière sont celles auxquelles Pistoletto semble attribuer le plus de signification quand il remarque : « Le mur existe comme le principe et la fin de cette

5. « Objets en moins », trad. Jean-Baptiste Para *et alii* dans Michelangelo Pistoletto, *« Mots »*, Musée d'art contemporain de Rochechouart / Le Creux de l'Enfer-Centre d'art contemporain de Thiers / Centre d'art contemporain de Vassivière en Limousin, 1993, p. 10. Traduction modifiée (ainsi que les suivantes).

histoire. C'est sur les murs que l'on accroche toujours les tableaux, et c'est là également qu'on place les miroirs[6]. »

La reproduction d'objets isolés sur panneaux transparents constitue la phase intermédiaire entre « l'image de la réalité » dans le tableau-miroir et la réalité de l'objet dans l'environnement actuel. Visible en transparence, la paroi de la galerie n'est plus recouverte, masquée par le tableau. L'objet reproduit a été extrait du miroir. « Je dois faire sortir le tableau dans la réalité, en créant la fiction que je me trouve au-delà du miroir[7]. » L'étape suivante, celle des *Objets en moins*, marque l'aboutissement de ce processus de matérialisation des simulacres du miroir. Mais le temps reste *le protagoniste*, puisque la reproduction n'est jamais qu'un double de l'objet, qui continue de dépendre des mêmes conditions d'existence (la paroi) que le miroir et le tableau, même quand il semble s'en affranchir.

En 1971, Pistoletto donna un commentaire des *Plexiglas* qui précisait l'enjeu de « l'histoire » (*storia*) articulée depuis le premier « rapport d'instantanéité » produit par *Il presente*[8]. Les objets reproduits sur plexiglas sont, dit-il, des « sujets » extraits de la structure du tableau, comme si le reflet prenait forme concrète, hors du plan, après avoir été enregistré. Ce commentaire vient après les *Objets en moins*, et après les manifestations du groupe théâtral Zoo, fondé en 1968 et actif jusqu'en 1970. En 1970, pour marquer la fin de Zoo, Pistoletto a publié *L'uomo nero, il lato insopportabile* (L'homme noir, le côté insupportable). Puis, la même année, il a réalisé *Un libro, il lato letterario del quadro*, qui indique que « le côté insupportable » de l'homme noir est aussi « le côté littéraire du tableau », c'est-à-dire, en l'occurrence, son revers[9]. Dans le commentaire des *Plexiglas*, Pistoletto parle des images du tableau et du miroir comme d'une « fiction », que nous acceptons comme nous acceptons les mots (dont il a fait dans *L'uomo nero* un usage littéraire, narratif, peu fréquent chez les artistes visuels). Il affirme « l'idée d'une réalité contingente et dynamique ». La reproduction en mouvement des tableaux-miroirs est fixée dans l'image-objet. Mais celle-ci reste « sujette » au passage du temps. La permanence de l'objet reproduit contredit le caractère éphémère des reflets en miroir, mais la nature même de l'image photographique rapporte l'objet au passé de l'enregistrement.

Les tableaux-miroirs articulaient, dans un rapport d'instantanéité, l'image photographique, fixe, immobile, produit de l'enregistrement d'une chose

6. « I plexiglass », dans *Michelangelo Pistoletto. I plexiglass*, cat., Turin, galerie Gian Enzo Sperone, octobre 1964 ; « Plexiglass », *« Mots »*, *op. cit.*, p. 8.

7. *Ibid.*

8. « Continuum », entretien avec Germano Celant, dans *Pistoletto. Division and Multiplication of the Mirror*, *op. cit.*, p. 61.

9. Les trente et une toiles vierges (200 x 20 cm), présentées alignées contre le mur, châssis retournés, portent au dos des notations manuscrites qui semblent extraites du Journal de l'artiste. Les notations (soixante-trois au total) sont reproduites dans *Un artista in meno*, *op. cit.*, p. 164-173 ; *« Mots »*, *op. cit.*, p. 27-32.

passée, et la reproduction au présent de corps en mouvement. Ils introduisaient le passé présent de l'enregistrement dans le présent en train de passer de la reproduction. C'est cela qui constitue « la dimension du temps », dont Pistoletto chercha à produire le « lieu » avec les *Objets en moins*.

> Dans mes tableaux-miroirs, le reflet dynamique ne crée pas un lieu, parce qu'il ne fait que refléter un lieu qui existe déjà – la silhouette statique ne fait que reproposer un lieu préexistant. Mais moi je peux créer un lieu en provoquant le passage entre le photogramme et le miroir. Ce lieu est le temps en son entier [10].

Dans l'ordre même de leur production et apparition, depuis le fil électrique jusqu'à la pile de disques (en passant par la table et le panneau marqués tous deux d'un point rouge), tel qu'il est raconté dans le texte de 1971, les objets sur plexiglas ont constitué la mise à jour progressive de ce *lieu* où la transformation des objets en images révèle l'action du temps.

Au début des années 1960, de nombreux artistes se sont exercés à des expériences similaires sur la reproduction grandeur nature et sur l'image simulacre des objets usuels. Les boîtes Brillo de Warhol sont des cubes vides couverts du motif sérigraphié de la marque Brillo. Une chaise et une table d'Artschwager, en 1963-1964, sont des assemblages de panneaux de formica sur bois, qui rassemblent en un même bloc compact la forme des meubles et l'espace vide (négatif) entre leurs pieds. Si la transparence du matériau ajoute à l'illusion, la table en plexiglas de Pistoletto, en 1964, participe du même jeu de remplissage d'une structure creuse. Mais les *Plexiglas* se distinguent des objets pop par leur fonction spéculative dans un processus de révélation du temps.

De même, d'autres artistes dans les années 1960 ont utilisé le miroir en relation avec la photographie, à la place de la photographie, ou comme outil de reproduction proto-photographique (par exemple, les *Mirror Displacements* de Robert Smithson). Mais Pistoletto fabrique ses miroirs : depuis 1962, ce sont des plaques d'aluminium ou d'acier inoxydable. En outre, le miroir fait tableau *avec* et non seulement *comme* l'image photographique. Le tableau-miroir inverse l'ordre de la perspective, confirmé par la photographie, dès lors que l'image qui s'y forme n'est plus l'illusion d'une profondeur au-delà du plan mais le reflet d'une réalité qui forme image au-devant de ce plan. La photographie fixée sur la plaque est à la fois le point fixe de cette représentation mouvante et, surface déjà occupée du miroir, la zone aveugle de la représentation. Confronté à ce tableau composite, constitué d'un miroir partiellement aveugle, le regardeur

10. « *Mots* », *op. cit.*, p. 11.

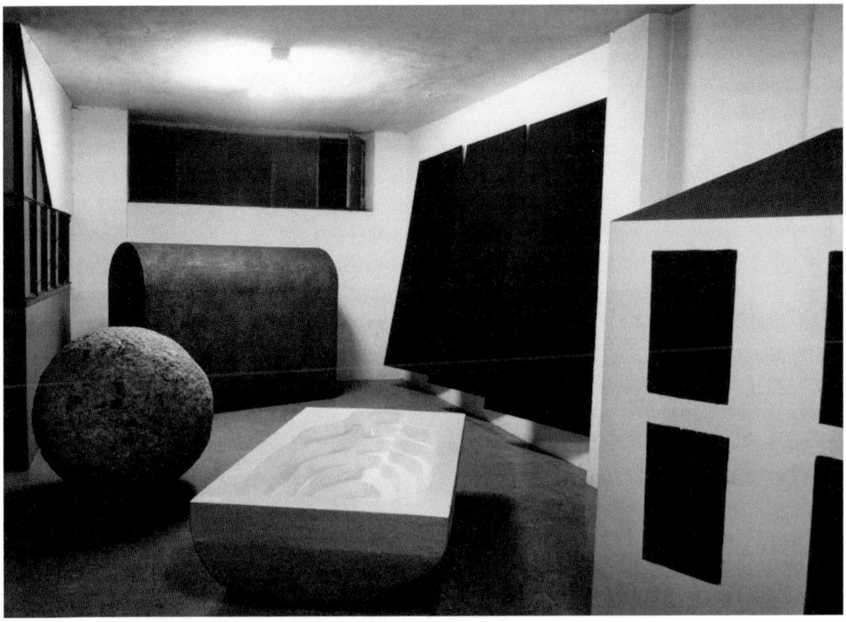

Michelangelo Pistoletto. *Oggetti in meno* (Objets en moins), 1965-1966.
Installation, studio de Pistoletto, Turin, janvier 1966.
Photographie : Paolo Bressano

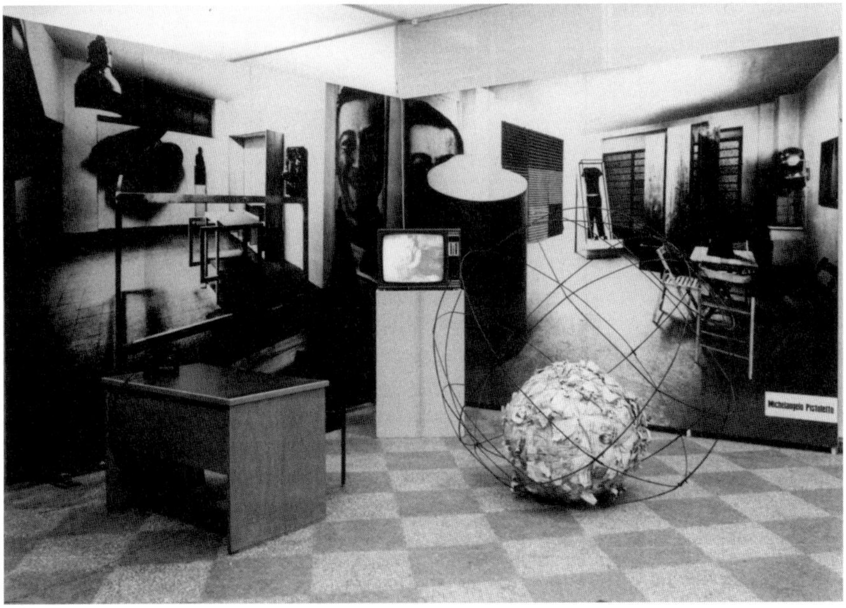

Michelangelo Pistoletto. *Ufficio dell'uomo nero* (Bureau de l'homme noir), 1970.
Installation, 3è Biennale, Museo Civico, Bologne, 1970.
Photographie : Paolo Mussat Sartor

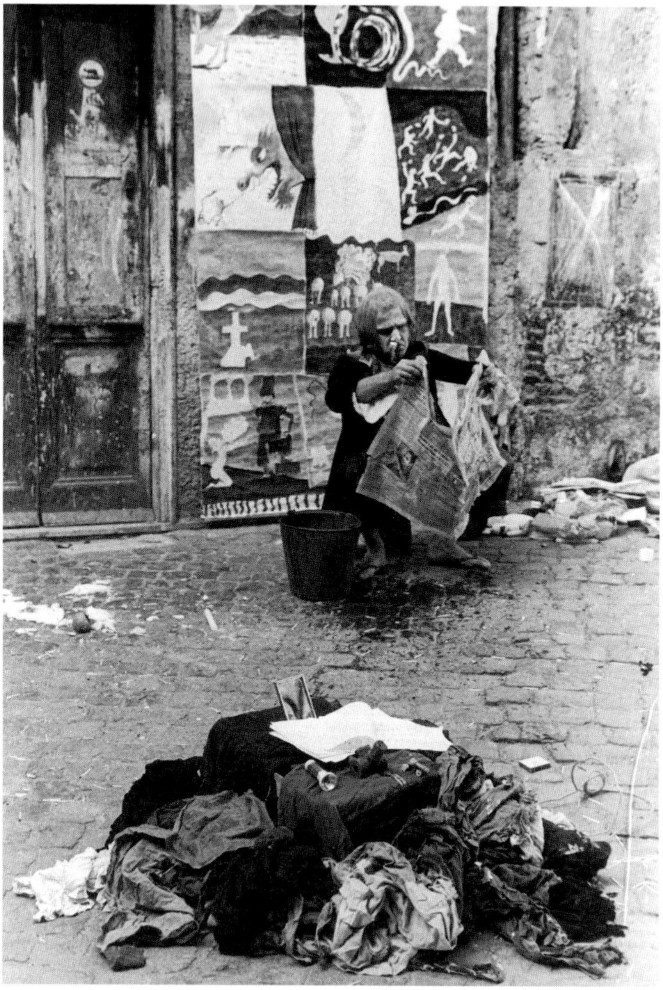

Michelangelo Pistoletto dans un spectacle de rue du groupe Zoo,
***L'uomo ammaestrato* (L'homme apprivoisé), Rome, octobre 1968.**
Photographie : Mario Cresci

lui-même se divise. Quand Frank Stella cherche à interdire toute projection dans l'image en annulant l'illusionnisme, Pistoletto installe un espace de réflexion ambigu qui expose le regardeur à lui-même, tout en l'obligeant à considérer une autre image, coexistante bien qu'asynchrone. On pourrait parler d'une division diachronique du sujet exposé au tableau.

Cette expérience d'altérité, conforme à l'altération réciproque du miroir et de l'image coexistant dans le champ du tableau, est constitutive de toute existence réflexive assujettie au temps. C'est elle que les images-objets, dans leur lieu d'apparition, doivent précipiter et dynamiser. Le texte de présentation des *Objets en moins* avance la nécessité d'« un système dynamique individuel ». Il s'agit d'exalter la contingence par l'extrême spécificité de chaque objet, défini comme une « action artistique accomplie », « accomplie » au sens d'« épuisée » :

> Ce qui m'intéresse, c'est de situer [*inquadrare*, littéralement « encadrer »] mon action en dehors du temps envisagé de manière conventionnelle. Peu m'importe qu'un travail réponde plus ou moins à l'exigence générale actuelle, mais chaque travail doit exprimer une réelle perception contingente et être en tout cas différent de l'expression précédente. Si mon action est visiblement authentique et adhère à la contingence, elle n'aura pas besoin d'être répétée, car elle se sera épuisée dans son accomplissement [11].
>
> Puisque « système » il y a, l'énoncé s'en trouve peut-être dans ces lignes. Mais le principe en est toujours la révélation du temps, c'est-à-dire la coexistence instantanée, dans l'expérience du regardeur, d'une reproduction actuelle, mobile, et d'une autre image – une image autre – enregistrée dans le passé. Le présent n'est jamais présence à soi.

En fondant le groupe théâtral Zoo en 1968, Pistoletto a essayé de traduire dans une action collective le « rapport d'instantanéité » qui régit son « système dynamique individuel ». L'action théâtrale devait être une entreprise de « collaboration », accomplie en direction du spectateur, et d'abord entre les participants (les acteurs), auxquels les spectateurs pouvaient éventuellement se joindre. D'où le nom même de Zoo, qui indique la volonté de retourner la situation de séparation et d'exclusion qui conditionne traditionnellement l'activité artistique. Pistoletto déclara en 1969 : « Nous sommes nous-mêmes acteurs et spectateurs, fabricants et consommateurs. Entre nous, il y a un rapport direct, clair, perceptif et instantané [12]... » Le système individuel de l'artiste s'est ouvert à une utopie communautaire, largement partagée dans les milieux de l'avant-garde artistique de l'époque, dont l'un des traits insistants était la recherche d'une coprésence de l'acteur et du spectateur : une exigence d'actualité de l'activité artistique opposait le temps réel de la performance au délai de présentation de l'objet produit en atelier.

Mais ce délai est précisément ce que l'enregistrement photographique ne cesse de produire, tel l'ombre du passé sur le présent, ou les figures en silhouette sur la claire surface réfléchissante du miroir. Avec les tableaux-

11. *Ibid.*, p. 12.
12. Déclaration dans Germano Celant, *Arte povera*, Milan, Mazzotta, 1969, p. 231.

miroirs, il s'agissait déjà d'intégrer cette image du passé à la dynamique du présent, pour éviter que celui-ci ne soit simplement projeté, happé dans le futur. Après l'expérience théâtrale de Zoo, Pistoletto n'a pas renoncé à ce projet. Mais un « homme noir » est entré sur scène : « le grand méchant loup » de l'imaginaire enfantin. Son apparition est racontée dans le livre de 1970, *L'uomo nero, il lato insopportabile. L'uomo nero*, c'est en anglais *the darkside*, le versant sombre, opposé à l'utopie de transparence instantanée des rapports sociaux, telle qu'elle peut être représentée par le reflet du miroir et qu'elle fut expérimentée dans la collaboration théâtrale. Ce versant sombre est aussi le côté littéraire (*il lato letterario*) invisible du tableau, opposé à la face réfléchissante du miroir comme à la surface transparente du plexiglas. C'est l'expression obscure de l'homme qui s'extrait du fond lumineux du tableau réfléchissant. C'est enfin l'ombre du double romantique. L'homme des fonds obscurs, archaïque, en retrait de la dynamique du progrès ; l'homme en retard, qui a manqué le rendez-vous de l'Histoire, apparu après l'échec du mouvement social de 1968. En lui s'est concentrée toute la charge « insupportable » du passé, que l'action artistique peut redistribuer, disperser, à condition de l'accepter. Il n'y a pas d'autre solution. Et le danger vient de la foule des hommes blancs (peints en blanc) qui traquent le noir avec fanatisme parce qu'il est pour eux la plus terrible des couleurs, celle qui « représente le vide, le chaos, la terreur, la mort[13] ».

L'homme noir, apparu sur la scène communautaire de l'action théâtrale, est la figure inquiétante – drôle aussi, car on peut toujours jouer au grand méchant loup – du présent retardé, qui intègre l'ombre du passé. Il est significatif que ce soit à partir de la présentation du *Bureau de l'homme noir*, en 1969-1970 (à la troisième Biennale de Bologne), que Pistoletto ait travaillé de plus en plus sur son propre passé artistique, en mettant en scène des reproductions photographiques d'œuvres et d'installations qui ont jalonné son expérience (le *Bureau de l'homme noir* présente des vues agrandies de l'exposition des *Objets en moins* dans l'atelier de l'artiste quatre ans plus tôt).

L'idée de *retard* doit beaucoup à l'exemple de Duchamp, chez qui, remplaçant le tableau, elle détermine la procédure de choix des ready-made, selon le modèle de l'enregistrement photographique. Dans la *Boîte verte* de 1934, Duchamp proposait d'appeler « retard en verre » le grand tableau transparent (*La Mariée mise à nu...*) dont il livre quelques clés d'interprétation[14]. Dans le même ensemble de notes, il définit le choix d'un ready-made comme la fixation d'un « rendez-vous » : le projet d'« inscrire un ready-made » est fixé pour « tel jour, telle date, telle heure », si bien que le ready-made lui-même

13. *L'uomo nero, il lato insopportabile*, Salerne, Rumma Editore, 1970, p. 31 ; *L'Homme noir, le côté insupportable*, trad. Marie-Anne Sichère, Paris, École nationale supérieure des beaux-arts, 1998, p. 30.

14. *Duchamp du Signe*, *op. cit.*, p. 41.

« pourra ensuite être cherché (avec tous délais) ». « L'important alors est donc cet horlogisme, cet instantané, comme un discours prononcé à l'occasion de n'importe quoi mais à telle Heure. C'est une sorte de rendez-vous[15]. » Rendez-vous similaire à l'enregistrement instantané qui fixe une chose vue dont l'image apparaîtra plus tard, après développement et tirage du négatif, « avec tous délais ».

Le projet de *L'uomo nero, il lato insopportabile* s'inscrit dans cette logique. Comme les premières lignes du texte en avertissent le lecteur, le recours à l'écriture permet de « réaliser toutes les choses qui pour une raison ou pour une autre ne peuvent se réaliser », de « fixer la pensée »[16]. Et très rapidement, après seulement quelques pages, apparaît la comparaison, quasiment inévitable :

> Je sens que j'écris comme si je faisais des photographies. Avec un appareil photographique en main dans un paysage évocateur quant au lieu, aux personnages et aux effets. Je déclenche sans arrêt, je suis impatient. La peur de ne pas en prendre assez. Tout bouge, change rapidement, passe vite. J'essaie de régler la mise au point [*mettere a fuoco*], le diaphragme, la distance. Écrire pour moi maintenant, c'est comme prendre des photographies. Voir le livre imprimé, ce sera comme voir les photos que je prends maintenant développées et tirées[17].

Pistoletto doit évidemment beaucoup à la spéculation duchampienne sur le temps comme quatrième dimension et comme support, *medium*, milieu, de toutes les « opérations » de soustraction et de multiplication (objets en moins, multiplication du miroir) qui jouent de l'écart : intervalle, retard, délai, après-coup, etc.

Un texte de 1967, *Le ultime parole famose* (Les derniers mots célèbres), développé trois ans plus tard dans *L'uomo nero*, pose le dédoublement subjectif à l'origine de tout acte de connaissance et de toute activité artistique :

> L'homme a toujours essayé de se dédoubler pour se connaître La reconnaissance de son image dans une pièce d'eau ou dans un miroir est peut-être l'une des premières véritables hallucinations auxquelles il ait été confronté. Une partie de son esprit est restée attachée à cette reproduction de lui-même[18].

Toute dualité, toute antinomie forgée pour décrire le monde procède de cette première division spéculaire. L'abstraction des opérations mathématiques procède également du dédoublement initial. Selon le modèle de la

15. *Ibid.*, p. 49.
16. *L'uomo nero…*, *op. cit.*, p. 5 ; *L'Homme noir*, *op. cit.*, p. 5.
17. *Ibid.*, p. 23 ; p. 22 (traduction légèrement modifiée). En italien, le même verbe *stampare* désigne l'impression et le tirage ; les photos sont tirées, *stampate*, comme le livre est imprimé, *stampato*.
18. *Le ultime parole famose*, Turin, chez l'auteur, 1967 ; « Dernières paroles mémorables », « *Mots* », *op. cit.*, p. 16.

connaissance spéculaire, on divise pour mieux régner. La mort est conçue comme une soustraction de la vie. Le passé et le futur, le proche et le lointain, comme le jour et la nuit, le blanc et le noir, forment un seul et immense réseau. Le haut et le bas eux-mêmes renvoient à la stature de l'homme confronté à son reflet dans le miroir, quand celui-ci est suspendu au mur. Peut-on dès lors résoudre ce dualisme anthropocentrique, rassembler ce qui a été divisé pour les besoins d'une connaissance aussi intéressée ? Pistoletto l'a tenté, explicitement. Dans les faits, il s'est agi surtout pour lui, comme pour Duchamp, de s'approprier la division, de la re-produire, afin qu'elle devienne une affirmation. Non pas l'affirmation d'un instant soustrait au temps, mais celle du temps même, principe de toute division.

* * *

Les travaux des années 1970 sur la « division et multiplication du miroir » montrent que celui-ci est bien l'outil et surtout le lieu d'une spéculation paraspéculaire (comme on parle d'activité parascientifique). L'histoire de la catoptrique, ou science des miroirs, racontée par Jurgis Baltrušaitis, en a donné de nombreux exemples depuis la Renaissance, en révélant les « abus » inévitables d'une expérimentation systématique. Évoquant les musées et théâtres catoptriques du seizième siècle, au temps des cabinets de curiosités, Baltrušaitis remarque : « Multiplications, substitutions, renversements, agrandissements, rétrécissements, dilatations, étranglements de formes, toutes les opérations sont présentées comme une démonstration technique des lois de réflexion dans un cabinet de savant[19]. » Bien que plus austères, les « opérations » de Pistoletto produisent une mise en cause similaire de la connaissance spéculaire : en se divisant, le miroir multiplie les doubles, au point de défaire l'idée même de double ou de dédoublement. Il n'est guère surprenant que l'affirmation de 1978 selon laquelle « l'art assume la religion » (*l'arte assume la religione*) fasse écho aux rêveries théologiques sur le miroir révélateur divin, réflexion de l'invisible, symbole d'une vision extralucide de la vie en tout temps et sous toutes ses formes[20]. La multiplication et division du miroir peut être rapportée au chapitre des « miroirs divins » chez Baltrušaitis : le miroir comme révélation de l'invisible, symbole du Christ. Baltrušaitis cite ces vers du *Paradis* de Dante (XV, 61-63) : « Tu as raison : petits et grands esprits / En cette vie (céleste) voient tout dans le miroir / Où paraît la pensée avant que l'on ne pense[21]. » Héritée d'une longue tradition, la logique paraspéculaire ne pouvait que remettre la spéculation artistique en concurrence avec la représentation eschatologique[22].

19. Jurgis Baltrušaitis, *Le Miroir*, Paris, Elmayan/Seuil, 1978, p. 38.

20. « L'arte assume la religione », dans *Michelangelo Pistoletto*, Turin, galerie Giorgio Persano, mars 1978 ; « L'art assume la religion », *« Mots »*, *op. cit.*, p. 70-73.

21. Jurgis Baltrušaitis, *Le Miroir*, *op. cit.*, p. 81.

22. Le thème eschatologique est explicite chez Pistoletto dans son interprétation du Jugement dernier « à dimension réelle » : *Il giudizio universale a dimensione reale*, Turin, galerie Giorgio Persano, juin 1980 ; « Le Jugement dernier, grandeur nature », *« Mots »*, *op. cit.*, p. 78-82.

Aussi spéculative et conceptuelle soit-elle, la démarche de Pistoletto mobilise toutefois des expériences spécifiques ; elle est elle-même une expérience, inscrite dans un processus d'accumulation. La réitération de l'acte d'enregistrement, qui peut être assimilée à la notation compulsive de l'écriture, marque l'emprise de la contingence sur l'activité constructive. Mais, par là même, la photographie produit déjà une accumulation et, en deçà du projet narratif, une *histoire*, même quand celle-ci ne peut se constituer en intrigue. Distinct de la reproduction en miroir, l'enregistrement anticipe la signification de la chose enregistrée. C'est précisément cette dimension historique que Pistoletto, à partir des années 1970, après la rédaction de *L'uomo nero*, a développée en conjonction avec ses exégèses du miroir. La dimension du temps ne peut être l'objet d'une pure révélation extatique. Comme dans *À la recherche du temps perdu*, la révélation du temps suppose la contingence biographique et la construction d'un « ouvrage dogmatique », pour reprendre la célèbre formule livrée par Proust à l'un de ses correspondants en 1914.

Le personnage dramatique de l'homme noir, figure extraite des premiers autoportraits et animée par l'écriture, a enclenché une multiplication de la fiction dans un jeu de reprises analogue – mais irréductible – à la multiplication du miroir. La perspective avait été ouverte par la scénographie des *Plexiglas* et des *Objets en moins*, hors du tableau. Après avoir proposé un simulacre d'objet (*Les Plexiglas*), l'image photographique est apparue comme un objet parmi d'autres, avec l'agrandissement d'un portrait de Jasper Johns découvert dans un magazine[23]. Quatre ans plus tard, dans le *Bureau de l'homme noir*, cette image est réapparue, à son troisième degré de reproduction – le premier est l'image de magazine –, avec la vue agrandie de la première présentation des *Objets en moins* dans l'atelier de l'artiste. Associée d'abord à d'autres objets, la reproduction d'une reproduction n'appartenait plus en 1970 à la famille des images pop ; elle était entrée dans une séquence d'effets rétrospectifs, générée par la mise en scène de l'artiste écrivain-photographe et de ses « retards ».

Tout était donc devenu dès cette date, bien que d'une manière encore timide, une affaire de « générations », comme cela se dit pour désigner les stades de reproduction d'une image ou ceux d'une généalogie. Après s'être situé plus ou moins consciemment dans la succession pop de Jasper Johns, Pistoletto ouvrait déjà sa propre succession. Il avait reconnu la rupture de générations produite par Mai 1968 (autant que son échec). Il fallait désormais, plus que

23. Il existe deux versions, complémentaires, de cet agrandissement du portrait de Jasper Johns. La première montre la partie centrale du visage, la seconde les oreilles seulement (avec le départ des épaules) de part et d'autre du vide correspondant à la première image. Cette division de la reproduction résulte d'une contrainte technique. Le technicien qui a réalisé pour Pistoletto l'agrandissement du portrait de Johns ne disposait pas d'une feuille de papier photographique assez large et a dû réaliser l'épreuve en trois parties. C'est un exemple du respect de la contingence dans les *Objets en moins*.

jamais, concilier deux orientations contraires : entériner sans regret la rupture qui ouvre au changement, mais, forcé de reconnaître que cette rupture n'a pas abouti, admettre la nécessité d'une intégration/transformation des formes historiques, « archaïques » et religieuses. L'artiste rêve alors de se placer logiquement – par un simple jeu de déductions métaphoriques – au principe d'une nouvelle histoire. La reproduction, dont le miroir a été posé à l'origine comme le lieu exemplaire, devient génération, au sens de *procréation.* Pour l'inauguration des *Stanze* (les chambres) dans la galerie Stein, en octobre 1975, un miroir est exposé seul, unique, au fond d'une enfilade de trois pièces, ouvrant la perspective, ou programme, d'une année d'exposition. Comme il reproduit la scénographie de l'espace d'exposition, ce miroir reflète potentiellement la totalité du monde. Trois ans plus tard, Pistoletto déclare dans « L'art assume la religion » : « Avec la *Division et multiplication du miroir* je veux procréer, au sens de créer une nouvelle famille. » L'artiste s'approprie la « fécondité » du miroir transformé en matrice symbolique.

À la même époque, Joseph Beuys se risquait à une métaphore théologique dont l'imaginaire résonne avec ces fantaisies catoptriques. Dieu est « le grand Générateur », « qui est aussi une machine, un générateur d'énergie »[24]. On ne peut que remarquer chez les deux artistes la rémanence des « abus » métaphoriques (Baltrušaitis) qui caractérisent les constructions cosmologiques de la Renaissance. Dans le texte de 1978, Pistoletto déclare : « Il n'existe pour moi qu'un seul miroir, qui se divise et ici se multiplie en autant de miroirs que l'on peut en trouver. » Il rappelle ensuite comment la religion a éloigné l'art de la dynamique sociale en réduisant à des formules dogmatiques le symbolisme originaire des images sacrées, qui fonde l'unité d'une communauté. Chaque foyer – le site de la famille comme « structure primaire de la société » – possède toutefois son miroir qui semble exercer la fonction protectrice assignée à l'autel des lares dans l'espace domestique de l'Antiquité. Bien qu'elle ne soit pas explicite dans le texte, cette analogie sous-tend l'identification de l'artiste, fécondateur des miroirs, au *pater familias* dont l'autorité gagne de proche en proche, d'un miroir à l'autre, son efficacité symbolique.

L'*Autoritratto attraverso mio padre* (autoportrait à travers mon père) se prolonge dans *I mobili dello studio di mio padre nel mio studio* (les meubles de l'atelier de mon père dans mon atelier). Selon le programme énoncé dans « L'art assume la religion », on ne peut rendre à la famille sa raison d'être qu'en assurant la transmission et la transformation d'un héritage paternel, qui correspond lui-même à une structure communautaire préin-

24. Entretien avec Achille Bonito Oliva (1973), publié en français sous le titre « La mort me tient en éveil » dans Joseph Beuys, *Par la présente je n'appartiens plus à l'art,* éd. Max Reithmann, Paris, L'Arche, 1988, p. 95.

dustrielle. En 1975, avant l'ouverture des *Stanze*, *Il contadino* (le paysan) a opéré la conjonction entre la multiplication d'une figure type de la tradition préindustrielle – analogue au miroir des lares paternels – et le processus de reproduction photographique appliqué à un emblème hiératique de l'artisanat artistique. Le paysan tenant une bêche est une image du peintre traditionnel, sur laquelle s'exercent simultanément l'identification et l'action sacrilège du peintre-photographe contemporain. Cette action est liée à la dégradation entropique de la reproduction, qui accompagne les générations successives de l'image modèle. Pistoletto commente :

> Le paysan est le résidu d'une culture qui voit dans la bêche l'extension du bras et de la main, comme le peintre voyait dans le tableau l'extension de son œil, mais la civilisation offre aujourd'hui le tracteur et l'appareil photographique [*la machina fotografica*]. Mon intervention se concentre sur la main qui tient la bêche parce que c'est le point de rencontre entre le corps de l'homme, son action et son instrument. Le couteau que j'ai empoigné, comme une extension de violence dans ma main, reste fiché dans l'image de la main qui empoignait la bêche. Cette action devient elle-même un souvenir-photo dans le panneau suivant, où ma main, tenant un pinceau, parvient à effacer la main précédente à force de petites touches, et le résultat est à son tour reproduit. La série des interventions se poursuit au moment de la prise de vue [*ripresa fotografica*] aussi bien qu'à l'agrandissement et au tirage. Dans la dernière photographie, l'image est brûlée, et cette intervention, qui porte toujours là où se trouvait la main, élimine à la fois l'objet et la mémoire, pour ne laisser que les fragments d'un témoignage difficile [25].

Il contadino est une parabole concrète, qui démontre « l'affaiblissement systématique des capacités de mémorisation du procédé photographique ». En même temps, l'actualisation du sacré par le sacrilège rencontre la logique soustractive qui fonde depuis les *Objets en moins* l'affirmation de la liberté artistique. Cette convergence est remarquable, dans la mesure où le principe de la séquence est rapporté explicitement, dans les premières lignes du commentaire, à une observation faite dans *L'uomo nero* en 1970 : « La lumière ne sait rien de son existence ou, mieux, elle souffre si elle ne trouve pas un corps sur lequel se poser pour se reconnaître. » Depuis les tableaux-miroirs, l'exploration de la dimension du temps est passée par la rencontre opérée entre l'actualité du reflet en miroir et la trace de l'enregistrement. Quand la trace s'efface, quand l'image enregistrée se défait, elle révèle le travail de la mémoire à travers l'oubli, comme le corps révèle la lumière à laquelle il fait obstacle. Comme la lumière, la mémoire devait se heurter à un corps oublié : la figure hiératique du paysan. Comme

25. « Il contadino », publié initialement en 1975, a été repris dans *Data*, n° 22, Milan, septembre 1976 ; « Le Paysan », « *Mots* », *op. cit.*, p. 35.

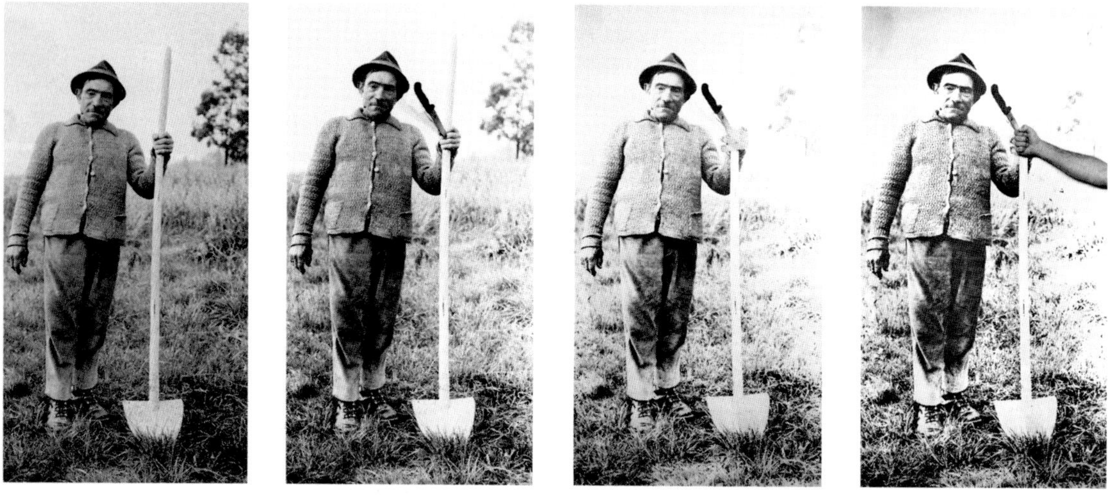

Michelangelo Pistoletto. *Il contadino* (Le paysan), 1975.
Huit éléments, 210 x 105 cm (chaque), photographie, couteau et loupe.
Photographies : Paolo Bressano

la lumière, la mémoire doit risquer de s'abîmer dans l'opacité qui la révèle à elle-même.

La mesure du heurt de la lumière contre une surface opaque et statique caractérisait déjà le travail du monochrome dans les peintures antérieures au premier tableau-miroir. La photographie, qui capte et fixe l'action de la lumière, produit, quand elle constitue un objet, une nouvelle opacité qui contredit la mobilité des reflets du miroir. Opacité et statisme sont affectés dans la pensée de Pistoletto d'une même valeur négative. Reprenant récemment la chronologie de ses recherches, il revenait sur la signification du premier tableau-miroir, *Le Présent*: *la prima «tela specchiante».* Il remarque que la toile «transformait l'opacité statique de la peinture en un pigment spéculaire qui reflétait la transformation et la multiplicité des choses. Le spectateur se voyait directement à l'intérieur du tableau (réfléchissant), devenu le protagoniste dans la fuite incessante du temps[26].»

Le père de Michelangelo Pistoletto était restaurateur de tableaux et peintre[27]. Dans leur précision hyperréaliste, ses peintures ressemblaient à des photographies. En 1973, deux ans avant *Il contadino*, l'*Autoritratto attraverso mio padre* est constitué d'une reproduction sérigraphique d'un portrait de Michelangelo dessiné par son père, trois mois après sa naissance (en 1933). Cette image était à la fois une première identification du fils au père, une proposition généalogique et une *destruction du souvenir*. Le processus d'identification s'est poursuivi avec *I mobili…* Mais *Il contadino* accomplit le processus d'identification dans une destruction qui est l'antithèse du métier de restauration pratiqué par le père. Une tradition disparue –la peinture comme artisanat préindustriel– ne peut être «restaurée». Les œuvres, objets fétiches, conservées dans les musées appellent l'acte sacrilège et le rite de destruction qui leur rendront, négativement, une efficacité symbolique. La reproduction peut être l'outil de cette action sacrilège si elle est elle-même travaillée par une négativité et l'affirme en produisant un «objet en moins».

En 1985, dix ans après *Il contadino* et les *Stanze*, Pistoletto a ouvert «la quatrième génération» de sa «nouvelle famille». Une humeur sacrilège, poussée jusqu'à la rage, caractérise la déclaration initiale. Sous le titre «Poetica Dura», celle-ci rassemble, accumule les invocations d'un «art de la désolation» (*arte dello squallore*), en déclinant toutes les figures possibles de l'excès: l'excès de couleurs, la lumière noire, la nature comme «mère du gaspillage», l'héroïsme bavard (*eroismo logorante*), etc. On peut entendre cette déclaration comme une réponse au retour de la figure dans la peinture

26. Texte de présentation de *Anno bianco*, dans *Cimal Arte International*, n° 38, Valencia, 1990; repris dans Michelangelo Pistoletto, *Anno bianco*, Rome, Inonia, 1990, p. 84-85.

27. On peut encore voir, à la Fondation Ermenegildo Zegna, à Trivero, près de Biella, un ensemble de peintures murales décrivant le travail de la laine, réalisées en 1931-1933 par Ettore Oliviero Pistoletto.

des années 1980 ; elle marque surtout le retour, chez Pistoletto lui-même, d'une figure de la peinture. Loin des miroirs et des changements rapides qui s'y reflètent, la peinture réapparaît sous les espèces de la lenteur et de la massivité, incarnées par des « volumes » colorés. Bien que posés ou dressés dans l'espace, ceux-ci ne sont plus des « objets », ni des sculptures, comme Pistoletto en a produit dans les années précédentes, mais des allégories plastiques de la peinture dans « son lointain lugubre », opposé à « la vitesse des objets proches » : « ces figures sont faites de la lenteur de la peinture. Comme la séquence du paysan qui brûle la mémoire »[28].

Plus récemment encore, dans le cadre de l'*Anno bianco* (année blanche) en 1989, un nouvel épisode s'est ajouté à cette histoire de famille qui se joue, depuis les premiers tableaux-miroirs, entre la peinture et ses doubles, ou entre le présent de la reproduction en miroir et les retards de l'enregistrement. Plus que jamais, le temps est le protagoniste. Une fois de plus, l'avancée consiste dans une « reprise photographique » du passé, si l'on traduit littéralement l'expression *ripresa fotografica* rencontrée dans le commentaire de *Il contadino*. Il s'agit d'une série de reproductions agrandies des *Volumes* peints exposés en 1985. Le titre est générique : *Immagine* (Image). Tandis que le *Bureau de l'homme noir* était le décor de l'art comme administration d'un retard historique, *Immagine*, vingt ans plus tard, selon un rituel de rimes chronologiques désormais bien rôdé, est, sous le signe opposé du blanc, la démonstration que tout objet artistique doit finir par se transformer en image. Ce qui se présentait en 1985 comme un ensemble de volumes dispersés est désormais un alignement d'images contre les murs. Pistoletto parle d'« une condition claire et inévitable ». « L'art crée de l'image. Même s'il ne le veut pas[29]. » Le « côté littéraire du tableau » n'est plus le versant sombre opposé à la face réfléchissante du miroir. Au-delà du sacrilège et malgré l'opacité immobile des objets, dans l'espace profane de la reproduction médiatique et de la lucidité critique, il est un album d'images monumental.

Reprise (*ripresa*) des *Volumi*, la reproduction est apparue comme la finalité de la création ou, plutôt, de la procréation. Quand la reproduction est technique et biologique, l'image, par analogie, est le fond, la cause et la fin de toute forme spécifique. Dans une activité artistique dont le temps est le protagoniste, la réduction des objets plastiques à l'image de reproduction participe d'une logique soustractive ; elle permet aussi de produire un écart et une nouvelle interprétation rétrospective. À l'accumulation dispersée des *Volumi* s'est substitué le travail de l'enregistrement. La reproduction elle-même opère la multiplication du vivant d'après une mémoire géné-

28. « Poetica Dura », texte de présentation de l'exposition *Quarta generazione*, Turin, galerie Giorgio Persano, mai 1985 ; « Poétique dure », *« Mots »*, *op.cit.*, p. 125.

29. « Immagine », texte de présentation, galerie Pieroni, Rome, octobre 1989, repris dans Germano Celant, *Pistoletto*, Milan, Fabri Editori, 1992 ; « Image », *« Mots »*, *op. cit.*, p. 142.

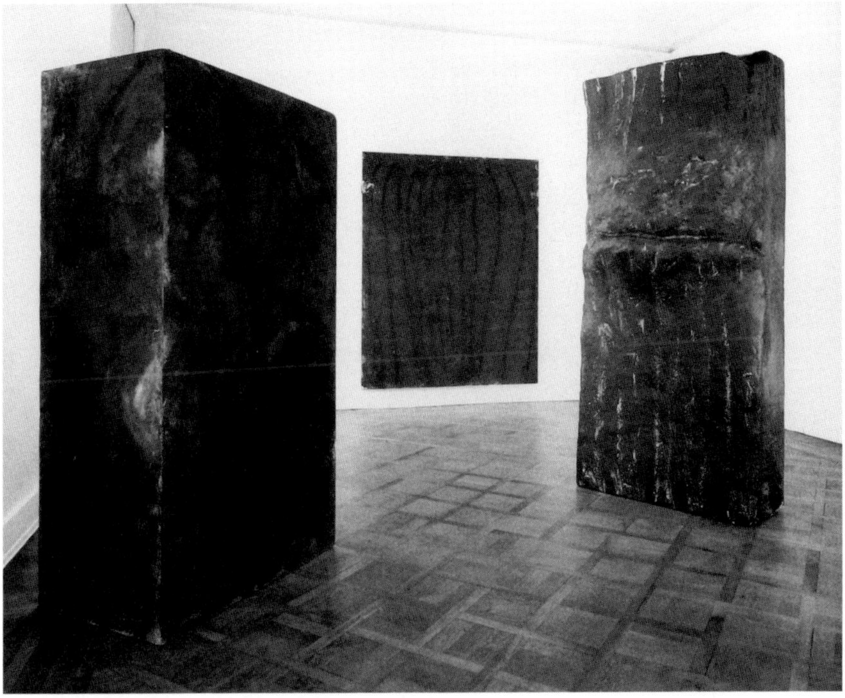

Michelangelo Pistoletto. *Policromia nera* (Polychromie noire), 1985; *Segni neri* (Signes noirs), 1985; *Volume policromo* (Volume polychrome), 1985. Installation, Galleria Giorgio Persano, Turin, 1985. Photographie: Paolo Pellion

tique. D'un côté, l'affirmation de la contingence tend à briser l'identité répétitive, ainsi que le modèle de l'œuvre; elle permet d'expérimenter des singularités et des relations d'immédiateté. De l'autre, elle instaure la possibilité d'une histoire et d'un récit (*storia*). Les «reprises», les interprétations rétrospectives, ou, même, les effectuations retardées, selon la procédure imaginée par Duchamp, constituent le réseau symbolique où peuvent coexister, sinon converger, les deux orientations apparemment contradictoires de l'expérience artistique. En développant les possibilités complémentaires de la reproduction et de l'enregistrement, l'artiste narrateur est devenu à son tour le protagoniste, comme le temps et comme le regardeur duchampien. Celui-ci fait le tableau; il est aussi, ajoute Pistoletto, celui qui peut y (re)produire son image, en miroir, et celui qui s'y raconte.

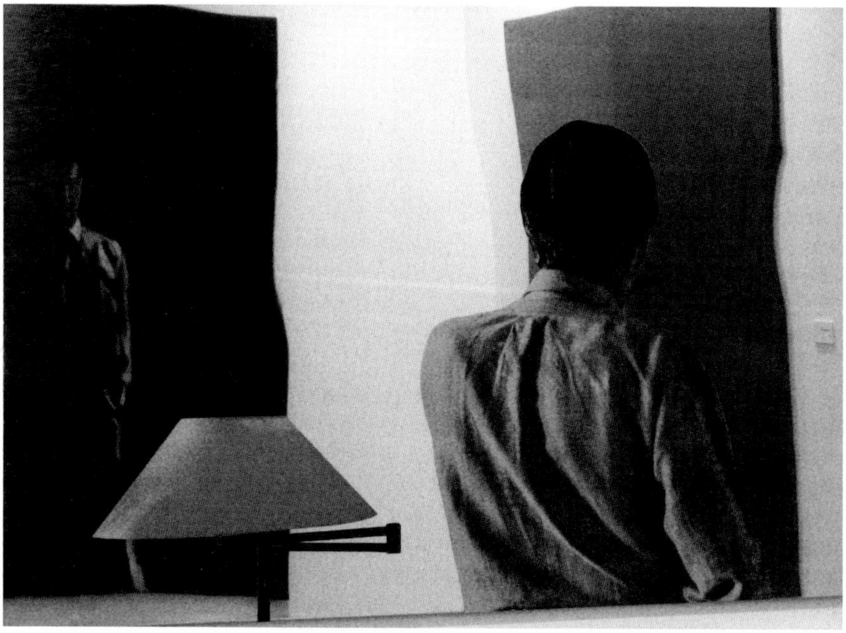

Marcel Duchamp con abat-jour (Marcel Duchamp avec abat-jour), 1962-1973. Reflet dans l'œuvre : *Il presente – Autoritratto in camicia* (Le présent – Autoportrait en chemise), 1961. Fondation Pistoletto, Biella, juillet 2009. Photographie : Jean-François Chevrier

Michelangelo Pistoletto
Reprise

Un seul mot, *storia*, désigne l'histoire et le récit historique, l'histoire racontée. L'artiste historien se raconte. Cette ambiguïté apparaît déjà dans les indications données par Pistoletto en 1964, quand il définit ses *Plexiglas* : « *La parete esiste come principio e come fine di questa mia storia*[1]. » L'artiste parle de *son* histoire (*questa mia storia*), matérialisée en un lieu défini. Il précise : « C'est sur les murs que l'on accroche toujours les tableaux, et c'est là également qu'on place les miroirs[2]. » Les *Plexiglas* transparents indiquent le principe pariétal (*la parete come principio*) du tableau-miroir. L'artiste raconte son histoire, mais aussi, à sa manière, l'histoire – et la préhistoire – de l'art. Le principe pariétal est le début et la fin de l'histoire de l'art comprise dans l'expérience de l'être humain confronté à son image. Le temps a été donné d'un coup tout entier, dans les limites de l'expérience spéculaire et spéculative. En 1967, Pistoletto a joué sa propre fin (*La fine di Pistoletto*) mais il s'agissait encore de la même expérience spéculaire – malgré la disparition du mur – puisque chaque participant, au terme de la performance, revêtait un masque figurant l'artiste.

Le récit commence en instaurant une clôture de l'autobiographie. Cette clôture n'est pas l'épuisement des

Texte paru dans Witte de With, *Cahier 1*, Richter Verlag, octobre 1993. Version revue et abrégée.

1. « I plexiglass », dans *Michelangelo Pistoletto. I plexiglass*, cat., Turin, galerie Gian Enzo Sperone, octobre 1964 ; repris, comme tous les textes de Pistoletto jusqu'en 1988, dans Michelangelo Pistoletto, *Un artista in meno*, Florence, Hopeful Monster, 1989, p. 10.
2. « Plexiglass », trad. Jean-Baptiste Para *et alii*, dans Michelangelo Pistoletto, *« Mots »*, Musée d'art contemporain de Rochechouart / Le Creux de l'Enfer, Thiers / Centre d'art contemporain de Vassivière en Limousin, 1993, p. 8-9. Traduction modifiée (ainsi que les suivantes).

possibilités d'expérience. Le texte publié par Pistoletto en 1966, où il présentait les *Oggetti in meno* (exposés dans la galerie La Bertesca à Gênes en décembre), débute par un rappel circonstancié du geste inaugural constitué par l'exposition du premier *quadro specchiante*, intitulé *Il presente*[3]. L'histoire n'étant pas l'historisme, la dimension du temps révélé par les tableaux-miroirs n'est pas le *tempismo* qui découpe la durée en espaces successifs : « Le passé et le futur n'ont rien à voir dans cette histoire. » De même pour l'actualité. Son « idée préétablie » soutient une demande de « renouvellement continuel du panorama artistique » et perpétue une conception dramatique du présent, forcé à « abandonner le passé [...] dans l'espoir d'une réalisation future ». Pour se libérer de cette course à l'actualité, « l'action artistique doit contenir en elle-même un système dynamique individuel ». Cette formule résume le texte. Tout autant qu'une méthode artistique, elle indique un art de vivre opposé aux programmes qui cherchent à imposer des lois d'évolution en niant les contingences de la durée subjective. Quand les *Plexiglas* devaient – selon les indications de 1964 – « faire sortir le tableau dans la réalité », le propos est désormais de définir un cadre d'action hors d'une actualité programmée : « Ce qui m'intéresse c'est de situer [*inquadrare*] mon action en dehors du temps envisagé conventionnellement. » Loin d'être oublié, le principe du tableau-miroir est pour la première fois accompli :

> Un travail singulier est un vocable dans un discours qui pourrait avoir la durée de la vie et c'est en même temps un langage conclu en lui-même. En ce sens, j'ai tendance à envisager la durée de ma vie comme un tableau libre pour tout lieu.

On peut déceler dans ce texte un lointain héritage de Bergson. L'idée du « temps en son entier », opposé à la découpe de petits espaces de temps, correspond à la conception bergsonienne de la conservation intégrale du passé dans le présent, défini lui-même comme une durée opposée à l'abstraction du temps spatialisé[4]. La structure des tableaux-miroirs propose toutefois une distorsion des indexations du temps sur l'espace qui contredit la synthèse bergsonienne. La mécanique du tableau-miroir ne cesse de jouer sur la translation du temps en espace et, particulièrement, sur le retournement de l'avant en arrière :

> Le miroir nous pousse en avant, dans le futur des images à venir, et en même temps il nous repousse dans la direction où l'image photographique arrive, c'est-à-dire dans le passé. Il nous repousse en arrière dans l'espace et le temps. Ce que nous voyons réfléchi devant nous est derrière nous. Ce jeu spatial est une transformation de notre situation dans le

3. « Gli oggetti in meno », dans *Michelangelo Pistoletto*, cat., Gênes, galerie La Bertesca, décembre 1966 ; « Objets en moins », dans *« Mots »*, *ibid.*

4. Voir notamment les pages sur « la survivance du passé » dans une conférence de 1911, « La Perception du changement », reprise dans *La Pensée et le Mouvant* (1934), Paris, PUF, coll. « Quadrige », 1987.

> temps. Puisqu'on se figure le temps en espace, on place habituellement le futur devant nous et le passé derrière. Ici, devant un miroir dont la surface est partiellement occupée par une image photographique, le futur n'est plus seulement devant, il se tourne en arrière en suivant le mouvement de retournement de la réflexion. La figure photographique est transportée dans le futur des réflexions à venir. Mais nous, face au miroir, nous sommes projetés à chaque instant en arrière, dans le passé où s'est fixée l'image photographique. Et, comme nous voyons maintenant cette image sur un fond réfléchi d'images en mouvement à la fois présentes et en arrière de nous, nous remontons vers elle en parcourant rétrospectivement toutes les étapes de sa mise en mouvement depuis l'instant où elle a été fixée[5].

La mécanique du tableau-miroir reprend et transforme l'interprétation spatiale de la durée que Bergson avait récusée. Le tableau-miroir est une forme divisée qui divise le temps, quand pour Bergson « la conservation du passé dans le présent n'est pas autre chose que l'indivisibilité du changement[6] ».

En distinguant le tableau-miroir de la durée bergsonienne, on comprend ce dont Pistoletto avait besoin pour repenser à sa manière le « changement » : une structure qui permette de convertir la visée prospective du peintre en une dynamique fondée sur la rétrospection (et non, comme chez Bergson, sur une adhésion au devenir). Il n'a cessé d'explorer cette possibilité et de la formuler en actes et en paroles. Son histoire de peintre – avant d'être transformée par l'invention du tableau-miroir – commence avec le constat d'une clôture de la représentation en perspective, *prospettiva* : la vue en avant, dans la direction de l'avenir et du progrès. Au cours des années 1950, Pistoletto a constaté les effets dramatiques de ce modèle prospectif. C'était l'époque des débats entre abstraction et figuration. L'abstraction accomplie dans les récents développements du monochrome est pour lui un iconoclasme. Il se sent plus proche de Francis Bacon, mais chez celui-ci la boîte perspective s'est transformée en une cage qui enferme la figure en lui servant – selon un mot qui hante le peintre – d'« armature ». Du côté de l'abstraction, chez Klein en particulier, Pistoletto a trouvé une idée forte : le vide. Mais elle était affirmée au détriment de la figure. C'était le dernier avatar de la *tabula rasa* des avant-gardes historiques. Il fallait transformer le vide en fond pour replacer la figure : le vide devait être non plus une négation mais l'affirmation d'une réalité virtuelle dont se dégage l'actualité de la figure. Un pas de plus et le fond-vide devint un plan réfléchissant, puis une surface-miroir où se forment de multiples images virtuelles et

5. « Trente ans dans le miroir », entretien avec Jean-François Chevrier, *Galeries Magazine*, n° 54, avril-mai 1993, p. 71-72.

6. Henri Bergson, *La Pensée et le Mouvant*, *op. cit.*, p. 173.

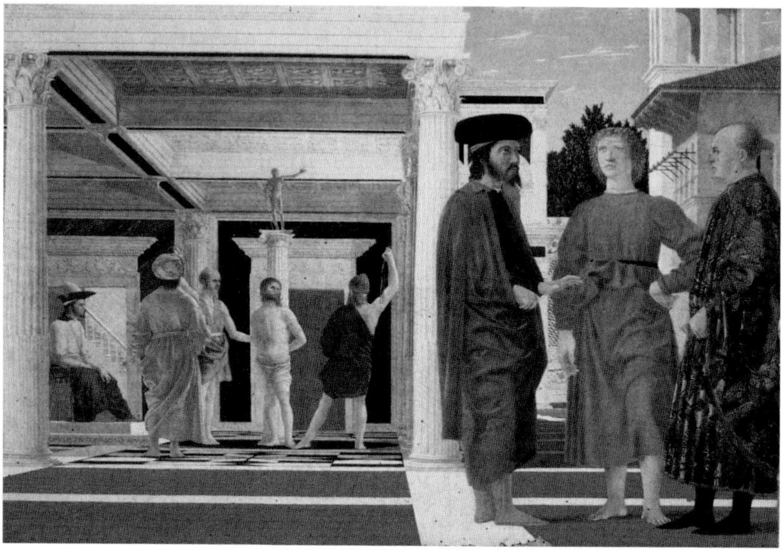

Piero della Francesca. *Flagellazione* (Flagellation), vers 1452.
Huile et tempera sur bois, 59 x 82 cm.

changeantes, contredites par la stabilité du « photogramme ». Un pas de plus encore et, dans les *Objets en moins*, la virtualité du reflet devint actualité. L'artiste est entré dans le miroir, le vide qui portait la figure est désormais l'espace entre les objets.

Un jour, Pistoletto comprit que tout cela avait commencé quand il vit à dix-huit ans la *Flagellation* de Piero della Francesca à Urbino :

> Le Christ est inexpressif, hiératique, il ne subit rien. Le geste du flagellateur est suspendu, sans qu'il ne s'en dégage aucune tension. Je me suis rendu compte plus tard, quand j'ai commencé à faire des tableaux-miroirs, que le geste suspendu du flagellateur pouvait se mettre en mouvement et se développer dans la perspective ouverte par Piero. Car cette perspective n'est pas seulement une organisation de l'espace, c'est aussi une programmation du temps. Piero a introduit la science et la technologie dans la peinture ; il est allé en avant, il a mis la peinture dans le mouvement du progrès. Mais, dans les années 1950, quand j'ai commencé à peindre, la situation était dramatique, parce que les artistes se trouvaient au bout du chemin ouvert par Piero et ses contemporains[7].

7. « Trente ans dans le miroir », *op. cit.*, p. 72.

Pour sortir du drame, il fallait reprendre le travail de la figure inauguré par Piero della Francesca ; il fallait replacer dans la durée le geste suspendu du flagellateur. L'action de la peinture, qui avait ouvert une voie prospective, devait être déplacée dans un autre tableau évolutif. Il ne fallait plus chercher à aller au fond de la perspective, il fallait en sortir. Les peintres non figuratifs des années 1950, Pollock, Fontana, Klein, Manzoni se sont perdus dans le vide.

> Au fond, ils ne trouvaient que le sublime, et souvent le suicide. Moi, j'ai voulu poser le fond. Je n'ai pas cherché à le traverser. Poser le fond permettait de faire sortir l'homme par devant. Ce renversement était déjà indiqué en 1960, avec mes premières figures en pied sur fond monochrome. Il a été accompli avec la transformation du fond en miroir. Avec le miroir, la logique de la perspective est à la fois accomplie et renversée : on pénètre au fond du tableau en s'en éloignant, ou, en d'autres termes, on pénètre dans le tableau – et on se voit y pénétrer – à mesure qu'on s'en éloigne[8].

En 1977, Pistoletto présenta une exposition intitulée *16 anni dentro allo specchio* (Genève, galerie Marie-Louise Jeanneret). Il remit ensuite régulièrement à jour cette formule, « X années dans le miroir », qui indique la continuité d'un travail rétrospectif : « On pénètre dans le tableau à mesure qu'on s'en éloigne. » Mais sa position en 1966, au moment des *Objets en moins*, était déjà un aboutissement. L'année suivante commencèrent les manifestations de l'*arte povera*, les performances, les « collaborations » : tout cela découlait d'un « système dynamique individuel », fondé sur ce qu'il y a de plus opposé au système : la contingence – comme la division du tableau-miroir est ce qu'il y a de plus opposé à l'in-dividualité.

Position signifie aussi prise de position et, en l'occurrence, changement de position. Avec les *Objets en moins* et le texte qui les accompagne, Pistoletto se démarquait d'une histoire qui n'était pas la sienne. Quelques mois plus tôt, le Walker Art Center de Minneapolis avait présenté l'exposition *Michelangelo Pistoletto: A Reflected World*, qui entérinait la place accordée à l'artiste turinois dans la mouvance du pop art. Cette assimilation avait commencé en 1963, quand il était le seul artiste européen inclus dans l'exposition *Dessins pop* chez Sonnabend à Paris[9]. Par là s'explique l'importance historique du texte publié par La Bertesca en 1966 : dans leur principe, les *Objets en moins* contredisent l'idée cumulative du pop art et s'opposent au modèle de sérialité qui marque la convergence du pop et du minimal. Tout ce qui fera de l'*arte povera* une réponse politique au triomphe du pop art, aussi bien qu'une alternative au minimalisme, est déjà inscrit dans ces objets.

8. *Ibid.*, p. 76.
9. Les autres participants étaient Rauschenberg, Oldenburg, Johns, Warhol, Dine, Segal, Lichtenstein et Bontecou.

En 1965, l'année des premiers *Objets en moins*, Donald Judd avait publié son fameux « Specific Objects ». Sans répondre directement à ce texte, qu'il n'a sans doute pas lu, Pistoletto montre que la *spécificité* n'est pas dans ce qui distingue un objet des catégories génériques peinture/sculpture, ni même dans une singularité plastique dégagée de l'illusionnisme et de la composition, mais dans la contingence d'une action, dont ne peut résulter qu'un objet *en moins* : non pas un objet de plus, ni un objet doté d'un supplément de présence – dans la mesure où il est délivré de l'illusionnisme et hors catégories –, mais un objet dont l'artiste lui-même s'est libéré, détaché, dépris, en le produisant. Pistoletto constate que le littéralisme, dans son actualité amnésique, ne peut suffire à dédramatiser un art où la volonté d'affirmation est toujours pressante.

> Mes travaux ne cherchent pas à être les constructions ou les fabrications de nouvelles idées, comme ils ne cherchent pas à être des objets qui me représentent, que je veux imposer aux autres ou par quoi je veux m'imposer aux autres ; ce sont des objets à travers lesquels je me libère de quelque chose ; ce ne sont pas des constructions mais des libérations. Je ne les considère pas comme des objets en plus mais comme des objets en moins, en ce sens qu'ils portent en eux une expérience perceptive définitivement extériorisée. D'après l'idée que j'ai du temps, il faut savoir se libérer d'une position au moment où on la conquiert[10].

Le propos des *Objets en moins* n'était pas de sortir du tableau, selon la visée énoncée par Judd, puisque cette position avait été déjà « conquise » avec les *Plexiglas*. Le *Quadro da pranzo* présente d'ailleurs un tableau dans lequel on peut entrer, s'installer. Il ne s'agissait pas de réduire l'illusionnisme, ni même de l'outrer ou de le forcer dans ses limites, comme le firent les photoréalistes, mais, plutôt, d'en occuper l'espace – et presque de l'habiter –, comme on occupe une position, provisoirement, parmi d'autres possibles. À ceux qui veulent s'assurer d'une nouvelle réalité, hyper-réelle, il est vain d'opposer une négation ou un mépris systématique de l'objet. La logique de la soustraction est plus subtile. Elle affirme que la négation est un plus de pensée, puisqu'un objet en moins est un objet réel, actuel, augmenté de l'opération mentale qui l'a soustrait au champ immense des objets virtuels (ou spéculaires) pour le faire exister.

Dans la diversité des figures plastiques et l'hétérogénéité des matériaux qui caractérisent les *Objets en moins*, la pensée de Pistoletto a trouvé sa plus grande mobilité. Elle a trouvé aussi sa vitesse, entre la vivacité virtuelle des images reflétées et la lenteur de l'image revenue du passé, constituée par l'arrêt du *photogramme*. Ce terme même est significatif, comme l'intérêt

10. « Objets en moins », « *Mots* », *op. cit.*, p. 13.

que Pistoletto, avec d'autres artistes de sa génération, a porté à la décomposition du mouvement chez Muybridge[11]. Tandis que la durée vécue se distingue radicalement, selon Bergson, du déroulement cinématographique des photogrammes, le tableau-miroir a tiré l'épure et opéré le montage des deux processus en contrastant la mobilité des images virtuelles et la fixité –pensée comme arrêt– de l'image actuelle. La logique soustractive des *Objets en moins* participe de la dynamique d'une durée contrainte et d'une vitesse ralentie. En même temps, l'hétérogénéité des matériaux, du ciment au verre, souligne l'existence d'un autre paramètre. Au rapport lenteur/vitesse se superpose un rapport opacité/transparence, déjà mis en évidence par le jeu à double fond (mur et panneau) des *Plexiglas* ; constitutif aussi des tableaux-miroirs, puisque la transparence de la réflexion y est interrompue par la zone opaque, aveugle, de l'image photographique. Pistoletto a toujours gardé à l'esprit les premières observations qu'il s'était faites au début des années 1960, quand il remplaça la luminosité des fonds clairs à figure sombre par l'action réfléchissante d'un fond noir (*Il presente*) : l'idée de « faire sortir l'homme par devant » venait de là. La même nécessité vaut pour la lumière et pour le mouvement : ils ont besoin, pour se penser (se réfléchir), de se heurter à un obstacle, fixe ou opaque. Un mouvement peut être plus ou moins lent comme un matériau est plus ou moins opaque.

La vitesse est tenue pour un caractère distinctif de la modernité –notamment dans l'art depuis le futurisme–, et pour une manifestation de l'agilité de la pensée. Mais la vitesse est relative, elle ne devient sensible que par contraste, comme la lumière. Avec les *Objets en moins*, Pistoletto s'est donné une liberté de mouvement en détachant systématiquement sa pensée des occasions qu'elle trouve de se fixer. Il pouvait désormais se projeter dans un espace-temps sans objets fixes, où les objets ne sont que des accessoires ; il pouvait entrer en scène, comme il était entré dans le miroir. Cette confiance a soutenu les expériences de « collaboration » menées durant l'année 1967 et pendant la période d'activité du groupe théâtral Zoo. Mais en 1969 ressurgit l'*uomo nero*, apparu dans les tableaux antérieurs à *Il presente*[12].

En écrivant, Pistoletto s'est saisi de l'homme noir, figure type de la résistance à la lumière, pour éprouver encore plus précisément la vitesse générée par le miroir. Un foyer d'écriture s'est dégagé du centre opaque du tableau-miroir transposé sur la scène théâtrale. Le scénariste écrit avec la lumière ; il écrit vite, très vite, comme on prend des instantanés, pour fixer ses pensées, les mettre au point et les consumer, afin de mieux s'en détacher, selon la méthode des *Objets en moins*. Ce faisant, il a vu son double –inquiétant,

11. Parmi les artistes qui, parallèlement à Pistoletto, ont utilisé l'exemple de la décomposition du mouvement chez Muybridge, on peut signaler : Sol LeWitt, Michael Kirby, Dan Graham… sans oublier, dans la génération antérieure, Francis Bacon, auquel Pistoletto s'est beaucoup intéressé.

12. *L'uomo nero, il lato insopportabile*, Salerne, Rumma Editore, 1970 ; *L'Homme noir, le côté insupportable*, trad. Marie-Anne Sichère, Paris, École nationale supérieure des beaux-arts, 1998.

archaïque – noir sur blanc, telle l'épreuve tirée d'un négatif. Il a vérifié que la lumière produit des ombres, comme le blanc appelle le noir et la transparence l'opacité du passé. Revenue du passé pictural antérieur aux tableaux-miroirs, cette opacité est également un signe de distance. L'*Ufficio dell'uomo nero* (1969-1970) ne laisse sur ce point aucun doute : l'artiste détaché de ses œuvres devient « l'homme noir » quand il fait ses comptes et administre son passé. L'artiste s'est éloigné de ses objets, mais ils sont encore là, reproduits, dans son bureau. Il faut administrer le retard inhérent à l'image enregistrée, toujours prête à revenir, comme l'ombre du passé dans le présent. On ne peut s'éloigner du miroir, de la reproduction qui dédouble immédiatement l'actualité, sans entrer encore plus profondément dans l'espace de la réflexion. Toute distance prise à l'égard de soi-même doit être rejouée, comme la reprise d'une pièce de théâtre.

* * *

Après les variations sur la figure de l'homme noir, *Il contadino* (1975) montre comment le processus de dédramatisation engagé avec les tableaux-miroirs appelait un travail d'exorcisme. La violence exercée sur la figure hiératique du paysan – parent de l'artisan de l'ère préindustrielle – semble reprendre le geste interrompu du flagellateur dans le tableau de Piero della Francesca. La morale est claire : on ne peut pas laisser l'image archaïque en souffrance, il faut en faire le deuil, le passé doit être consumé. Pistoletto dira en 1978 que l'art assume la religion (*l'arte assume la religione*), après s'être assuré qu'il pouvait ouvrir sa propre succession en créant « une nouvelle famille [13] ». Ce processus avait commencé en 1973, quand il présenta une exposition chez Sperone en collaboration avec son père, *Padre e figlio*, où l'œuvre-clé était l'*Autoritratto attraverso mio padre,* constitué d'une reproduction photographique d'un dessin de Michelangelo par son père, l'année de sa naissance en 1933. « Nous avons, dit-il, dédramatisé la relation père/fils [14]. » L'appropriation était une adaptation réciproque : « Je me suis adapté à lui en reprenant le portrait qu'il avait fait de moi. Mais, lui, dans l'exposition, il s'est adapté à moi en peignant des natures mortes dans lesquelles se trouvait un objet réfléchissant. » Sans cette collaboration familiale, l'affirmation de 1978 eût été impensable ; l'exposition à laquelle elle donna lieu chez Persano incluait d'ailleurs l'*Autoritratto* de 1973. L'art « assume la religion » après la dédramatisation de la relation père/fils :

> Avec l'*Autoritratto attraverso mio padre,* j'ai exorcisé la mort de l'art en produisant un acte de foi. Je rapporte la figuration artistique à ma propre naissance et à la manière dont mon père m'a mis au monde, c'est-à-dire dans le monde de l'art. Je renouvelle la naissance de l'art.

13. « L'arte assume la religione. Divisione et moltiplicazione dello specchio », texte de l'exposition chez Persano en 1978 ; « L'art assume la religion. Division et multiplication du miroir », *« Mots »*, *op. cit.*, p. 70-75.

14. « Trente ans dans le miroir », *op. cit.*, p. 112-113.

Mais cette dédramatisation n'aurait elle-même jamais abouti sans la première opération d'exorcisme menée dans *Il contadino* en 1975 – entre l'*Autoritratto attraverso mio padre* et *L'arte assume la religione* –, sans la destruction de la mémoire par consumation de l'image archaïque, sans « le moment dramatique, où le drame est présenté en tant que tel[15] ».

Quand il s'agit d'intégrer le passé en exorcisant ce qu'il peut y avoir de dramatique dans sa reproduction, la destruction est évidemment toujours un « moment », et une feinte : une feinte à la fois sérieuse, comme la magie, et drôle, puisque la magie ne peut être efficace dans l'âge moderne qu'en surmontant l'incrédulité. On pense à l'escargot en néon de Bruce Nauman, *The true artist helps the world by revealing mystic truths* (1967), où l'emphase de la formule, la vulgarité du procédé commercial et la contorsion de la spirale (gênant le déchiffrement) contredisent la conviction énoncée, mais pour satisfaire et désamorcer l'incrédulité. Il y a de cela chez Pistoletto, surtout dans les *Objets en moins*, où l'humour participe de la vitesse des propositions plastiques en justifiant la littéralité des objets – affichée dans les titres – par une actualité soustractive. L'humour facilite ou précipite l'opération essentielle qui revient pour l'artiste à mettre la reproduction dans son jeu au lieu de la subir.

Comme bien d'autres avant lui, au moins depuis Duchamp, Pistoletto a reconnu que la photographie a ouvert la crise de la tradition artistique, qui définit l'art moderne. À la fin des années 1950, il a vu « la mort de l'art » dans l'interruption de la tradition figurative de la peinture, remplacée par la photographie. Plus tard, le pop art, auquel il fut trop vite assimilé, lui est apparu comme une fausse solution, voire comme une tentation démoniaque. Il fallait dissiper le malentendu :

> Avec le tableau-miroir, je n'avais plus besoin de la peinture et je pouvais tourner le conflit peinture/photographie qui avait ouvert la crise de l'art. Parce que je présentais une objectivité extra-picturale, j'ai été associé au pop art américain. Mais Warhol a pris le parti du diable technologique. Moi non, je dédramatise le conflit[16].

En 1967, Pistoletto avait vérifié, en se démarquant du pop art, que la reproduction est bien l'image opposée à la peinture et à la fabrication artisanale de l'objet d'art. Il admettait que l'art est condamné quand il est voué à la reproduction et à l'image. Mais il pensa que cette fatalité pouvait être déjouée, renversée – comme le tableau-miroir renverse l'ordre du temps –, si l'on savait agir avec le sérieux et l'humour qui caractérisent l'exorcisme moderne. Quand il s'engagea dans cette voie, Pistoletto, comme Nauman,

15. *Ibid.*
16. *Ibid.*

héritait de Duchamp, qui n'avait pas accepté la négation de la peinture par la photographie sans introduire dans l'image la mobilité des jeux de langage. La destruction finale de l'image dans *Il contadino* résulte de l'équivoque inscrite dans le double sens, figuré et littéral, de l'expression *mettere a fuoco* : « La mise à feu intervient finalement comme un malentendu entre l'artiste et son opérateur. Celui-ci met à feu l'image quand l'artiste voulait qu'elle fût mise au point[17]. » L'emprise des mots sur la perception, que Bergson récusait au nom des « données immédiates de la conscience », réjouit l'artiste conceptuel qu'est Pistoletto, puisqu'elle lui permet d'agir sur la reproduction et sur l'image reproduite en exploitant la littéralité de l'image verbale. Ainsi, dans les *Objets en moins* Jasper Johns sourit « jusqu'aux oreilles », manière d'exorciser le conflit avec les artistes pop ; la *tavola*, à la fois table et tableau sur bois, devient *Quadro da pranzo*, construit en bois ; partout, même quand on ne peut déceler un jeu de mots, la valeur d'image de l'objet procède de son intitulé. Plus largement, un système linguistique d'oppositions binaires a fourni à l'inventeur du tableau-miroir le modèle, pratique autant que spéculatif, de ses opérations plastiques, avec leur jeu de renversements, de paradoxes, incessamment relancé par des effets de rétrospection progressive.

Après les *Plexiglas*, les *Objets en moins* ont résolu le conflit entre l'objet artistique et son image ; ils intégraient la reproduction en étant à eux-mêmes leur propre image. Mais, aussi exemplaire fût-elle, cette résolution ne pouvait être définitive. Les *Objets en moins* produisirent des « versions » – *Oggetti in meno (versioni)* – c'est-à-dire des variations, des compléments et, toujours, des doubles[18]. La *multiplication du miroir* a finalement si bien fonctionné que, plus tard, en 1968, les objets simples de la première génération sont devenus des objets doubles : *Bagno barca*, *Pozzo culla*, *La terra e la luna* – soit la baignoire-barque, le puit-berceau, la terre et la lune –, ou même *Mappamondo*, la « mappemonde », que l'on peut scinder en *mappa mondo* (carte-monde). Tous ces objets sont datés 1966-1968 : datation calquée sur la référence des tableaux-miroirs à l'exposition inaugurale de l'exemplaire *princeps*, *Il presente*, en 1962.

Avec les *Objets en moins*, Pistoletto était entré effectivement dans le miroir, où la reproduction appelle une progressive et contagieuse rétrospection. Au terme de l'expérience, quand il rédigea le texte pour La Bertesca, il avait retrouvé la structure matricielle du tableau-miroir qui organise, sur fond de reproduction, un partage dynamique du temps. Il vérifia également que la contingence ne peut être traitée sans un système qui l'encadre et la structure, même si celui-ci doit être rapporté à une dynamique individuelle

17. *Ibid.*

18. La *Foto di Jasper Johns* est complétée par *Le orecchie di Jasper Johns* ; un miroir s'ajoute à la *Vetrina*, au *Corpo a pera*, au *Pozzo* ; dans *Portico*, le miroir sépare les *Colonne di cemento*. Ramené à un simple miroir circulaire couché sur le sol, le *Pozzo-specchio* peut même se multiplier en *Cinque Pozzi* quand il reprend volume et couleur.

qui l'oppose à l'art programmé. Quelque temps plus tard, après ses travaux de collaboration ouverts sur une nouvelle collectivité, et par simple respect de la valeur iconique de l'image peinte, ou par refus d'une abstraction « iconoclaste », il reconnut que les plus puissants systèmes symboliques, ceux qui rassemblent le mieux une collectivité, ont été produits par les religions et les mythes, dont la magie tient son efficacité. D'où la formule « L'art assume la religion », démontrée par la « division et multiplication du miroir ».

Bien plus tard, dans le cours de l'*Anno bianco* (1989), une autre solution apparut avec *Immagine*, où, comme l'indique le titre, la question de l'Image est affrontée directement. La reproduction n'est plus un simulacre de l'objet comme dans les *Plexiglas* ; elle est induite d'une chose plastique qui n'est plus tant un objet, ou un objet d'art, qu'un mixte instable et monstrueux de peinture et de sculpture : une peinture traitée en volume par extension et dérision de la matière picturale et du tableau-objet. Quand la peinture a été élevée au volume, l'Image, dans son ostensible planéité, en est plus que jamais la fatale réduction ; elle est le plan générique où la peinture, détachée d'un volume d'emprunt, se change en photographie-objet. Cette opération est aussi bien une reprise positive de la négativité de l'image en tant que réduction et absence de la chose reproduite. Mais elle supposait deux opérations préalables : la production monstrueuse des *Volumi* (1985), puis l'ouverture de l'*Anno bianco*, dans laquelle se situe le moment de l'*Immagine*, et qui constitue la dernière grande reprise rétrospective, la plus ambitieuse, la plus systématique.

Depuis longtemps, Pistoletto essayait de penser l'infini : la grande affaire de la religion et de la science depuis la Renaissance, et qui, au moins depuis l'ère baroque, passe par la magie profane des miroirs. En 1966, il était parvenu à l'isoler une première fois comme un renvoi invisible de miroirs enfermés dans un cube (*Metrocubo d'infinito*). Cette spéculation plastique, qui répond au *Socle du monde* de Manzoni autant qu'aux cubes de type minimaliste, est un des *Objets en moins* : la spéculation est œuvre contingente en tant qu'exercice. Mais la contingence elle-même ne peut se traduire en infini sans être inscrite dans un système. Pour reprendre une distinction du dix-septième siècle utilisée par Lévi-Strauss, elle ressortit aux « qualités secondes » de la réalité, dont la science, dans son souci exclusif du nécessaire (ou des « qualités premières »), devait se détourner[19]. Or Pistoletto a besoin d'un système qui intègre la contingence. Il le déduit du renversement de la perspective dans le tableau-miroir et le construit, selon l'esprit de la pensée mythique, comme un bricolage d'oppositions binaires qui traitent de « qualités secondes » autant que de « qualités premières ».

19. Claude Lévi-Strauss, *La Pensée sauvage*, Paris, Plon, 1962, p. 32.

Anno bianco (1989) est l'aboutissement de cette méthode en un cycle complet d'opérations magiques et rétrospectives qui constitue un immense réseau de lieux et de moments, d'articulations conceptuelles ou symboliques, mais aussi, pour citer Lévi-Strauss, de «débris d'événements», «bribes», «morceaux», «témoins fossiles de l'histoire d'un individu ou d'une société».

Développé sur douze mois en différents lieux, et incluant la reprise complète, pour la première fois, des *Objets en moins* (à la Kunsthalle de Berne), *Anno bianco* est, après les *Stanze* de 1975, le second cycle identifié à une année civile. Quatre ans plus tôt, en 1985, *Les Quatre Saisons* à la Galerie de France à Paris, suivies immédiatement de *Quarta generazione* (quatrième génération) chez Persano, ont inscrit la division progressive de l'œuvre en «générations» dans la configuration numérique de l'année solaire. Tout cela reprenait la quadripartition des formes cosmogoniques : les quatre saisons, les quatre éléments, les quatre directions spatiales et géographiques, dont le carré et le cube figurent la traduction géométrique en signifiant ce que Guy Rosolato désigne comme «l'idée de complétude[20]». Pistoletto a retrouvé, semble-t-il, une manière très ancienne de concilier l'infini et le mouvement cyclique du temps solaire extrapolé par les cosmogonies. Mais il a dû intégrer l'expérience de fragmentation qui, depuis le Romantisme, accompagne l'interprétation subjective de l'infini[21]. Les quatre saisons ne pouvaient être représentées autrement que par des «sculptures interrompues». De même, la *quatrième génération* ne pouvait être que l'époque de la *poetica dura*, de l'*arte dello squallore* («art de la désolation»), en rupture avec toute recherche d'objectivité et de mesure ; une nouvelle plongée dans un espace-temps infini où la plus grande vitesse se confond dans le lointain avec l'immobilité[22]. À un tel changement d'échelle correspondait nécessairement une masse abjecte de couleur qui exprime un maximum de lenteur (*massa di colore* et *massimo di lentezza*) au plus lointain de la mémoire.

En ouvrant la «quatrième génération» de son activité, Pistoletto était toujours le personnage figuré dans l'*Autoritratto di stelle* de 1973. Mais il ne pouvait plus se projeter parmi les étoiles, dans la lumière : sa traversée du miroir l'a ramené en deçà, dans l'opacité de la matière terrestre, et au-delà, dans le trou noir où l'extrême vitesse est immobilisée en masse inerte. Aussi métaphorique soit-elle, cette vision est logique. Dans le vide infini rempli de mouvements, la lenteur des masses les plus obscures est une affaire de distance. Le voyageur dans l'espace-temps est comme le passa-

20. Guy Rosolato, «Organisation de la pensée par les premiers nombres et métapsychologie», *Éléments de l'interprétation*, Paris, Gallimard, 1985, p. 150.
21. Sur le thème de l'infinitisation romantique du sujet dans l'expérience fragmentaire, voir Philippe Lacoue-Labarthe et Jean-Luc Nancy, *L'Absolu littéraire*, Paris, Seuil, 1978.
22. «Poetica Dura», texte de présentation de l'exposition *Quarta generazione*, Turin, galerie Persano, mai 1985 ; *«Mots»*, *op. cit.*, p. 123.

ger d'un train emporté à pleine vitesse : l'immobilité des montagnes à l'horizon est l'image du passé lointain, tandis que la rapidité du présent tient à sa proximité derrière la vitre. Pour étendre le présent au plus loin du passé, au plus profond de la durée, il fallait se projeter au-delà des étoiles, en amont de l'*Autoritratto di stelle*, au moment d'apparition de l'*uomo nero*. Un détail de l'*Autoritratto di stelle* agrandi en affiche marque le terme de l'*Anno bianco*. Mais cette reprise supposait un long parcours en amont du cycle, le trou noir et l'*arte dello squallore*.

Comme l'indiquait son ouverture en janvier 1989, *Anno bianco* devait être le miroir des événements à venir de l'année. Mais ce miroir n'avait pas la clarté d'une pure surface de réflexion. Le blanc, qui s'oppose au noir comme la clarté du miroir à l'obscurité de la matière, partage avec celle-ci l'opacité de sa surface. Pistoletto a développé ici une pensée générative construite sur des antinomies dynamiques, matérielles et conceptuelles, expérimentales (bricolées) et spéculatives. Les panneaux de plâtre qui jalonnent les expositions d'*Anno bianco* sont analogues au miroir[23]. Mais ils ne reflètent rien, et aucune image ne viendra s'y former. Alors même qu'ils dissipent l'obscurité, ils restent apparentés à l'*arte dello squallore*, « art repoussant qui ne représente rien ». C'est pourquoi, au terme de cette année « blanche », au cours de la dernière exposition à Milan en décembre, le marbre fut substitué au plâtre pour faire rejouer le contraste du noir : quand le vide d'un panneau blanc opaque condensait et annulait toutes les images possibles, un panneau noir juxtaposé réfléchissait des images particulières. Pendant le déroulement de l'année, la blancheur vide du temps à venir (annoncé) a fonctionné comme une structure générative. Par analogie avec le mécanisme d'actualisation de la mémoire, les événements historiques les plus marquants de la période écoulée se sont accomplis conformément aux images prophétiques identifiées rétrospectivement dans l'œuvre de l'artiste : une photo de presse de l'occupation du Mur de Berlin, par exemple, fit écho à une vue similaire d'un spectacle organisé par l'artiste huit ans plus tôt, en 1981, dans le cadre du cycle *Anno uno*. Mais, si la blancheur vide du temps réduit tout événement dramatique à l'actualisation figurative d'une virtualité, c'est sur un fond noir que se produisent effectivement le reflet du présent et l'image contingente de l'être humain. L'histoire constitue une dimension dramatique que le récit exorcise en l'organisant rétrospectivement.

23. Voir sur ce point l'entretien de Pistoletto avec Carolyn Christov-Bakargiev, « Michelangelo Pistoletto's *Anno Bianco* », *Flash Art*, n° 151, mars-avril 1990, p. 108.

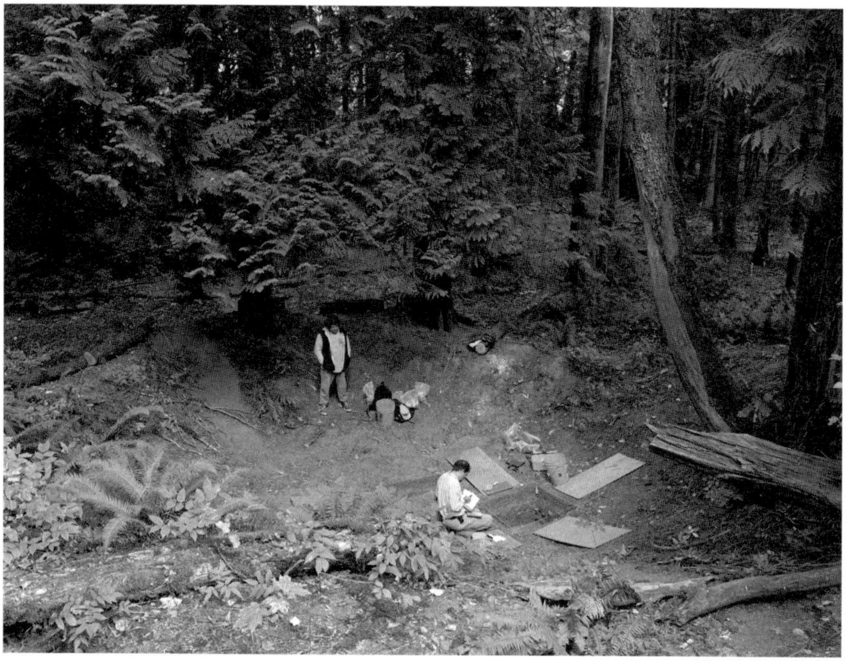

Jeff Wall. *Fieldwork. Excavation of the floor of a dwelling in a former Sto:lo nation village, Greenwood Island Hope, British Columbia, August 2003. Anthony Graesch, Department of Anthropology, University of California at Los Angeles, working with Riley Lewis of the Sto:lo band*, 2003. Ektachrome et caisson lumineux, 219,5 x 283,5 cm.

Le tableau et le document d'expérience

La rencontre du tableau et du document est un des traits marquants de la création photographique actuelle. On peut la constater chez les artistes les plus en vue et les plus prometteurs, comme chez ceux et celles qui se sont tenus ou ont été tenus en marge des circuits de diffusion de l'art dit « contemporain ». Mais cette observation appelle des correctifs. Les notions mêmes de tableau et de document sont loin d'être clairement définies. Elles désignent des domaines distincts, voire séparés, qui peuvent se rapprocher, se chevaucher, ou éventuellement se fondre. Chacune d'elle recouvre aussi des réalités hétérogènes et prête de ce fait à de multiples confusions.

Du côté du tableau se situe l'œuvre picturale comme image autonome type, dotée d'un support propre : le tableau est déplaçable, il n'est pas attaché à un lieu, il ne dépend pas de l'architecture (à la différence de la fresque) ; il ne partage pas son support avec le texte (à la différence de l'image d'illustration). À ce modèle, accompli en Occident par la peinture de chevalet, se rattache, dans la tradition des beaux-arts, le principe de composition comme organisation figurative. Mais au vingtième siècle, la convention du tableau a été dissociée de cette visée figurative : avec l'art dit « concret »,

Texte paru dans les éditions en allemand et en anglais du catalogue de l'exposition *Clickdoubleclick. Das dokumentarische Moment / The Documentary Factor* (Haus der Kunst, Munich / Palais des beaux-arts de Bruxelles), éd. Thomas Weski, Cologne, Walther König, 2006. Repris, en français, dans *Communications*, n° 79, « Des faits et des gestes », éd. Jean-François Chevrier et Philippe Roussin, Paris, Seuil/EHESS, 2006. Version abrégée et mise à jour (pour la troisième partie).

elle est devenue le modèle d'une pensée visuelle qui récuse la représentation-imitation au profit d'un réalisme plastique ou constructif. Le tableau présente plus qu'il ne représente. Il est une *forme* (conventionnelle), c'est-à-dire une armature, voire une structure, de la pensée visuelle et imaginative matérialisée à travers des procédés variables : la peinture, bien sûr, mais aussi plus récemment la photographie. Même si toutes les langues ne disposent pas d'une terminologie qui fixe cette définition formelle, même si un terme manque en anglais entre *picture* (distinct d'*image* mais applicable aussi au film, *motion picture*) et *easel painting* (qui limite l'idée de tableau à la peinture).

Le tableau se présente comme un plan frontal, délimité. La frontalité signifie que le regardeur lui est confronté, lui fait face, dans une posture de contemplation. Le tableau renvoie à la stature du regardeur ; il instaure une relation implicite du regardeur à l'image de son propre corps. Il est une forme anthropologique de l'art, au sens où il consacre la stature verticale du corps humain dans le domaine des représentations artistiques. Mais, à la différence de la statue (*free standing sculpture*), il ne peut être la projection tridimensionnelle, le double du regardeur ; la planéité de l'image et sa délimitation produisent un espace *autre*, fictif. Le tableau est un objet mobilier, même quand il a été conçu pour un autel ou dans le cadre d'un programme décoratif, car il peut toujours être déplacé, et l'histoire donne d'innombrables exemples de cette mobilité. Mais le lieu fictif qu'il *présente* au visiteur le distingue des objets avec lesquels il cohabite. Le tableau introduit l'espace de la fiction dans l'espace de la communauté anthropologique, sur laquelle se greffent les formes culturelles. Le regardeur est ainsi amené à une double expérience de reconnaissance et d'étrangeté : le tableau lui tend une image familière de lui-même, de son appartenance à l'espèce humaine, en lui proposant une *autre vue*, qui le dépayse.

Pour chaque regardeur, un tableau, comme toute autre œuvre d'art, constitue, au moins potentiellement, un événement, dans un jeu ouvert de différences qui déborde le champ de l'appréciation esthétique. Le propre du tableau est de situer ce jeu des différences au plus près du partage qui instaure l'espace autre de la fiction, sur le fond d'une communauté anthropologique. La confrontation proposée au regardeur lui offre l'occasion d'une appropriation esthétique, ou d'une jouissance sublimée – en cela, une image-tableau ne se distingue pas de toute autre image – ; elle est aussi la forme idéale et condensée d'une expérience de contemplation où un lointain imaginaire (l'imaginaire comme lointain, aussi bien) peut coexister avec le *hic et nunc* du corps propre.

Le tableau a été un modèle récurrent dans l'histoire de la création photographique, ne serait-ce que parce qu'il constitue la forme dominante d'une culture picturale sécularisée, qui s'est émancipée des institutions de l'Ancien Régime en s'adaptant aux normes du libéralisme marchand. De même, tout photographe qui ne se considérait pas comme un simple « opérateur » a toujours été amené à penser composition, et donc souvent « étude », sinon mise en scène. Il faut rappeler que la confusion entre tableau et tableau vivant, qui explique partiellement le pictorialisme de la fin du dix-neuvième siècle et le néopictorialisme des années 1980, résulte de l'autorité d'une tradition du théâtre peint. Il est également significatif que les théoriciens de la photographie instantanée dans les années 1960 aient mis l'accent sur le cadrage contre la composition (et a *fortiori* contre la mise en scène) pour définir une poétique anti-picturale de l'image photographique, et qu'ils aient, ce faisant, systématiquement privilégié l'image sur le tableau, en opposant *image* à *picture*. Mais l'histoire de la création photographique est jalonnée d'œuvres descriptives, dénuées de toute mise en scène, qui ont été conçues et réalisées comme des tableaux. Cela est particulièrement visible dans le paysage, avec ses variantes de style et ses sous-genres, tels que la « vue », héritée partiellement de la *veduta*.

Qu'on le reconnaisse ou non, ces précédents conditionnent la création contemporaine et en relativisent l'originalité. En revanche, plusieurs données actuelles résultent d'évolutions récentes. On peut énumérer, dans un ordre qui correspond mal à une chronologie, tant les faits s'imbriquent : l'influence du cinéma et la diffusion du montage, associé parfois au collage, mais transformé ou banalisé par l'informatique ; l'attraction du grand format et la prise en compte, plus subtile, des variations d'échelle ; la constitution d'un nouveau modèle du reportage comme genre hybride, entre art conceptuel et photojournalisme, journal intime et discours militant, description documentaire et procédures de collaboration. Ces ambiguïtés sont productives. Elles correspondent à la multiplication des agents dans le développement d'une industrie culturelle qui favorise surtout l'emprise de la communication et du design sur l'art. En résulte une picturalité diffuse, sinon amorphe, à laquelle les peintres eux-mêmes apportent leur contribution. Mon hypothèse est que, dans ce contexte, la forme tableau associée au document ou, plus exactement, le document produit dans la forme du tableau constituera un nouveau crible de jugement, tout en restant un modèle d'expérience.

* * *

Mais qu'en est-il du document ? Que faut-il mettre sous ce terme ? La première réponse est : tout et n'importe quoi. Toute image ou, plus généralement, tout artefact peut devenir un document, selon le regard qu'on lui porte. L'art ne fait pas exception. Une œuvre d'art peut être considérée comme un document de culture. La valeur documentaire d'une image tient à l'usage qui en est fait, à l'interprétation qui en est donnée après coup, plus qu'à l'intention qui a présidé à la prise de vue. Dans le domaine des sciences humaines, en particulier pour les historiens, domine l'idée d'archive, dont quelques artistes de la mouvance conceptuelle se sont emparé. Mais l'archive est un paramètre artistique récent. La notion de document artistique (déduite partiellement de l'idée de « document d'art » apparue au dix-neuvième siècle) est plus ancienne et plus ambiguë : désigne-t-on simplement un élément de documentation, l'intérêt documentaire d'une œuvre, ou un complément voire une alternative institutionnelle aux œuvres dûment répertoriées ? Cette dernière définition est la plus féconde.

On peut noter que les deux premières phases de promotion du document artistique correspondent à une expansion de l'art hors de la tradition des beaux-arts, qui était limitée par sa référence à l'antiquité gréco-romaine et par un système de normes fondé sur la doctrine du beau idéal. La première phase tient à l'invention de l'anthropologie culturelle à la fin du dix-neuvième siècle, et la seconde au surréalisme, qui associa le *document poétique* à l'objet trouvé. Dans les deux cas, le document se détachait de la documentation et de la stricte fonction documentaire, il était investi d'une exemplarité et d'un caractère de *singularité*, qui l'apparente à l'œuvre.

Cette histoire de la promotion du document artistique, retracée à grands traits, ressortit essentiellement à une culture du *fait,* infléchie par les médias dans le sens du divertissement. Au début des années 1920, Robert Musil avait identifié le type induit par cette culture en désignant « l'homme des faits » adapté au capitalisme, mais il n'avait pas pris la mesure des transformations médiatiques de l'information. Quelques années plus tard, en 1929-1930, paraissait à Paris l'éphémère revue *Documents*, animée par Georges Bataille et Carl Einstein, qui reste à ce jour la tentative la plus complexe de redéfinition du document littéraire et artistique, au croisement de l'anthropologie, des procédures d'invention du document poétique, et d'une conception « hétérologique » du savoir, associée au plaisir de l'hétéroclite. À la fin des années 1920, la simple juxtaposition dans une même revue de reproductions d'œuvres d'art archéologiques (le premier article de *Documents* est consacré à l'art sumérien) et actuelles (Picasso, Miró, Masson, etc.), avec des images de presse choisies pour leur caractère insolite, présentait encore un caractère subversif. La transversalité, le court-circuit des répertoires de la culture savante et de la culture populaire s'inspiraient de l'hétéroclite et des disjonctions produits par le fait divers et les revues de variétés (le music-hall). Mais le dogme libéral-libertaire qui sous-tend l'industrie culturelle n'avait pas encore investi les institutions d'art, et la « démoralisation » (la dérision des valeurs morales) entreprise par Dada pouvait encore produire des effets subversifs. Le divertissement lui-même était moins l'occasion de se détourner de l'actualité politique et sociale qu'une manière de subvertir les formes institutionnelles d'une culture et d'une information de classe.

Tout document est document de culture, mais sa singularité n'a pas l'évidence du fait brut. Dans le monde de l'art, on associe souvent la singularité du document à un effet de surprise, à un choc visuel, ou au caractère idiosyncrasique dont il a été revêtu. La singularité d'un document visuel tient surtout à l'environnement discursif dans lequel il est « produit », au réglage minutieux du contexte dans lequel il est reproduit ou exposé. Il faut toutefois ajouter que la précision de ce réglage ne préjuge en rien de l'intérêt du document lui-même, c'est-à-dire de la valeur des interprétations qui pourront en être données ultérieurement. La durée d'un document artistique, comme celle d'un document historique, n'est pas celle de l'information médiatique, même si l'obsolescence accélérée de l'art contemporain tend à masquer cette différence.

C'est ici qu'intervient le critère de l'œuvre. Tout document est un document de culture. Mais son importance, qui va généralement de pair avec sa singularité et sa rareté, l'apparente à l'œuvre, dont un des traits distinctifs, dans le vaste domaine des artefacts, est la permanence transculturelle, c'est-à-dire la multiplicité d'interprétations auxquelles elle donne lieu de la part de publics hétérogènes, éloignés dans le temps. Le document artistique se sépare ainsi de l'intention qui a présidé à sa production, autant que de la fonction documentaire qui lui a été assignée par ses usagers. On retrouve le principe d'impersonnalité si souvent revendiqué par les poètes et les artistes modernes, qui a conduit Walker Evans à mettre en avant l'idée anti-expressive et surtout anti-fonctionnelle du « style documentaire » (distinct de la fonction documentaire).

* * *

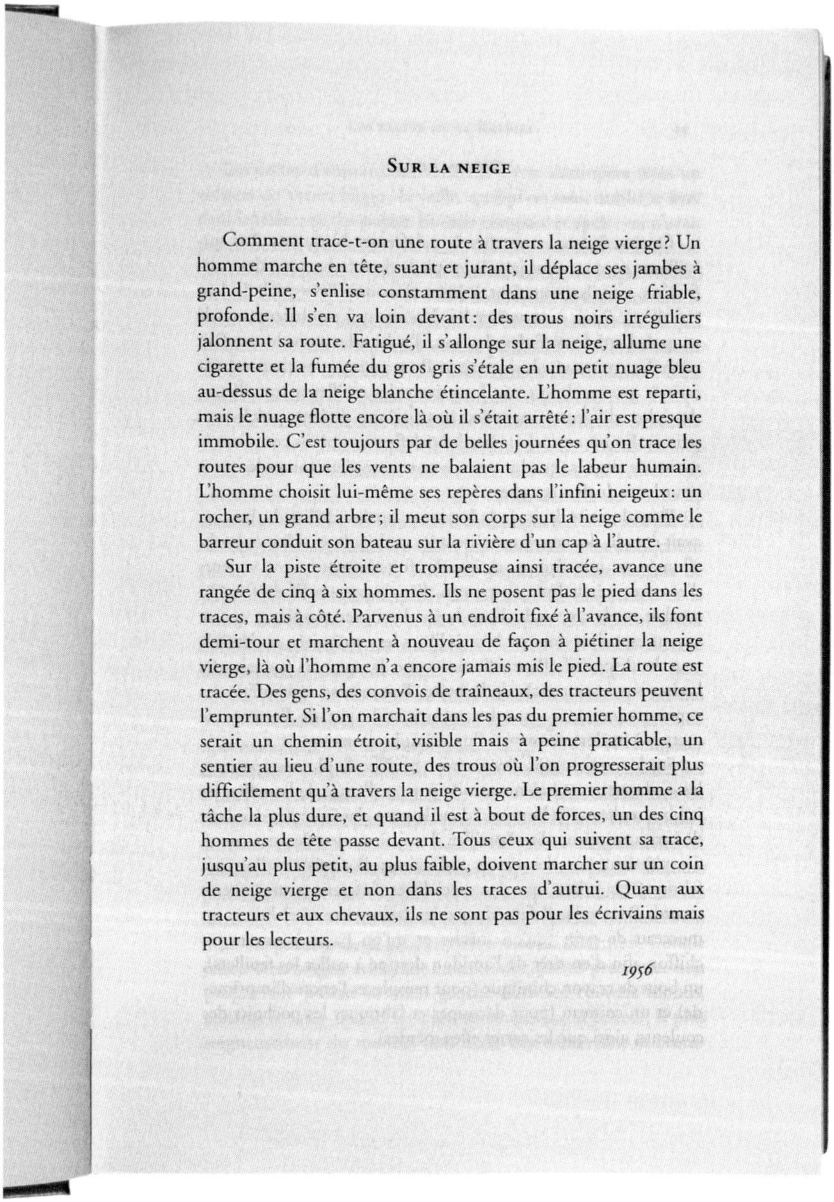

Sur la neige

Comment trace-t-on une route à travers la neige vierge ? Un homme marche en tête, suant et jurant, il déplace ses jambes à grand-peine, s'enlise constamment dans une neige friable, profonde. Il s'en va loin devant : des trous noirs irréguliers jalonnent sa route. Fatigué, il s'allonge sur la neige, allume une cigarette et la fumée du gros gris s'étale en un petit nuage bleu au-dessus de la neige blanche étincelante. L'homme est reparti, mais le nuage flotte encore là où il s'était arrêté : l'air est presque immobile. C'est toujours par de belles journées qu'on trace les routes pour que les vents ne balaient pas le labeur humain. L'homme choisit lui-même ses repères dans l'infini neigeux : un rocher, un grand arbre ; il meut son corps sur la neige comme le barreur conduit son bateau sur la rivière d'un cap à l'autre.

Sur la piste étroite et trompeuse ainsi tracée, avance une rangée de cinq à six hommes. Ils ne posent pas le pied dans les traces, mais à côté. Parvenus à un endroit fixé à l'avance, ils font demi-tour et marchent à nouveau de façon à piétiner la neige vierge, là où l'homme n'a encore jamais mis le pied. La route est tracée. Des gens, des convois de traîneaux, des tracteurs peuvent l'emprunter. Si l'on marchait dans les pas du premier homme, ce serait un chemin étroit, visible mais à peine praticable, un sentier au lieu d'une route, des trous où l'on progresserait plus difficilement qu'à travers la neige vierge. Le premier homme a la tâche la plus dure, et quand il est à bout de forces, un des cinq hommes de tête passe devant. Tous ceux qui suivent sa trace, jusqu'au plus petit, au plus faible, doivent marcher sur un coin de neige vierge et non dans les traces d'autrui. Quant aux tracteurs et aux chevaux, ils ne sont pas pour les écrivains mais pour les lecteurs.

1956

Varlam Chalamov, *Récits de la Kolyma*, Verdier, 2003.

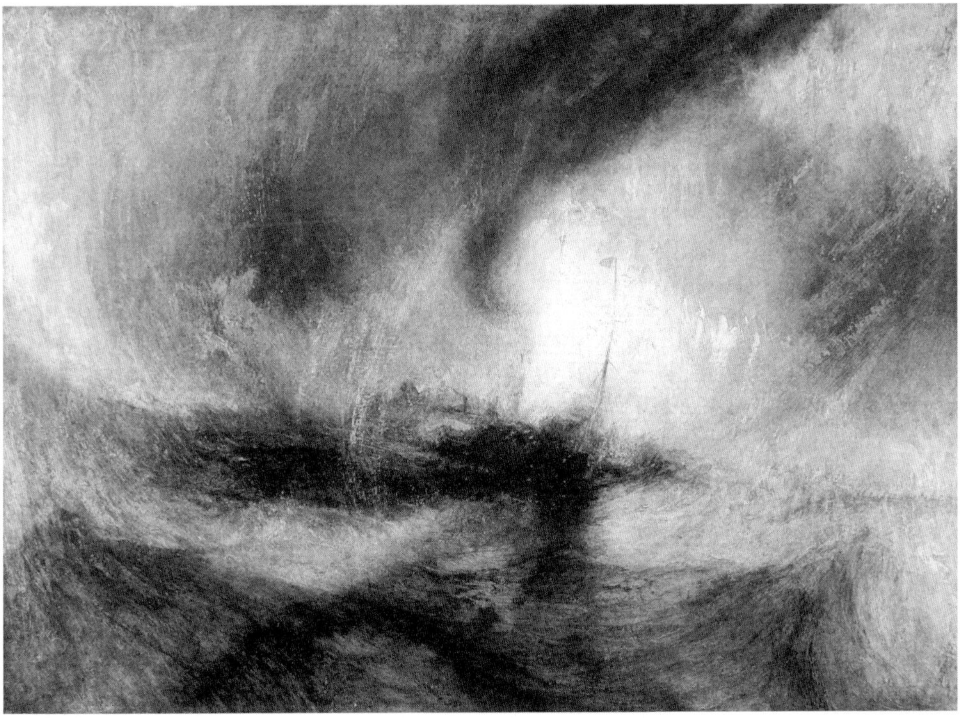

William Turner. *Snow Storm – Steam Boat off a Harbour's Mouth making Signals in Shallow Water and going by the Lead. The Author was in this Storm on the Night the Ariel left Harwich*, 1842. Huile sur toile, 91,5 x 122 cm.

Mais, par un autre tour, et sans que cela s'oppose au principe moderne d'impersonnalité, la culture artistique, à travers ses institutions, ne cesse d'enregistrer des *documents d'expérience*, en même temps qu'elle consacre des œuvres. L'œuvre elle-même, aussi détachée soit-elle de la biographie de son auteur, peut témoigner d'une expérience. Les *Récits de la Kolyma* de Varlam Chalamov ne sont pas assimilables aux multiples témoignages, plus ou moins élaborés, et même plus ou moins exacts, publiés sur le Goulag; ils constituent une œuvre construite, comparable aux entreprises monumentales des plus grands romanciers du vingtième siècle[1]. En même temps, Chalamov récusait la forme du roman et il a constamment revendiqué la valeur documentaire de son projet: il fondait ainsi son exigence artistique sur le principe d'exactitude du témoignage. Dans une lettre à Alexandre Soljenitsyne, en 1966, il remarquait: «Le lecteur qui a vécu Hiroshima, les chambres à gaz d'Auschwitz, les camps de concentration, qui a été témoin de la guerre, verra dans toute fiction une offense.» Puis il définissait son idée du récit: «Non un document mais une prose, ressentie comme un document[2].»

Pour prendre un autre exemple hors de la photographie mais situé précisément dans l'époque où elle est apparue, Turner présentait en 1842 à la Royal Academy une marine figurant une tempête de neige sur la mer, dont le titre était une longue légende à valeur de manifeste: «*Snow Storm – Steam Boat off a Harbour's Mouth making Signals in Shallow Water and going by the Lead. The Author was in this Storm on the Night the Ariel left Harwich* (Tempête de neige. Un vapeur au large d'un port fait des signaux sur les hauts-fonds et se dirige à la sonde. L'auteur se trouvait dans cette tempête la nuit où l'Ariel quitta Harwich). Le tableau fut jugé indéchiffrable. Mais Turner avait prévu la réaction du public; il indiquait son souci d'exactitude et revendiquait l'autorité du témoin. Une tempête de neige en mer ne peut être rendue avec la netteté d'une vue topographique (genre dans lequel Turner avait fait ses preuves). Le réalisme se sépare ici nécessairement du modèle de la vue détaillée, claire et distincte. *Snow Storm* est un tableau réaliste – plus qu'un jalon dans quelque préhistoire de l'abstraction – mais il témoigne d'une expérience d'aveuglement. Dans une large mesure, d'ailleurs, l'art de Turner est un réalisme de l'éblouissement et de l'aveuglement. En traitant les thèmes romantiques de la tempête et du nau-

1. Varlam Chalamov, *Récits de la Kolyma*, trad. Sophie Benech, Catherine Fournier, Luba Jurgenson, Verdier, coll. «Slovo», 2003.

2. Varlam Chalamov, *Correspondance avec Alexandre Soljenitsyne et Nadejda Mandelstam*, trad. Francine Andreieff, Verdier, coll. «Slovo», 1995, p. 63. Dans sa correspondance avec Soljenitsyne, Chalamov dénonce l'inexactitude et la «corruption morale» qui affectent à ses yeux la plupart des mémoires sur les camps du Goulag publiés par de soi-disant «experts». Mais il en arrive à l'idée que, même si ces textes étaient exacts, ils ne seraient pas justes, car leur auteurs sont de mauvais prosateurs: «Leurs écrits sont mauvais, je veux dire qu'ils représentent une non-création littéraire. C'est pour vous comme pour moi une grande douleur, une absurdité, une offense d'avoir à lire "pour le bien de la cause" ces récits, d'avoir à déterminer si ce délire contraire à toute création respecte ou non les faits.» (*ibid.*, p. 59-60).

frage comme des motifs, il a fait surgir dans l'histoire de la peinture une métaphore obsédante : le risque (ou la perspective) du naufrage de la figure dans le champ coloré.

Ces deux exemples d'œuvres-documents se réfèrent au tout premier principe du témoignage : l'auteur du témoignage est celui qui peut dire : « j'y étais », je restitue ce que j'ai vu, l'événement ou le phénomène auquel j'ai assisté. Mais ce principe est loin d'être un gage de *justesse*. L'exactitude du témoignage donne une fiabilité à l'information, elle garantit l'adhésion du regardeur ou du lecteur sur le mode de la croyance. La justesse de l'œuvre se situe sur un autre plan, elle suppose une élaboration supplémentaire, une construction de l'information, et par là même la possibilité d'une distance critique pour le regardeur ou le lecteur. C'est pourquoi Chalamov intègre la considération du « talent » littéraire de l'auteur parmi ses critères d'évaluation des témoignages sur le Goulag : la médiocrité, la banalité sont aussi critiquables que l'inexactitude, dans la mesure où elles tendent à reconduire l'instrumentalisation de la langue, la haine de l'art et de la poésie qui accompagnent tout régime totalitaire. Si elle n'est pas aux ordres d'un pouvoir policier, l'industrie de l'information n'en présente pas moins des traits analogues à la propagande totalitaire, en particulier dans son traitement du pathos victimaire. Le témoignage *extorqué* aux victimes est l'équivalent *soft* des confessions mises en scène pendant les procès staliniens. Sans aller jusqu'à affirmer que la justesse dans la production d'un document, littéraire ou artistique, est une affaire de justice, il faut au moins rappeler que les enjeux du travail de la forme dans l'art documentaire, ou même plus fondamentalement dans l'art de produire des documents, implique une discrimination du juste et de l'injuste.

* * *

Comme le rappellent les deux exemples que j'ai empruntés à la peinture et à la littérature, le document d'expérience intègre les conditions mêmes de sa formulation : le document visuel produit par Turner est une expérience des possibilités et des limites de la perception, comme les textes de Chalamov présentent les conditions mêmes du récit (ou de la poésie) exposé aux conditionnements du langage totalitaire, à l'extinction programmée de la parole subjective, à l'appauvrissement du monologue intérieur et du dialogue. De nombreux caractères de la photographie contemporaine, déduits d'une banalisation du pop art et de l'emprise des magazines, tels que le parti pris des effets de surface, la réduction des paramètres de la composition (la mobilité de la lumière, les variations d'échelle, la relation des détails à la construction d'ensemble de l'image) participent d'un appauvrissement similaire du langage visuel. Dans un contexte culturel dominé par la logique des médias et la réduction pop, on peut considérer le tableau, la forme tableau, avec son corollaire principal, la composition, comme une garantie – nécessaire sinon suffisante – du document d'expérience.

Je précise que je ne vois aucun intérêt à restaurer une norme dite « moderniste », sous prétexte que les postures « postmodernes » se ramènent à un néo-éclectisme sans consistance, ou que le document d'expérience, tel que je l'ai situé, suppose une prise en compte des caractères formels du travail artistique. Il ne s'agit pas d'affirmer une spécificité ni *a fortiori* quelque pureté du médium. L'expérience ne peut être exemptée des questions de contenu. Dans le domaine du documentaire, qu'il soit littéraire, cinématographique, photographique, ou même pictural, un document d'expérience reste tributaire du « sujet » traité, c'est-à-dire d'abord du contenu d'information, celui-ci déterminant largement la teneur historique du texte, du film, du tableau. Une description documentaire a toujours un objet, qui ne peut être réduit à un prétexte. Même si l'artiste veut légitimement outrepasser la limite fonctionnelle assignée à l'image d'information et se dégager d'une actualité programmée, il ne peut prétendre produire un document s'il écarte le critère de signification historique.

C'est évidemment là que se concentrent les questions les plus difficiles. Quand elle est identifiée à la reproduction, la description photographique revient à réduire la chose décrite à une image préexistante, préformée, en écartant l'expérience multisensorielle et les anachronismes de la mémoire. L'histoire, telle qu'elle se fait, est supposée détenir, virtuellement, le sens qui lui sera plus tard reconnu par les historiens. Cette illusion rétrospective est un confort pour les photographes qui prétendent s'abstenir de « juger ». Elle a déterminé une confiance sans doute abusive dans les vertus de l'enregistrement et de l'archive. À cela s'ajoute le contexte, réel et imaginaire, d'une « globalisation » qui rencontre l'idée d'un rétrécissement des séquences historiques – le découpage par décennies notamment – conforme à un sentiment d'« accélération de l'histoire »[3]. Ces paramètres de la perception historique et géographique influent sur les critères de point de vue et de distance.

Le cadre de compréhension que constitue l'idée d'un monde et d'un temps globalisés devrait être constamment remis en question, et cet impératif critique devrait être l'un des principes d'évaluation des œuvres documen-

3. Voir *Le Temps mondial*, ouvrage collectif, sous la direction de Zaki Laïdi, Bruxelles, Complexe, 1997. Sur la question de la périodisation, voir Daniel Milo, *Trahir le temps*, Paris, Les Belles Lettres/Hachette, coll. « Pluriel », 1991.

taires. Le paradigme du global, qui conditionne largement les institutions d'art contemporain, induit une définition locale des différences. Mais celles-ci sont trop souvent rapportées à une mesure unique, soit au nom d'une idée plus ou moins nostalgique de l'universel (tel qu'il a été forgé dans les cultures occidentales), soit au nom d'une norme multiculturelle. En réalité, deux rythmes hétérogènes divisent le présent : des courts-circuits spatio-temporels, produits ou favorisés par les réseaux virtuels, interfèrent dans les relations de proche en proche de l'actualité locale.

L'expérience du local s'accorde difficilement avec la convention de « distance » et le point de vue surplombant qui caractérisent une conception englobante et souvent autoritaire du tableau. C'est pourquoi des formes plus modestes et un genre peu spectaculaire comme le portrait sont plus que jamais nécessaires. Le portrait présente en effet l'avantage quasiment immédiat de permettre une collaboration du modèle comme co-acteur de l'image. Le genre du paysage correspond plus directement aux données géographiques, mais il s'adapte moins facilement aux procédures de collaboration. Quoi qu'il en soit, la production de documents est une affaire trop sérieuse pour être laissée à la discrétion des documentaristes, et le tableau n'est pas le sésame du document d'expérience.

Un tableau de Jeff Wall, *Fieldwork* (Champ de fouilles, 2003), peut constituer finalement un résumé, voire une allégorie, des enjeux actuels du document d'expérience produit dans les formes de la tradition picturale. D'abord, la précision de son intitulé, *Excavation of the floor of a dwelling in a former Sto:lo nation village…*, l'apparente à la *Tempête* de Turner[4]. Les circonstances de la prise de vue sont détaillées : la date, le site, l'identité des deux protagonistes, et même l'objet de la recherche archéologique. La composition elle-même traite de la production d'un document. Elle se présente comme une vue, prise d'un léger surplomb ; descriptive et théâtrale, elle noue deux rapports : celui des figures au lieu et celui des personnages entre eux. Tandis que l'archéologue, Anthony Graesch, inscrit minutieusement ses observations, son assistant, Riley Lewis, qui est un descendant des autochtones qui ont habité jadis cette clairière, l'observe à distance, les mains dans les poches, désœuvré. La description restitue la beauté mystérieuse du site archéologique, animée, dramatisée par ce jeu d'attitudes et de regards. On peut l'interpréter comme un exercice d'archéologie de la « vue » : la vue (*view*) délimite un site, elle est également (*gaze*) ce qui circule entre les regards, puisqu'elle a pour objet la petite excavation dans le sol, semblable dans ses délimitations à l'image elle-même, désirable, énigmatique.

4. En français, le sous-titre complet du tableau est : « Fouilles du sol d'une habitation dans un ancien village Sto:lo, île de Greenwood, Hope, Colombie-Britannique, août 2003. Anthony Graesch, du département d'Anthropologie de l'Université de Californie, Los Angeles, travaille avec Riley Lewis, du groupe des Sto:lo. »

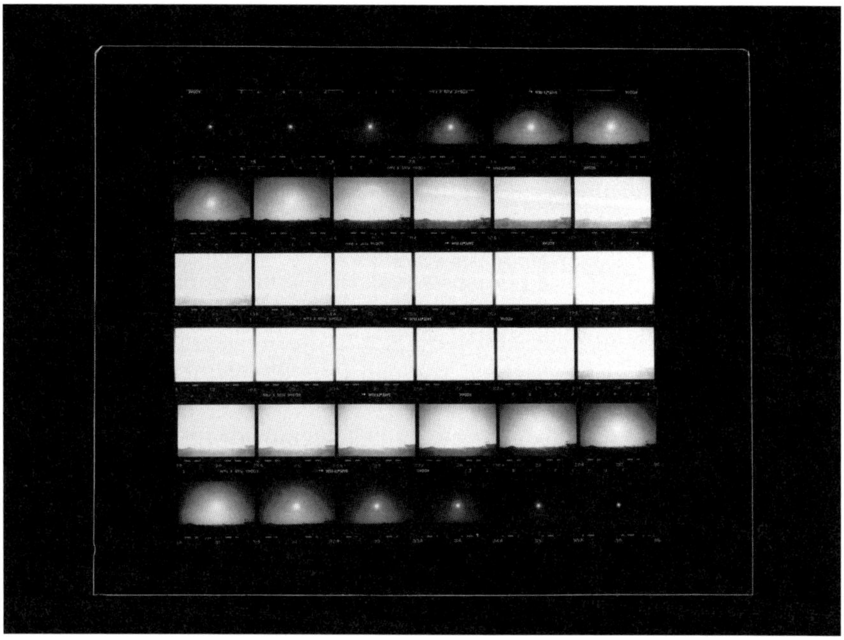

Ugo Mulas. *Verifiche 9 : Il sole, il diaframma, il tempo di prova* (Ensoleillement, diaphragme, temps de pose), 1971-1972.

Ugo Mulas
L'élément du temps

Mulas se fiait à l'occasion, il aimait les rencontres. L'idée que le temps constitue un *élément*, à la fois facteur et milieu d'expérience, et qu'il puisse s'engouffrer dans l'image, est, comme le remarqua Walker Evans, une extraordinaire matière à spéculation(s)[1]. Mais rares sont les artistes, photographes compris, qui savent se mouvoir dans le temps. L'observateur lointain (ou éloigné) peut, comme le regardeur rétrospectif, adopter la position de l'historien. Mais l'enregistrement instantané est une chance ambiguë. Le photographe est collé à l'événement, il doit trouver une distance immédiate, un point de vue. Vouloir saisir et retenir la vie est plutôt une manière de lutter *contre le temps*, qui favorise une activité compulsive. Mulas a surmonté cette compulsion en privilégiant l'enquête et le sujet sur la trouvaille, en s'interrogeant sur son outil et en évitant les facilités d'un savoir-faire reconnu.

La dimension spéculative est manifeste dans les *Verifiche*, qu'il inaugura en 1968 et termina à la fin de sa vie, quand la maladie l'avait condamné à l'immobilité[2]. Elle s'inscrit dans une logique documentaire savamment démarquée de l'illustration. Mulas avait choisi le métier de photographe, qu'il appliqua surtout à l'information artistique. Ses images sont des documents,

Texte paru en italien et en anglais dans *Ugo Mulas. La scena dell'arte*, cat., Milan, Electa, 2007.

1. « *The element of time entering into photography provides a departure for as much speculation as an observer cares to make.* » (« The Reappearance of Photography », *Hound and Horn*, octobre-décembre 1931 ; *Classic Essays on Photography*, éd. Alan Trachtenberg, New Haven [Conn.], Leete's Island Books, 1980, p. 185).

2. Les *Verifiche* sont publiées dans le dernier ouvrage, posthume, de Mulas, *La fotografia*, éd. Paolo Fossati, Turin, Einaudi, 1973. La principale source d'information sur Mulas en français reste à ce jour *Ugo Mulas fotografo 1928-1973*, cat. (français et allemand), éd. Hendel Teicher et Walter Binder, Genève, Musée Rath / Zürich, Kunsthaus, 1984.

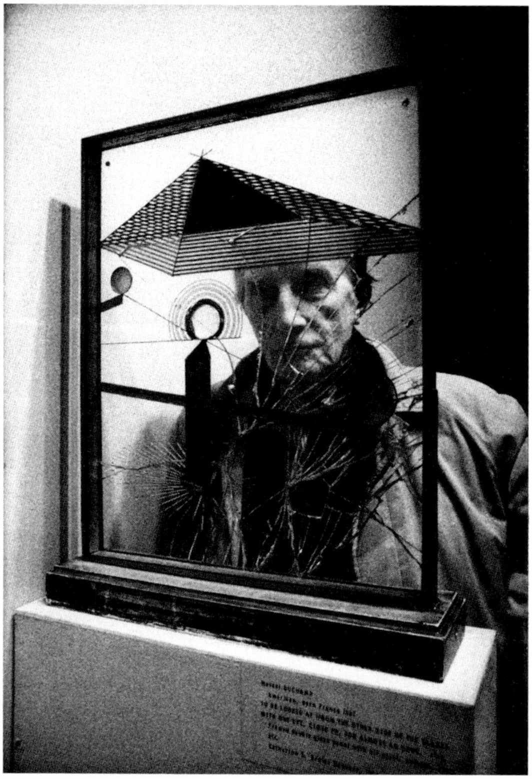

Ugo Mulas. *Marcel Duchamp*, New York, 1965.

souvent rassemblés dans des livres. On peut les rattacher à la tradition du *document d'art*, qui a contribué au dix-neuvième siècle à un élargissement du domaine esthétique au-delà du système des beaux-arts. Mais Mulas fut aussi et d'abord un reporter et un portraitiste, qui s'intéressait à l'activité et au comportement des artistes plus qu'aux objets d'art. Les *Verifiche* sont encore les documents d'une activité : il s'agissait de vérifier, « *toccare con mano* » (toucher de la main) – la formule est insistante –, la nature des « opérations » photographiques. L'activité est celle du photographe lui-même, qui examine son outil et se regarde agir.

Le document d'art est devenu *document d'activité*. Mulas montre les artistes dans leur atelier. Certains posent, et parfois, Duchamp et Warhol notamment, en jouant leur propre personnage. Mais d'autres, plus nombreux, sont photographiés en train de faire quelque chose, voire en pleine action[3].

3. Mulas relativise cette distinction en remarquant que « poser est encore une sorte de faire » (*La fotografia*, *op. cit.*, p. 16).

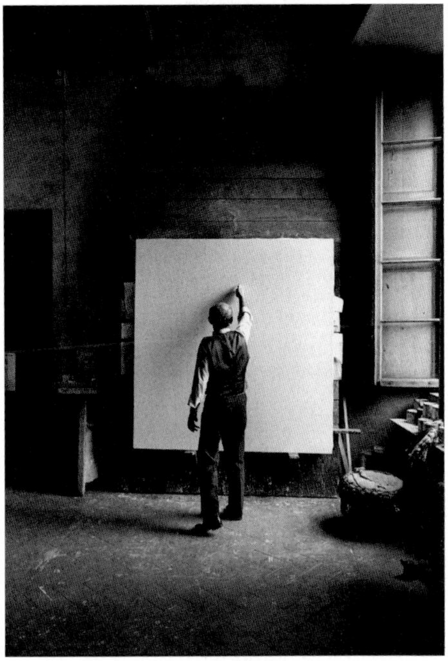 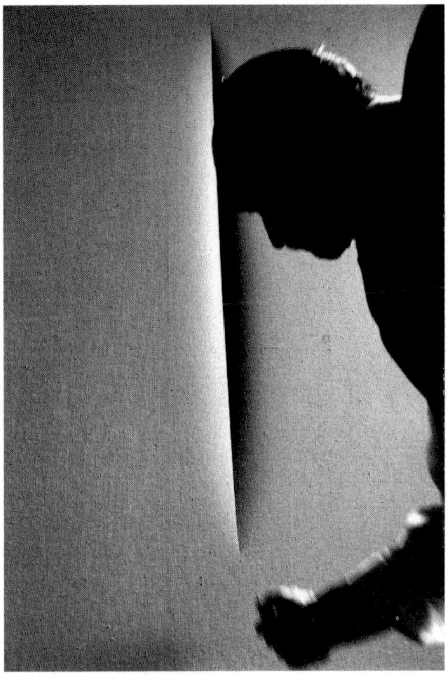

Ugo Mulas. *Lucio Fontana*, Milan, 1965.

Mulas a photographié un jour la réalisation par Lucio Fontana d'une de ses toiles intitulées *Attese*. L'idée d'*attente* est visualisée dès la première image de la séquence, dans la silhouette de l'artiste qui se prépare, tourné de trois quarts vers la toile, tenant fermement un cutter dans la main droite. Carré blanc immaculé sur fond noir, la toile flotte devant le regard, au-dessus du parquet tacheté. Au bout du bras et de la main veinée, le cutter tenu entre le pouce et l'index pointe entre le sol et le bas de la toile. Puis, deuxième image, Fontana s'est avancé, il touche la toile. Le photographe s'est éloigné. On voit maintenant la situation, l'atelier, une fenêtre ouverte sur la droite. Enfin, une séquence rapprochée montre l'action à contre-jour (l'artiste de profil), quand la lame marque le point initial de l'entaille, puis, à la fin, quand la lame vient de quitter la toile[4].

L'action, qui a duré une demi-heure, a été décomposée, pour les prises de vue. Quand il pointe la toile, avant de l'entailler, Fontana pose pour laisser au photographe le temps de se déplacer. De même – Mulas l'a révélé –, la toile entaillée qui apparaît à la fin de la séquence préexistait à la séance.

4. Je décris la séquence telle qu'elle apparaît, en cinq images, dans *La fotografia*, *op. cit.*, p. 100-106.

Fontana a joué le moment d'interruption de l'entaille, où la main armée du cutter se retire. L'image, très belle, montre le profil de l'artiste à contre-jour penché sur (contre) la toile, le profil et le buste projetés en ombre chinoise sur une surface qui occupe tout le cadre, divisé par l'entaille. La dernière image produit l'instant de fusion des deux actions, picturale et photographique. Mulas a traduit en attitude et en geste une *opération* mentale et physique qui est, dit-il, un *moment*. L'opération picturale se résout dans la simplicité d'un trait gestuel. Ce trait coupe et entrouvre. Ligne d'ombre illuminée au centre de la toile, lèvres du temps. Il inscrit aussi la stature du corps dans l'espace du tableau tendu et suspendu, comme un écran. Le photographe a procédé à la façon du découpage en plans d'un scénario. Fontana et Mulas ont produit en collaboration une reconstitution qui transforme le document d'activité en action photographique. La succession des instants enregistrés constitue un moment d'expérience artistique qui contient sa propre analyse documentaire.

Mulas n'a pas pu ignorer les reportages de Hans Namuth sur Pollock, qui montrent le peintre au travail dans son atelier. Ces images ont inspiré à Harold Rosenberg l'idée d'*action painting* (1952), appliquée ensuite à l'art d'environnement par l'inventeur du *happening*, Allan Kaprow, auteur de « The Legacy of Jackson Pollock » (1958). Pour Mulas, elles constituent un précédent, un repère historique, plus qu'un modèle. Quand il est allé à New York en 1964, après le triomphe de Rauschenberg à la Biennale de Venise, l'héritage de Pollock était à la fois transformé par les artistes de l'assemblage et contredit par le pop art. Mulas rencontra Duchamp et Barnett Newman[5]. En Italie, à Milan, Fontana incarnait une alternative à l'art new-yorkais.

Tandis que Rosenberg sous-estimait la part mentale et réflexive du travail des artistes expressionnistes, Mulas visualise une *opération* – ce mot est chez lui récurrent –, dans l'esprit de Duchamp et de la photographie[6]. Une image-clé est le portrait de Duchamp vu à travers la vitre brisée du petit Verre conservé au Museum of Modern Art de New York, dont le titre complet est *À regarder (l'autre côté du verre) d'un œil, de près, pendant presque une heure*[7]. L'objet, signé et daté 1918, a été réalisé en Argentine, à Buenos

5. Duchamp, avec non moins de huit images, et Newman ouvrent la collection de portraits d'artistes publiés dans *La fotografia* (1973). Ces séquences condensent les ensembles consacrés aux deux artistes dans le livre de 1967, *New York : arte e persone – The New Art Scene* pour l'édition en anglais – que Mulas avait réalisé en collaboration avec le critique d'art new-yorkais Alan Solomon. Celui-ci avait fait le choix des artistes. Il avait retenu le seul Barnett Newman – auquel sont consacrées les pages 80-97 – comme représentant de l'École de New York des années 1940 et 1950. Mulas a souhaité ajouter Duchamp (pages 70-79), dont il avait compris l'importance pour la génération post-expressionniste, depuis Johns et Rauschenberg.

6. En 1964, l'année où il se rendit à New York, Robert Lebel notait dans *L'Œil* un retour d'intérêt pour les objets de Duchamp au moment où l'expressionnisme abstrait, depuis la mort de Pollock et de Kline, avait « perdu beaucoup de son intransigeance "gestuelle" ». (« Marcel Duchamp hier et demain », *L'Œil*, n° 112, avril 1964, p. 19.)

7. Cet objet est une étude pour le *Grand Verre*. L'indication donnée dans le titre doit se lire aussi littéralement que possible. Il est recommandé de regarder un objet transparent, tableau biface en

Aires (dans la patrie de Fontana). On peut supposer que Duchamp voyait dans ce dispositif une proposition susceptible d'intéresser un photographe. Pour lui, l'opération visuelle qui implique une mise en perspective est une spéculation sur la place (la capture) du sujet dans le champ spéculaire. Il le prouve en s'exposant à l'objectif du photographe derrière sa fenêtre : il est passé de l'autre côté du verre/du miroir, dans la position recommandée par le titre, mais les deux yeux ouverts pour la photo.

La dimension spéculaire du processus photographique est explicite dans la manière dont Mulas interpréta le dispositif du *quadro specchiante* de Pistoletto. L'image est la *reproduction* d'un tableau-miroir représentant une femme nue allongée vue de dos. Pistoletto a reproduit lui-même une photographie, agrandie et fixée sur une surface réfléchissante[8]. En se plaçant face au miroir, le photographe se trouve inclus dans le tableau. Il semble être passé de l'autre côté du miroir, c'est-à-dire face à la femme nue, dans la position de voyeur où Duchamp voulait placer le regardeur du petit Verre de 1918. Mulas met en évidence le renversement de la perspective opéré par le jeu de miroir et l'effet de dédoublement qui en résulte pour le regardeur :

> Ainsi le spectateur se dédouble, il est dedans et dehors, il est à tout moment de ce côté-ci et de ce côté-là, de ce côté-ci il joue le jeu du peintre qui présente le nu de dos, de ce côté-là il est là où il ne devrait pas être, dans l'espace du tableau[9].

Ce dédoublement est aussi un jeu sur le temps. Le tableau-miroir transporte le passé de la prise de vue photographique dans le présent du regardeur. Toutefois, Mulas ne s'est pas laissé enfermer dans le miroir du tableau : il laisse apparaître le mur d'exposition[10]. Le miroir peut être en effet un redoutable concurrent pour le photographe, car il absorbe tout ce qui lui est confronté. La mappemonde de papiers journaux (*Mappamondo*, 1966-1968), au fond à gauche, est anamorphosée[11]. La pièce s'étire et bascule, les murs fuient ; le seul point de stabilité est constitué par la figure centrale du photographe courbé sur son appareil.

verre (dans lequel a été fixée une loupe). L'opération est difficile : sauf à se focaliser sur la loupe, le regard traverse spontanément le verre. Le texte ne dit pas qu'il faut regarder « à travers », selon l'ancien procédé des *perspecteurs*, mais : « l'autre côté du verre », « de près ». Et non « de l'autre côté… » ou « *from the other side…* », comme cela est généralement traduit.

8. Ce nu allongé au miroir est une variation sur la *Vénus au miroir* de Velázquez (Londres, National Gallery). Le regardeur du tableau de Pistoletto se voit à la place du visage de la femme dans le tableau de Velázquez.

9. Ugo Mulas, *La fotografia*, *op. cit.*, p. 70.

10. « Dans la photo, note Mulas, on me voit photographier de face un nu vu de dos ; si au tirage j'avais éliminé les marges (ce qui est hors du miroir), on pourrait penser que la photographie qui me représente en train de photographier a été prise par quelqu'un d'autre. » (*Ibid.*, p. 70).

11. L'image a été prise dans l'exposition *Vitalità del negativo* présentée à Rome au Palais des Expositions (novembre 1970-janvier 1971), dans le cadre des Incontri Internazionali d'arte. Pistoletto y présentait plusieurs *Oggetti in meno*, dont *Metrocubo d'infinito* qui apparaît dans l'image de Mulas, reflété par le tableau-miroir, comme *Mappamondo*.

Il faut préciser que Mulas ne s'est pas intéressé aux manipulations optiques de la Nouvelle Vision des années 1920, et il n'a rien fait qui ressemble aux travaux de Luigi Veronesi, pour citer le meilleur représentant de la photographie expérimentale (« cinétique ») en Italie dans les années 1950. Le principe de la photographie pour Veronesi, comme pour Moholy-Nagy, est le « photogramme », c'est-à-dire l'image produite par empreinte directe sans médiation d'un appareillage optique. Dans les *Verifiche*, Mulas s'est intéressé à ce procédé et à son inventeur au dix-neuvième siècle, William Fox-Talbot. Mais sa pratique courante passait par l'utilisation d'un appareil de prise de vue. Comme l'attestent ses vues urbaines, sa première école fut celle du néoréalisme. Son goût de la clarté descriptive correspond à un parti pris de sobriété, qu'il ne contredit que lorsque le sujet l'exige.

Bien qu'il ait dû se conformer, dans l'exercice de son métier, aux normes de l'illustration, l'intérêt du document dépassait pour lui la teneur documentaire. Dans les ateliers new-yorkais, il s'est voulu un « témoin », il a cherché à se faire oublier le plus possible de ceux qu'il photographiait[12]. Plus généralement, il voulait surtout traduire des comportements, en s'impliquant dans la situation quand cela était possible et nécessaire. Cette notion de *comportement* (*comportamento*) est centrale. Proche et distinct de l'*attitude* (*atteggiamento*), le comportement renvoie à une pensée behaviouriste très populaire dans les années 1960. Mulas pensait aussi éthologie. Il cherchait à saisir le travail de l'artiste comme une relation intime, objectivée dans l'œuvre – quand œuvre il y a –, entre un être vivant et son milieu. Il écrit :

> L'éthologue Otto Köhler considère que, « dès le départ, et comme le petit de l'animal, le petit d'homme a une pensée propre qu'il ne traduit tout simplement pas en paroles ». C'est une idée qui peut être reprise à propos de la photographie, devant laquelle on se trouve parfois comme devant une pensée sans langage, sans expression[13]...

À l'infinitif, *fotografare*, la photographie désigne une activité, plus qu'un acte ou une action. L'acte est intentionnel, il suppose une visée, un point d'application. Quand il photographiait des artistes au travail, Mulas entrait dans une durée, il captait des gestes qui semblaient n'avoir plus d'autre fin que de remplir la tâche que s'était assignée l'artiste. Les gestes constituent idéalement un *rituel*. Mulas avança l'idée d'activité rituelle à propos des peintres, Frank Stella et Kenneth Noland, qui procédaient de manière répétitive, selon une logique de réduction systématique. On peut regretter qu'il ait focalisé son enquête new-yorkaise sur l'art masculin et sur la peinture[14]. Malgré son intérêt pour Rauschenberg, il ne s'est pas intéressé

12. Voir *La fotografia*, *op. cit.*, p. 14.
13. *Ibid.*, p. 60. Moins connu que Konrad Lorenz, Otto Köhler (1889-1974) fut un des fondateurs de la Société allemande de psychologie animale (*Tierpsychologie*) en 1936.
14. Lee Bontecou est la seule artiste représentée dans *New York : arte e persone* (p. 98-113). Elle apparaît après Duchamp et Barnett Newman qui ouvrent la partie album du livre.

à la *post-modern dance*, alors qu'il y aurait trouvé – chez Yvonne Rainer en particulier – l'interprétation la plus conséquente du modèle éthologique appliqué à l'idée de tâche (*task*)[15]. En Italie, en revanche, il s'éloigna de la peinture pour prendre en considération la composante du mouvement et l'élément du temps dans des attitudes et des formes hétérogènes. Une tension s'instaura entre un besoin de compréhension analytique – à laquelle il n'a jamais renoncé – et une confiance renforcée dans des procédures d'association irrationnelles, menées en temps réel, qui transformaient l'héritage de l'art informel. C'est cette même tension, déjà à l'œuvre chez Fontana, qui orienta les démarches regroupées en 1967 sous l'appellation *arte povera.*

Dans la lignée de Duchamp, le pop art avait révélé l'emprise de la marchandise sur l'expérience artistique. Plutôt que de célébrer une liberté sous contrôle ou marginale – comme l'avaient fait les peintres abstraits dits « expressionnistes » – les artistes pop partaient du principe que la reproduction et l'image photomécanique constituent un nouvel environnement. Cela fut tenu d'abord pour une saine démystification[16]. Chez Lichtenstein, le pop art n'était pas seulement une interprétation de l'imagerie des bandes dessinées ; il est aussi une décomposition et une mise à plat de l'élément gestuel qui définit l'*action painting* popularisée par la photographie. En 1965, Mulas photographia Lichtenstein en train de peindre *Big Painting n.6*, monté sur un escabeau et muni d'un petit pinceau (relativement à la dimension de la toile)[17]. Le tableau appartient à la série des coups de pinceau (*brushstrokes*) agrandis sur fond tramé. Mulas remarqua plus tard :

> Dans cette image j'ai essayé de mettre en évidence l'ironie de Lichtenstein et de sa peinture : de décrire son grand coup de pinceau un peu comme à travers un microscope [...]. Lichtenstein cherche lui-même à ironiser sur certains gestes de la fin de l'Action Painting, sur certains peintres – Franz Kline compris – qui n'en finissaient plus avec cette soi-disant peinture gestuelle dont l'élan ne correspondait plus à rien, disait-il, puisqu'ils commençaient toujours par faire au petit pinceau, dans de petits carnets à dessins, des centaines d'esquisses et de dessins dont ils choisissaient ensuite d'agrandir certains sur une grande toile ; cette

15. Il faut préciser que, lorsque Mulas réalisa son reportage new-yorkais, Peter Moore était en train de constituer une archive photographique du milieu de la danse et de la performance. Fred W. McDarrah, *picture editor* du *Village Voice*, était omniprésent. Il avait déjà publié deux livres : *The Beat Scene* (1960) et *The Artist's World in Pictures* (1961). On peut signaler également les visites d'ateliers de Rudolf (Rudy) Burckhardt et les images de Gianfranco Gorgoni. Jamais l'art et les artistes n'avaient été autant photographiés.

16. Sur ce point, voir Andreas Huyssen, « The Cultural Politics of Pop » (*New German Critique*, n° 4, 1975), *After the Great Divide*, Indianapolis, Indiana University Press, 1986, p. 141-159. Huyssen examine la réception du pop art en Allemagne pendant les années 1960. Mais ses observations valent aussi pour l'Italie. Voir également Alberto Boatto, *Pop Art*, Milan, Lerici, 1967 ; Rome/Bari, Laterza, 1998.

17. Le tableau est conservé à la Kunstsammlung Nordrein-Westfalen, Düsseldorf. Il mesure 2,35 x 3,28 mètres.

> peinture prétendument de l'élan, de l'action, cette peinture de feu, devient le résultat d'une opération froide, calculée, préméditée, qui n'est rien d'autre que la répétition d'un geste déjà fait : dans l'esquisse, ce geste existe, mais il est simulé dans le tableau[18].

Comme l'a remarqué Umberto Eco, Mulas intervenait en critique d'art plus qu'en simple photographe chroniqueur[19]. Il examine et commente les opérations conceptuelles et techniques du peintre, analogues à celles du photographe, lui-même artiste et « opérateur » d'une machine. D'où le parti pris adopté dans l'atelier de Noland :

> J'ai décidé d'agir comme devant un spectacle de théâtre, comme si je devais faire des photos de plateau, c'est-à-dire en laissant au moins l'un de mes appareils toujours au même endroit, de manière à repérer les déplacements de Noland autour de cette grande toile[20].

Quand il travaillait pour le Piccolo Teatro de Giorgio Strehler, Mulas avait déjà appliqué au spectacle vivant la méthode de reproduction de tableaux, qui appelle un point médian et une stricte frontalité afin d'éviter toute distorsion optique[21]. Cette méthode impersonnelle correspond à celle du peintre devenu opérateur du processus pictural (comme le photographe ou l'ouvrier, *operaio*).

En parlant de rituel à propos de Noland et Stella, Mulas désignait l'attitude qui a permis à ces artistes d'exorciser la réification de leur activité en surjouant le rôle de strict exécutant d'un projet[22]. Mais il fut vite déçu. Dès 1965, il constata que Stella s'était simplifié le travail en délimitant les surfaces à peindre par des bandes de scotch. À ses yeux, la qualité des tableaux de 1964, ou antérieurs, tenait à une tension qui s'est diluée ensuite dans des formes décoratives[23]. Plus généralement, il remarque que les artistes qu'il avait connus en 1964 ont beaucoup changé : « Ils se comportaient désormais plus comme des bourgeois[24]. »

Mulas, qui était arrivé à l'art par la pratique d'un métier, pouvait souscrire à une définition antiromantique de l'art qui distinguait froidement conception et exécution. Il pensait que, dans la pratique artistique de la photogra-

18. Entretien avec Arturo Carlo Quintavalle (1972-1973) dans *Ugo Mulas. Immagini e testi*, Istituto di Storia dell'Arte, Università di Parma, « Cataloghi e saggi », n° 17, mai 1973, p. 55-56.
19. Voir Umberto Eco, introduction du livre de Piero Consagra et Ugo Mulas, *Fotografare l'Arte*, Milan, Fabbri, 1973.
20. Entretien avec A. C. Quintavalle, *op. cit.*, p. 56.
21. *Ibid.*, p. 37. Mulas explique qu'il faut cadrer la scène, depuis un point fixe situé au centre de la salle (entre le huitième et le douzième rang), « parce que l'appareil ne doit pas se déplacer, les seules choses qui se déplacent sont les décors et les acteurs ». Le photographe doit « enregistrer de manière tout à fait impersonnelle ».
22. En 1964, Mulas a photographié Stella qui remplit avec application des bandes de peinture séparées par un mince intervalle de toile blanche. « Stella exécutait rigoureusement un projet [...] sans accorder la moindre place à l'improvisation. » C'est, dit-il, une manière de reprendre les gestes de l'ouvrier – celui qui mène des opérations mécaniques, qui répète toute la journée le même geste –, à rebours du poncif de la libre activité artistique. *Ibid.*, p. 60.
23. *Ibid.*, p. 61.
24. *Ibid.*, p. 51.

phie, l'opération mentale devait être libérée, décrochée (*sganciata*) du processus mécanique, optique et chimique, qui définit l'enregistrement et qui doit être respecté. Il se référait donc à l'exemple du ready-made, en introduisant toutefois une différence : « Le choix ne porte évidemment pas seulement sur l'objet, ou même sur l'espace, mais sur le temps, la lumière, l'angle, le point de vue[25]. » Cette référence l'apparente aux artistes dits conceptuels – bien qu'il ne parle pas de concept – qui ont cherché à élargir l'écart duchampien entre la décision et le faire artistiques. De même, en opposant la sobriété du style documentaire aux surcharges symboliques de la photographie d'art, il retrouvait à sa façon la distinction faite par Duchamp entre décision artistique et appropriation esthétique.

Mulas se méfiait de la spontanéité qui se dégrade en effets de genre. Bien qu'il ait admiré Cartier-Bresson, il lui reprochait d'avoir cédé à la saynète et au « *bozzettismo* » (d'après *bozzetto*, l'esquisse)[26]. Il pensait que le réglage des formes nécessite un calcul et une froideur d'exécution. Toutefois, il s'intéressait trop au jeu et à l'improvisation pour se satisfaire de formes programmées[27]. L'improvisation n'est pas un réglage, elle appelle un engagement personnel dans l'activité individuelle ou collective. L'élément du temps est déterminant. L'activité du photographe se déroule dans un milieu temporel qui contredit à la fois le statisme de l'objet et la fixité de l'image enregistrée. Cette contradiction, qui a conduit quelques photographes, tel Robert Frank, à se consacrer au cinéma, Mulas en était conscient ; on peut même avancer qu'elle l'obsédait. C'est pourquoi il a préféré s'en tenir à la discontinuité de la prise de vue qui oblige le photographe à *se placer* et se replacer constamment parmi les choses, en interrompant le flux des événements.

Une clé de son attitude est la condamnation de la violence exercée sur le spectateur par le naturalisme du cinéma commercial[28]. Comme d'autres artistes de sa génération, il pensait que la négation de la transparence réifiée et spectaculaire était la condition d'un engagement lucide de l'artiste dans les processus de la vie privée (intime) et publique. Le titre de l'exposition *Vitalità del negativo* en 1970-1971 résume cette attitude. La troisième *Verificha* intitulée « Il tempo fotografico » reprend une planche contact consacrée à l'intervention de Kounellis dans cette exposition, où la même vue lointaine d'un pianiste semble se répéter trente-six fois. Mulas commente :

> Le temps acquiert alors une dimension abstraite ; dans la photographie il ne s'écoule pas naturellement, comme c'est le cas au cinéma ou dans la littérature : sur la même planche, au même instant coexistent des temps

25. *Ibid.*, p. 34.
26. *Ibid.*, p. 18.
27. Mulas s'est toutefois intéressé à l'idée d'« art programmé ». Cette notion avait été forgée par Umberto Eco en 1962 – après la parution de *Opera aperta* – à l'occasion d'une exposition d'art cinétique organisée par Bruno Munari au Centre Olivetti de Milan en septembre. Les œuvres de l'art programmé étaient censées stimuler l'activité perceptive du regardeur-visiteur.
28. *Ibid.*, p. 20-21.

> différents, indépendants de l'expérience vécue. Quand il s'agit de faire surgir la dimension du temps photographique, l'immobilité et l'image obsessionnellement répétée sont plus efficaces que n'importe quel mouvement en acte[29].

Mulas pensait que l'abstraction du temps photographique est la condition d'un regard distancié, opposé à la fausse continuité des automatismes naturalistes[30].

Après la parution du livre sur la scène artistique new-yorkaise en 1967, il n'a pas voulu suivre le défilé des postures d'avant-garde, « minimal », « conceptuel », « land art », etc. Il se défiait des programmes et des labels ; il n'était pas « photographe d'art ». 1967 fut en Italie l'année des premières révoltes étudiantes. Les formes subversives des néo-avant-gardes prenaient une nouvelle résonance culturelle. Mulas n'a participé directement à aucun groupe politique. Mais il s'intéressait au théâtre et à l'action des collectifs artistiques. Il ne pouvait se satisfaire d'un rôle de témoin de l'art international, il est devenu acteur dans son pays. En 1969, il organisa *Campo urbano* à Côme, avec Luciano Caramel et Bruno Munari. Plus qu'une exposition, il s'agissait d'un ensemble d'interventions dans la ville, sur le mode du happening ou du théâtre de rue.

Mulas s'est toujours intéressé à la culture urbaine et à l'art public. En 1962, il avait photographié l'exposition de sculptures de Spoleto. Il s'était lié d'amitié avec Calder, au point de réaliser pour lui et avec lui le merveilleux album de 1971[31]. Il travailla également avec Fausto Melotti et s'intéressa à l'œuvre de David Smith. Ces trois artistes présentaient au moins un point commun : ils avaient cassé le bloc, ils creusaient la forme, l'étiraient, l'allégeaient, la mettaient en suspens. Calder pouvait construire des pièces monumentales, mais il jouait avec l'air ; il fabriquait de ses mains et animait les petites figures du *Cirque*. Depuis 1962, Mulas avait mesuré les limites d'une culture de la cité fondée sur la permanence monumentale. En 1970, un autre sculpteur, avec lequel il était très lié, Arnaldo Pomodoro – à qui est dédiée l'une des *Verifiche* –, est intervenu dans la ville de Pesaro. Mulas remarque que ses sculptures s'inséraient dans l'espace public « *con naturalezza* ». Mais il ajoute :

> La colonne est un élément figuratif, et elle s'insère facilement dans un contexte urbain, même si Arnaldo s'en sert pour tenir un discours critique sur la monumentalité en soi : il me semble que le titre qu'il donne à ces colonnes brisées, « écroulement » [*movimento di crollo*], signifie la fin d'un monde, d'une civilisation du monumental[32].

29. *La fotografia*, *op. cit.*, p. 152.
30. Mulas s'est familiarisé avec la méthode de distanciation (*straniamento*) brechtienne en travaillant avec Strehler pour le Piccolo Teatro.
31. Ugo Mulas et Hjöwardus Harvard Arnason, *Calder*, New York, The Viking Press, 1971.
32. *La fotografia*, *op. cit.*, p. 80.

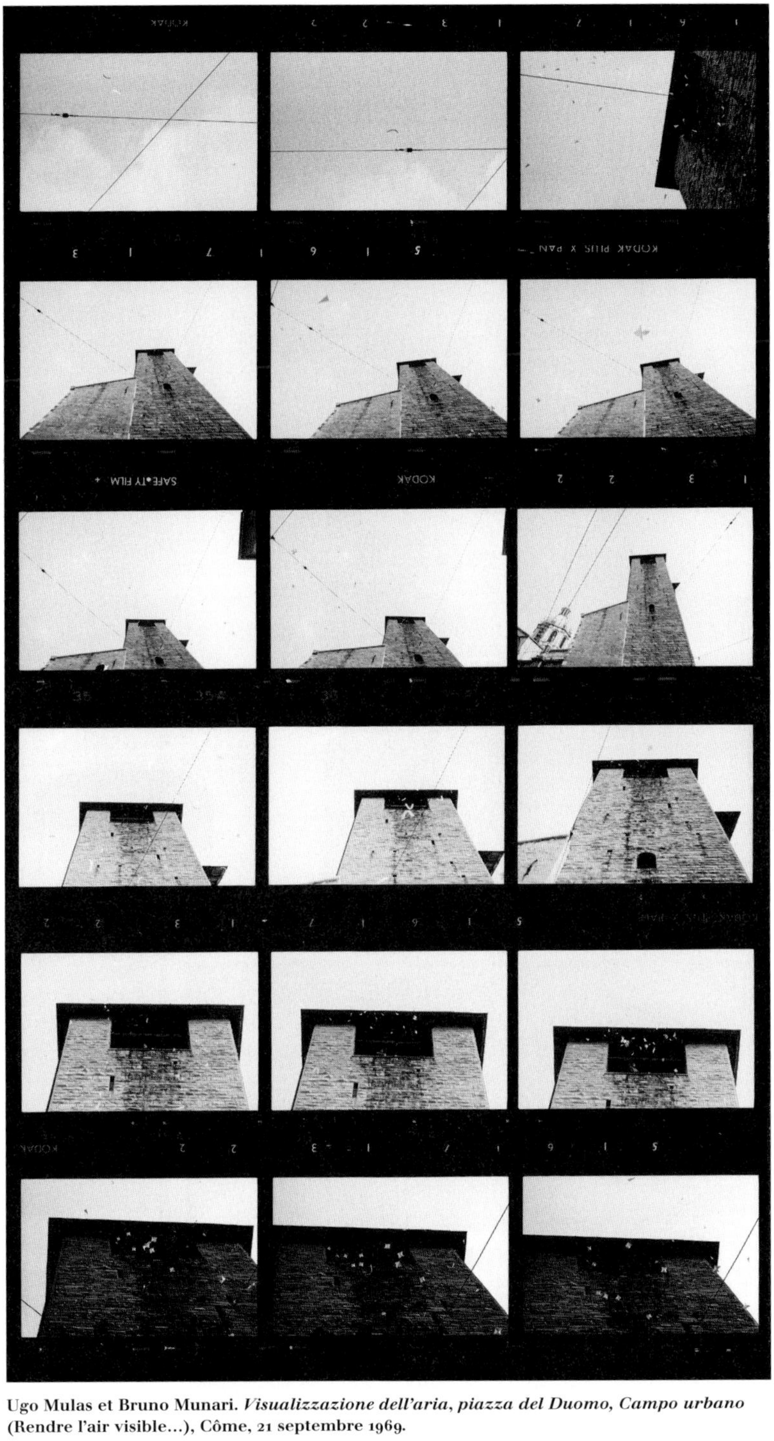

Ugo Mulas et Bruno Munari. *Visualizzazione dell'aria, piazza del Duomo, Campo urbano* (Rendre l'air visible...), Côme, 21 septembre 1969.

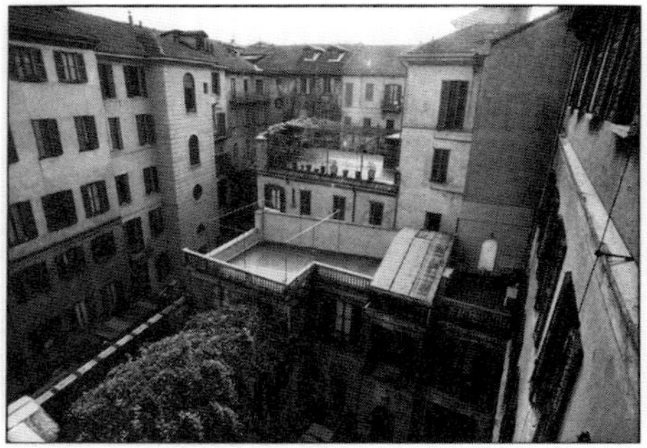

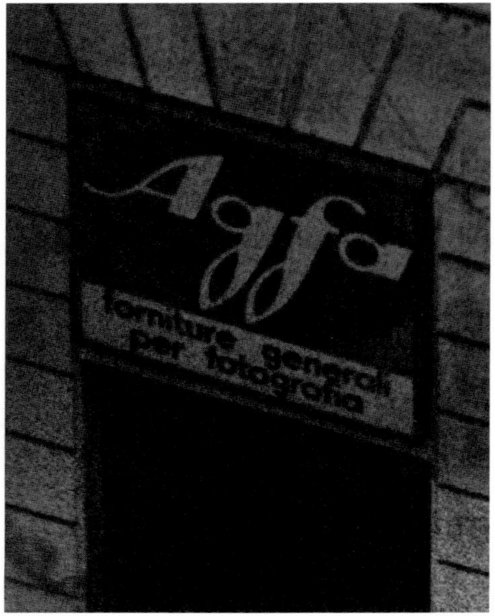

Ugo Mulas. *Verifiche 6 : L'ingrandimento. Dalla mia finestra ricordando la finestra di Gras* (L'agrandissement. De ma fenêtre, en souvenir de la fenêtre de Gras), 1972.

Mulas a travaillé lui-même dans cette tension entre une tradition monumentale, centrée sur *le génie du lieu*, et de nouvelles formes d'intervention urbaine, inspirées du théâtre nomade, qui mettent plutôt en relief *le mouvement dans* l'*espace*.

Son expérience de photographe le distingue toutefois des artistes dits « plasticiens ». Le champ urbain, pour lui, c'est d'abord une ville, Milan, où il a habité, qu'il a parcourue à pied dans toutes les directions, centre et périphérie. C'est un espace scénique divisé et démultiplié. Mulas considérait que l'artiste devait se constituer un *territoire*[33]. Il n'aimait pas les voyages exotiques, ni la photogénie spectaculaire des magazines illustrés. Pour lui, la définition de l'image tient d'abord au cadre de la prise de vue, analogue à une fenêtre et à la découpe de l'espace scénique. Mulas prend en compte une tradition picturale partagée entre description et mise en scène ; il pense à la fenêtre du domaine du Gras, le premier motif d'après nature de Niépce. Mais il est *réaliste*, au sens où il s'intéresse à la *réalité de l'image* : son hommage à Niépce, qui ouvre les *Verifiche*, est une planche de trente-six négatifs vierges, car la réalité de l'image réside d'abord dans le support de l'enregistrement. La référence à la vue de Gras intervient plus tard, dans la sixième *Verificha*, consacrée à l'agrandissement. Mulas rejoue alors une sorte de scène primitive de la photographie, en prenant depuis sa fenêtre une vue de la cour en contrebas. Mais la séquence des trois images aboutit à une vérification plutôt négative : l'agrandissement révèle une enseigne Agfa au fond de la cour ; la photographie est devenue une production commerciale, « une forme d'abus de pouvoir et de pseudo-information » ; l'intention de Niépce a été trahie. En somme, le territoire du photographe est cadré, délimité par l'efficacité et la fragilité historiques du procédé d'enregistrement.

Le territoire du photographe est un théâtre de l'image, qui évolue dans l'élément du temps et s'élargit au champ urbain. Mulas aimait la dimension cérémonielle du théâtre et de l'opéra, alors qu'il se méfiait de l'emprise hypnotique du cinéma. Parce qu'elle est fondée sur une cérémonie du comportement, l'action dramatique permet d'analyser et de réassembler les composantes verbales et gestuelles de la communication. Sur la scène, le corps n'est pas représenté (figuré), il apparaît, il se meut et il agit : il est interprète plus qu'interprété. Il apparaît en outre dans un décor, constitué d'objets, de simulacres, d'images tridimensionnelles. Enfin, la structure même du spectacle théâtral, qui fait coexister dans un même espace-temps acteurs et public, permet – à la différence du cinéma – de déplacer la scène dans la salle. Mulas a documenté les mises en scène de Strehler au Piccolo Teatro, qui respectaient la coupure opérée par la rampe. Il s'est intéressé aussi à

33. Entretien avec A. C. Quintavalle, *op. cit.*, p. 82.

une conception plus mobile de la scène. Il appréciait les décors du sculpteur Mario Ceroli, qui avait travaillé notamment avec Luca Ronconi sur le *Richard III* de 1968[34]. Enfin, en 1969, il eut l'occasion de travailler à deux reprises avec Virginio Puecher (1927-1990). Pour le décor de *Woyzeck* – l'opéra d'Alban Berg –, il agrandit des images des faubourgs de Milan, faites pour la plupart dans les années 1963, 1965 et 1967. L'ensemble, rapporté à l'intrigue de Büchner, constitue une extraordinaire interprétation dramatique – dans tous les sens du terme – d'un territoire géographique et imaginaire.

L'image la plus célèbre – qui n'a pas été retenue pour le décor – représente le dortoir d'un foyer d'accueil dans la banlieue de Milan[35]. Les lits vides en métal, uniformément préparés, sont alignés sur deux rangées, à intervalle régulier, dans une longue galerie aux fenêtres closes sans rideaux, éclairée par des tubes au néon. Mulas tenait beaucoup à cette image, pour lui exemplaire. Dans *La fotografia*, alors qu'il est malade, alité et confronté à la fin de son existence, il parle de son projet d'une archive de Milan, mais d'une Milan inconnue, invisible :

> Je voudrais tout photographier mais sans les gens. Ce qui nous frappe le plus quand nous pénétrons dans un lieu, c'est le fait qu'il est habité, la présence de gens. J'aimerais au contraire qu'il n'y ait personne, que le protagoniste en soit cette structure portante que nous appelons la ville, une structure désarticulée, qui porte une foule anonyme, une foule qui se renouvelle chaque jour, qui passe, chaque jour vouée à passer[36].

Cette ville dépeuplée est une ville hantée, livrée tout entière à l'action destructrice et révélatrice du temps. Mulas souhaitait reprendre l'enquête inaugurée dans ses premières images d'inspiration néoréaliste et actualisée par la mise en scène de *Woyzeck*.

En 1967, Puecher avait mis en scène *L'istruttoria* (*Die Ermittlung*, *L'Instruction*) de Peter Weiss, où d'immenses portraits vidéo des protagonistes étaient projetés en fond de scène. La vue clinique du dortoir, avec sa clarté hallucinante, peut évoquer une situation similaire d'aliénation et de terreur. Pendant la guerre, Puecher avait été déporté à Mauthausen, et il retrouvait ou projetait cette expérience dans l'intrigue de *Woyzeck*, comme dans celle de *L'Instruction*, qui traite du Procès d'Auschwitz de 1964. Les vues prises par Mulas dans la banlieue de Milan sont les images flottantes

34. Selon Mulas, Ceroli est l'artiste qui a le plus apporté au théâtre, et son usage exclusif du bois brut, matériau pauvre par excellence, lui paraît particulièrement intéressant (*ibid.*, p. 75). Sur les décors et accessoires conçus par Ceroli pour *Richard III*, voir Franco Quadri, *Ronconi*, trad. Ornella Volta, Paris, 10/18, 1974, p. 91-99. Le même auteur signale (p. 161-162) un projet, non réalisé (trop cher), de scènes simultanées conçu par Ronconi et Ceroli, pendant l'été 1968, pour le *Orlando Furioso*.

35. Dans *La fotografia*, où elle ouvre la séquence « Un archivio per Milano » (p. 85), cette photographie est datée par erreur de 1954. Comme cela apparaît dans l'entretien de 1973 avec Quintavalle (*op. cit.*, p. 42), Mulas l'a faite pour la mise en scène de Woyzeck.

36. *La fotografia, op. cit.*, p. 83.

d'un temps mêlé, crépusculaire, terre et cendres, où description et réminiscence se chevauchent.

> Il paraissait évident de chercher les images qui devaient être projetées comme élément déterminant de la scénographie dans ces limbes où la ville s'achève et où la campagne n'a pas encore commencé : du côté des centrales électriques, des décharges, des chantiers de la périphérie, des canaux qui ont été des voies de communication et sont devenus des égouts[37].

Un autre travail de la mémoire, une autre dramatisation ont remplacé le regard du témoin qui parcourait les scènes de l'art contemporain. La clarté bascule, l'ombre envahit le territoire. En dialoguant avec Puecher, Mulas a retrouvé les chemins, les vues et les obstacles d'un paysage en périphérie, dont il s'était détourné, auquel il est retourné, comme on se retrouve parfois dans les lieux oubliés de son enfance. Tel le territoire du *Stalker* dans le film d'Andreï Tarkovski, l'élément du temps est la zone d'un interminable mystère.

37. *Ibid.*, p. 84.

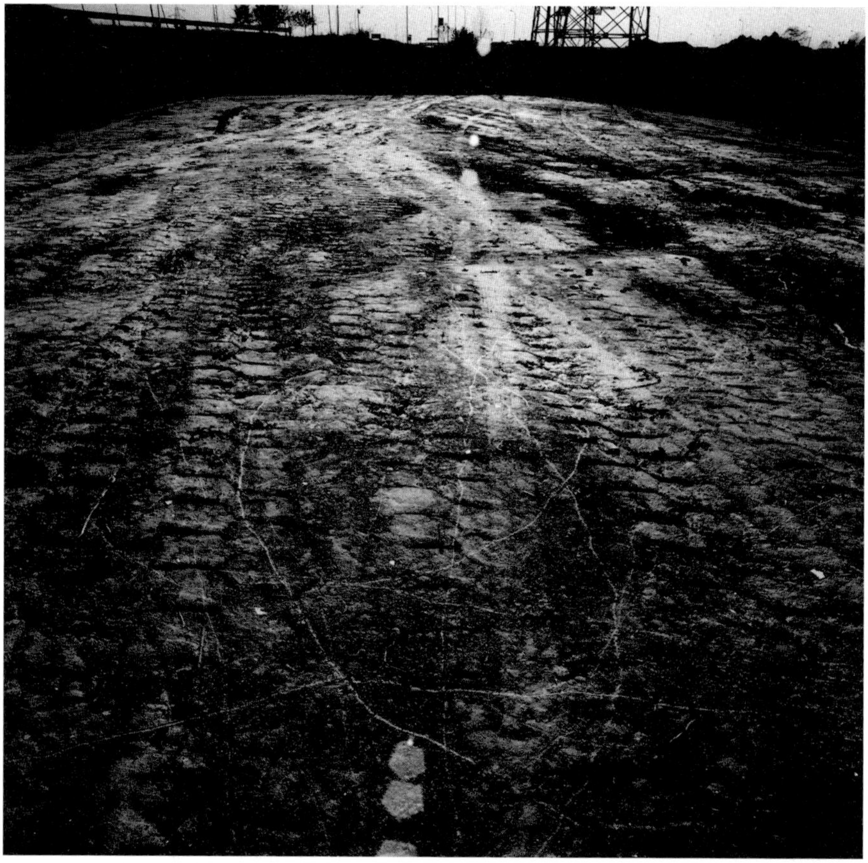

Ugo Mulas. Milan, 1963-1967. Photographie utilisée pour le décor de *Woyzeck*, 1969.

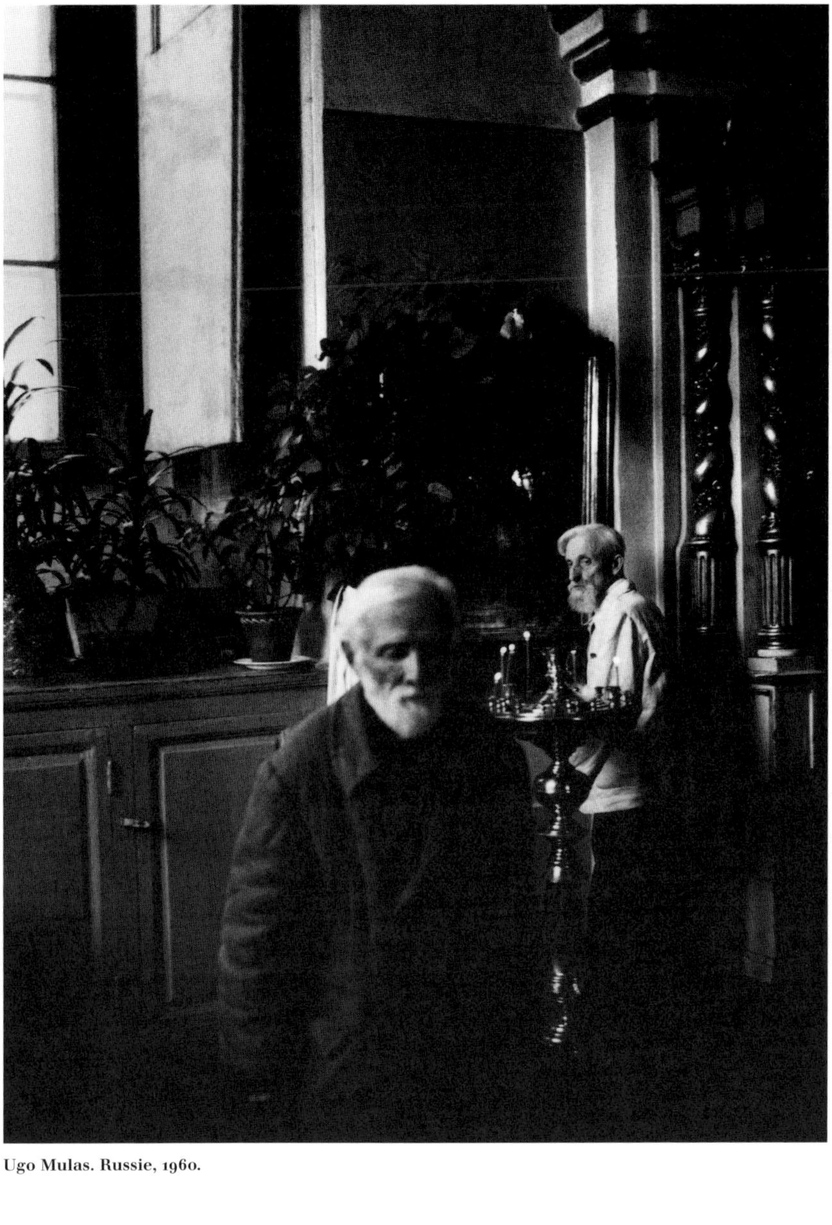

Ugo Mulas. Russie, 1960.

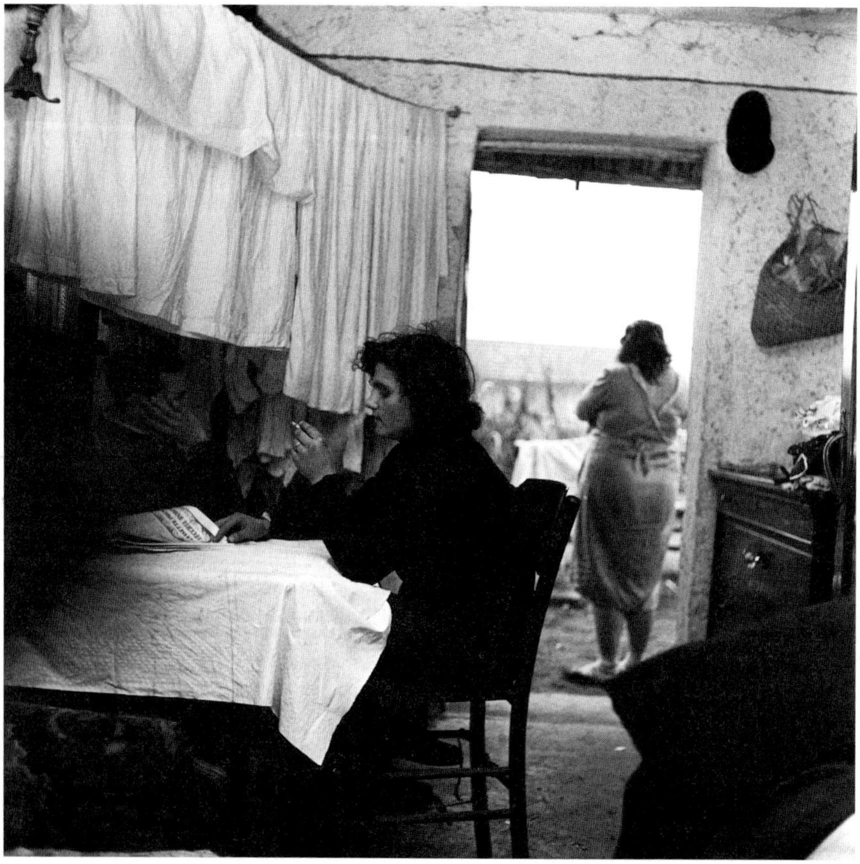

Ugo Mulas. Milan, 1953.

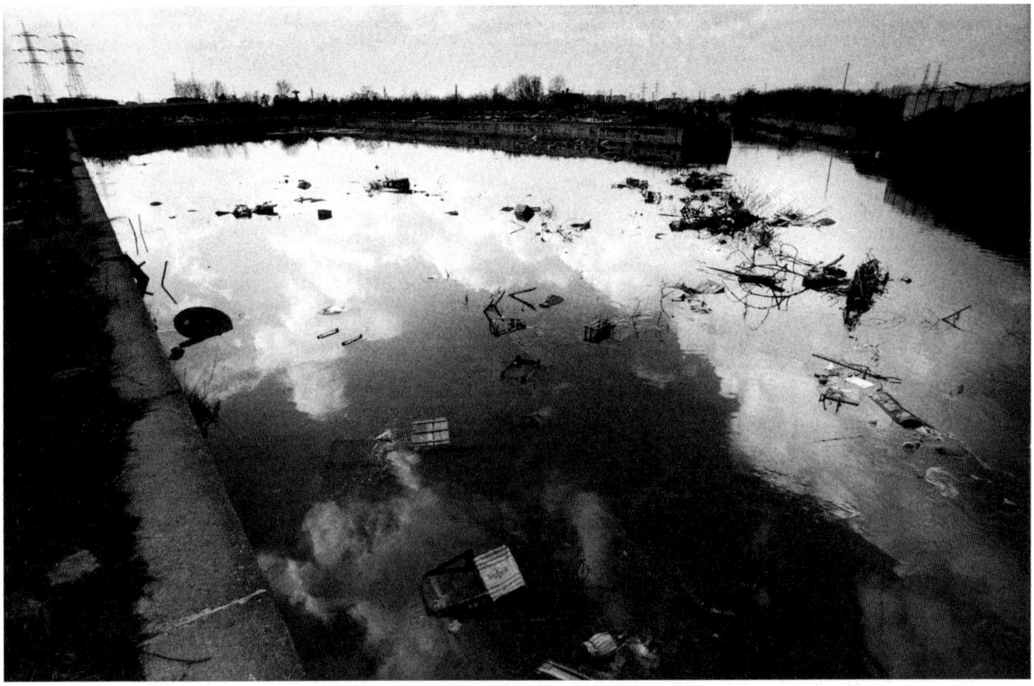

Ugo Mulas. Milan, 1963-1967. Photographie utilisée pour le décor de *Woyzeck*, 1969.

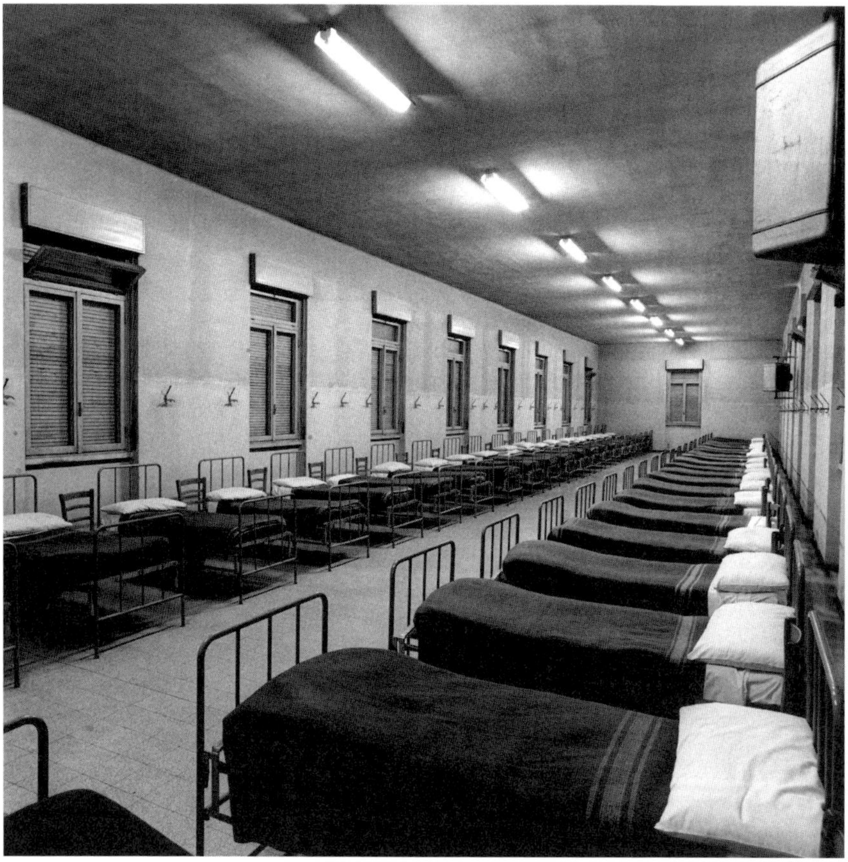

Ugo Mulas. Milan, 1965-1967.

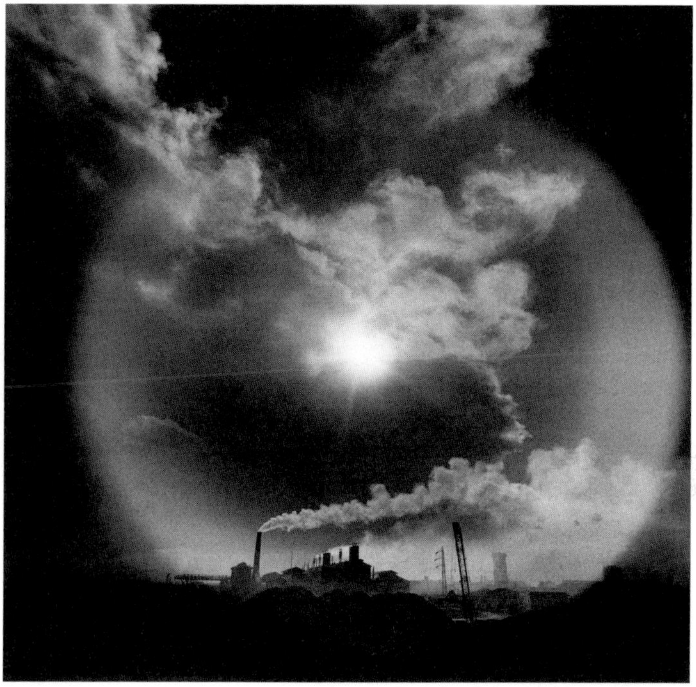

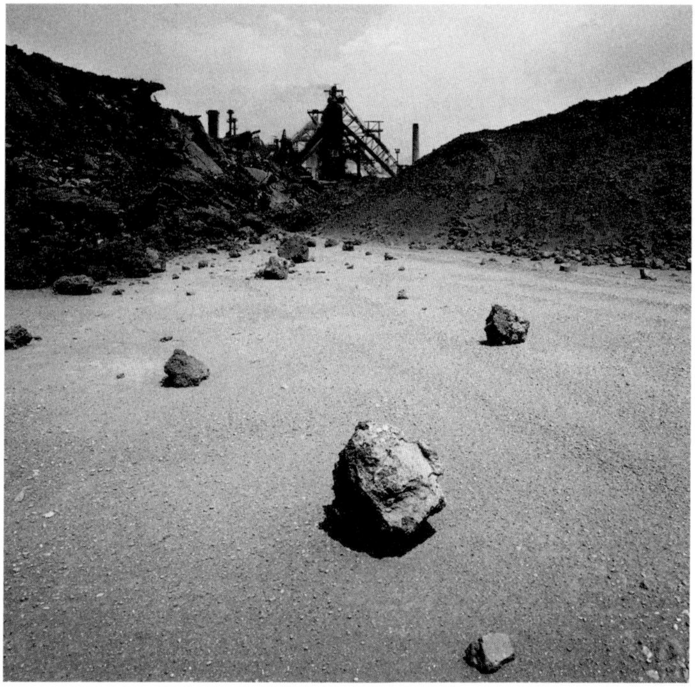

Ugo Mulas. Milan, 1963-1967. Photographies utilisées pour le décor de *Woyzeck*, 1969.

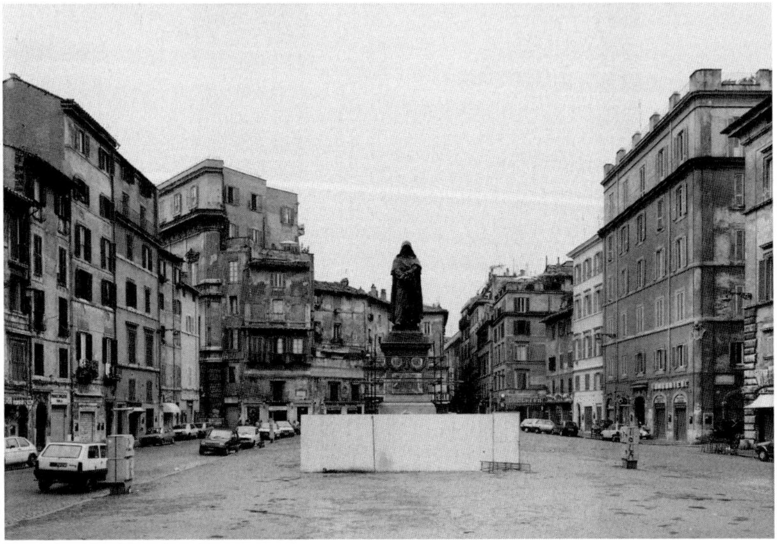

Thomas Struth. *Campo dei Fiori*, Rome, 1988.
Tirage argentique noir et blanc, 42 x 57 cm.

L'image-objet et le modèle de la nature (les années 1980)

En mai 1978, l'historien d'art, Giulio Carlo Argan, maire de Rome, inaugurait l'exposition *Roma interrotta* (Rome interrompue)[1]. « Il est plus facile, disait-il, de projeter la ville du futur que celle du passé. Rome est une ville interrompue parce qu'on a cessé de l'imaginer et qu'on a commencé à (mal) la projeter. » Le texte, bref et synthétique, évoque le paysage urbain imaginé par les architectes baroques selon les données naturelles, accidentées, du site : « Rome a toujours été un composé d'épique et d'idyllique, avec une matrice chtonienne toujours vivante dans les lacs volcaniques des Châteaux et des escarpements surgis sur la campagne comme des bastions. » Selon Argan, un modèle de mesure et de juste équilibre entre ville et campagne est figuré dans la fresque du Bon Gouvernement peinte par Ambrogio Lorenzetti au quatorzième siècle pour le Palais communal de Sienne : « La nature-campagne étendait ses horizons doucement incurvés ; la ville-architecture érigeait la géométrie cristalline de ses édifices. » Argan déroule ensuite une évolution qui a mené à la catastrophe contemporaine. À défaut d'un bon gouvernement, Rome n'a pu souscrire au modèle figuré par Lorenzetti : le rapport ville/campagne s'est « embrouillé » ; mais Rome est « la ville de la providence, qui démêle les imbroglios… », et cela a fonctionné jusqu'aux Lumières. L'utopie aurait

Une première version de ce texte a paru en anglais dans *The 80's: A Topology*, cat., éd. Ulrich Loock, Porto, Fundaçao Serralves, 2006. La version actuelle inclut des extraits de deux autres textes : « Tenir la distance », conférence au centre d'art Witte de With le 29 septembre 1990, publiée en anglais dans *The Lectures 1990*, Rotterdam, Witte de With, 1991 ; « Modèle et type chez Jeff Wall », conférence à la Fundaçao Serralves le 11 novembre 2006, donnée à l'occasion de l'exposition *The 80's: A Topology*.

1. G. C. Argan, « Rome interrompue », dans *L'Histoire de l'art et la ville* (*Storia dell'arte comme storia della città*, 1983), trad. Claire Fargeot, Paris, Les Éditions de la Passion, 1995, p. 160-161. L'exposition *Roma interrotta* était une consultation auprès de douze architectes-théoriciens, à qui il avait été demandé de faire œuvre d'imagination, hors projet, en s'inspirant d'un plan de Rome du dix-septième siècle.

pu alors remplacer la providence. « Mais l'utopie n'a jamais pris pied à Rome, encore moins qu'à Las Vegas[2]. »

La position énoncée par Argan a reçu de nombreux échos dans les débats sur le postmodernisme architectural. Mais l'idée que le travail de la ville a été interrompu et qu'il faut le reprendre en mobilisant l'imagination – et en écartant le projet – pouvait être extrapolée à d'autres domaines. Les années 1980 furent marquées par toutes sortes de mouvements de « retour » : retour à la ville, à la peinture, au « sujet » (en philosophie), à « l'acteur » (dans les sciences sociales)[3]. Ces retours, énoncés sur le mode du « néo », prirent souvent l'allure de mouvements proprement réactionnaires, lestés d'une bonne dose d'opportunisme. Le néo-éclectisme prôné par Charles Jencks pour l'architecture trouva un équivalent dans le néo-expressionnisme pictural. Les marchands et les collectionneurs frustrés par l'art conceptuel se précipitèrent sur les jeunes prodiges de la nouvelle peinture[4].

L'imagination, à laquelle faisait appel Argan, est un stimulant pour des processus d'invention ou d'adaptation apparentés au bricolage. En laïc convaincu, Argan mentionnait avec une désinvolture rhétorique les effets salutaires de la providence, mais son ironie visait surtout le culte des Lumières (« nos vénérés Pères des Lumières »). Toute discussion sur l'art et l'architecture des années 1980 renvoie à la question de l'héritage des Lumières, dans le contexte du néolibéralisme, et aux avatars d'un principe de rationalité compensés par les mécanismes de l'imaginaire[5]. On savait déjà que l'imagination, l'imaginaire, l'image procèdent d'activités qui répondent à des « intérêts » subjectifs mais aussi à des conditionnements culturels. Selon le célèbre slogan de Mai 68, « L'imagination au pouvoir », ce qui avait été défini par la philosophie comme une faculté (susceptible d'expressions pathologiques) pouvait apparaître comme une alternative au projet rationnel et technocratique. Le fait même que l'imagination fût associée au pouvoir est parlant.

En outre, depuis l'avènement du pop art, la grande affaire de la culture artistique était la *valeur image*, distincte de ce que Roland Barthes avait

2. Cette comparaison de Rome avec Las Vegas renvoie au livre de Robert Venturi et Denise Scott Brown, *Learning from Las Vegas* (1972, 1977) qui faisait de la ville du jeu un modèle d'urbanisme « inclusif » et sans complexe, ainsi qu'à la vision de la Rome impériale comme *bricolage* donnée par Colin Rowe dans *Collage City* (1975, 1978). Venturi et Rowe participèrent l'un et l'autre à *Roma interrotta*.

3. La question du retour au sujet a été beaucoup débattue à propos des derniers travaux de Michel Foucault sur le « souci de soi » dans l'Antiquité. La notion de sujet avait été expulsée de la philosophie par le structuralisme et la critique de l'humanisme. Louis Althusser parlait du « procès sans sujet » de l'histoire. Le retour de (plutôt qu'à) l'acteur en sociologie a été énoncé par Alain Touraine.

4. Le succès immédiat, en février 1979, de la première exposition de Julian Schnabel, jeune peintre inconnu de vingt-neuf ans, dans la nouvelle galerie de Mary Boone à Soho (New York), est souvent présenté comme un événement inaugural de la période.

5. C'est dans cette perspective historique que les analyses de Foucault sur la *discipline* (*Surveiller et punir*, 1975) puis sur le *biopouvoir* (à partir de 1976) avaient pu rencontrer les thèses de l'École de Francfort et la critique de la rationalité instrumentale menée par Jürgen Habermas.

appelé, à propos de l'écriture depuis Flaubert, *valeur travail*[6]. Le soi-disant retour à la peinture figurative participa de cet empire de l'image qui avait remplacé la référence à la nature. En adoptant le procédé de report sérigraphique sur toile d'images photographiques, Warhol avait introduit la *reproduction* – non plus reproduction de la nature, mais reproduction d'images – dans la production du tableau comme image-objet. Ce déplacement était cohérent puisqu'on ne peut reproduire, à proprement parler, que des images ou, du moins, des choses réduites à leur stricte apparence de surface. L'exhibition d'une gestualité retrouvée chez les peintres dits néo-expressionnistes fut une réaction à l'emprise de ce modèle de la reproduction mécanique, qui avait déjà effrayé les artistes du dix-neuvième siècle. En prétendant vouloir être une machine, Warhol avait signalé le point d'achoppement de la tradition des beaux-arts confrontée au procédé industriel : s'il cherchait à relever le défi de l'exactitude photographique, chaque artiste risquait en effet de réduire son travail au rôle mécanique d'un « opérateur », auxiliaire de la machine.

Quel qu'il fût, tableau, sculpture (taillée, modelée, assemblée), ou « objet spécifique » (Donald Judd), l'objet d'art était image. À rebours des distinctions établies par la tradition des beaux-arts – et des débats sur les mérites comparés de la peinture et de la sculpture –, on était revenu à une définition extrêmement compréhensive de l'image, analogue à celle qui avait suscité jadis des débats religieux. En distinguant l'objet « spécifique » de l'alternative peinture/sculpture, Judd avait pris une option sur l'évolution de la plastique post-pop[7]. Son panorama intègre Rauschenberg et Oldenburg (en ignorant Duchamp et Warhol)[8]. Quand il parle d'image, il pense à la formation de la *Gestalt* plus qu'à une imagerie. Chez Oldenburg et Lee Bontecou, il décèle l'unité (*singleness*) de l'image plastique : « Chaque relief de Bontecou est une image. L'image, la totalité des parties et la forme qui la composent sont coextensives[9] ». Mais, dans les années 1980, Judd s'érigea en procureur d'un monde de l'art corrompu par l'activisme culturel et commercial, après avoir lui-même alimenté le marché d'une production complaisante de pièces standardisées.

6. Barthes parlait de « valeur-travail » dans *Le Degré zéro de l'écriture* (1953) à propos de l'artisanat de l'écriture que l'idéologie française de la littérature avait opposé à l'inspiration du génie.

7. Donald Judd, « Specific Objects » (*Arts Yearbook*, n° 8, New York, 1965), trad. Claude Gintz, dans *Regards sur l'art américain des années 1960*, éd. Cl. Gintz, Paris, Éditions Territoires, 1979, p. 65-72.

8. Au cours d'un entretien en 1989, Judd a déclaré, logiquement, son allégeance à la position « moderniste », anti-duchampienne et anti-pop, de Clement Greenberg et de son disciple Michael Fried (qui s'était opposé, à la fin des années 1960, à la tendance « théâtrale » de l'art dit minimaliste). Après avoir récusé l'idée même de minimalisme (« Ce qu'on appelle Minimalisme n'a jamais existé, ce n'était pas un groupe. Mon travail existait déjà quand j'ai rencontré Robert Morris qui est selon moi un très mauvais artiste. »), Judd situe ses affinités du côté de la recherche de la *singleness* chez Louis et Noland, défendus par Greenberg et Fried (« A Small Kind of Order: Donald Judd interviewed by David Batchelor », *Artscribe International*, n° 78 : « View on the Eighties », novembre-décembre 1989, p. 67).

9. *Ibid.*, p. 71.

Depuis que Warhol avait associé le culte de l'image à la visibilité médiatique, le ready-made était devenu le prototype de l'*objet-image* décliné en séries. Le dialogue entre Beuys et Warhol orchestré au début des années 1980 rapprocha l'archétype et le prototype, c'est-à-dire deux définitions du « mythe » : récit d'origine actualisé dans un rituel, ou poncif médiatique accordé à une économie de production en série. La proximité ambiguë de ces deux registres n'avait jamais été aussi prononcée[10]. Les effets différentiels de la singularité ou de l'événement se situaient désormais dans l'écart entre deux modes de répétition : la répétition comme retour et actualisation d'un contenu archaïque, ou la répétition-reproduction. Les peintres de la trans-avant-garde exploitèrent cette ambiguïté dans leurs pastiches de motifs caractéristiques des avant-gardes historiques.

À la fin des années 1970, avant que l'idée du retour de la figure n'ait commencé de produire ses ravages et que Jeff Koons n'ait été sacré idole du néo-pop, l'image était ouverte à des attentes contradictoires. D'un côté, elle apparaissait comme un *fait* visuel reproductible, ou comme un élément d'assemblage parmi d'autres. Les artistes, apparus à la fin des années 1970, qui furent regroupés par la galerie new-yorkaise Metro Pictures, privilégièrent l'appropriation et le montage (distinct du collage), car ces procédés leur permettaient de s'inscrire dans la continuité du pop et du conceptuel, à distance de la peinture. On peut qualifier cette tendance de sémiologico-pop. À grands renforts de références à Barthes (« la mort de l'auteur »), Foucault (« la fonction auteur »), ainsi qu'à Benjamin (« l'auteur comme producteur »), elle fut présentée comme une alternative critique à l'idéologie de l'art fondée sur l'autorité d'un sujet souverain et, en écho aux *Mythologies* de Roland Barthes, comme une application artistique d'une sémiologie antinaturaliste des représentations sociales. Le montage était donc le complément de l'appropriation[11].

D'un autre côté, la norme de la photographie directe (*straight*), qui s'était accomplie dans la *street photography*, se perpétuait, en intégrant de manière homéopathique, dans les revues et les institutions spécialisées, quelques emprunts à une sorte de contre-tradition soigneusement stérilisée[12].

* * *

10. Baudelaire avait déjà pointé le passage de l'un à l'autre en redéfinissant le génie romantique comme la capacité de produire un poncif. On peut lire parmi les notes de *Fusées* : « Créer un poncif, c'est le génie. Je dois créer un poncif. » (*Œuvres complètes*, t. I, éd. Claude Pichois, Paris, Gallimard, « Bibliothèque de la Pléiade », 1975, p. 662.)

11. Il faut rappeler que le montage, tel qu'il fut pratiqué en Europe dans l'entre-deux-guerres, par les surréalistes comme par les constructivistes, n'avait pas connu le même développement dans la culture américaine, où il fut réduit à la pratique de l'*editing* et à la construction de séquences d'images (le meilleur exemple, dans ce registre, étant le livre de Walker Evans, *American Photographs*, 1938). Les deux domaines d'application principaux du montage, le cinéma et l'activisme politique, intéressèrent donc tardivement les artistes américains issus du pop et du conceptuel, en particulier à travers l'impact des films de Godard.

12. L'exposition de John Szarkowski, *Mirrors and Windows*, présentée au MoMA en 1977, est un

Au milieu des années 1980, il m'est apparu que le partage qui s'était instauré dans les années 1960, entre photographes et artistes utilisant la photographie, devait être surmonté[13]. La reproduction pratiquée par les artistes de l'appropriation présentait l'inconvénient de privilégier la référence à une antinature (ou seconde nature) médiatique, où je voyais une interprétation réductrice de la culture urbaine. La référence à la nature, grâce à laquelle la tradition de la mimésis s'était perpétuée et renouvelée, me paraissait plus actuelle que ne le laissait imaginer l'évolution de l'art post-pop. Dans les années 1850, en France, une *exigence de réalisme* avait soutenu et stimulé la première réception positive de la photographie. Pour le critique Francis Wey, ami de Courbet, la photographie devait introduire dans l'art un nouveau critère de vérité, contre le « système des poncifs ». À mes yeux, cette exigence pouvait être réactivée et actualisée. La question historique du réalisme ne pouvait être réduite à un débat sur la définition, ontologique (selon André Bazin) ou sémiologique, de l'image photographique. Il me paraissait également nécessaire d'essayer de penser en dehors de l'alternative modernisme/postmodernisme, qui sous-tendait les débats sur la légitimité de la référence au médium. J'ai toujours préféré penser *usages*, convaincu que la photographie vaut comme art sur le fond de ses usages hors du champ de l'art.

Mes réserves à l'égard de la tendance néoconceptuelle et sémiologico-pop de la « photographie d'artistes » new-yorkaise ne me conduisaient pas à rejoindre le camp des partisans de la pureté du médium. La tradition de la « photographie créative » qui s'était mise en place au lendemain de la Seconde Guerre mondiale tournait le dos à l'art moderne en ignorant ce qu'il avait introduit de négativité dans une culture héritée du système des beaux-arts. Du côté de l'instantané, je ne voyais qu'un ressassement de formules éculées. Je supportais mal le culte de la spontanéité et de la performance visuelle entretenu par les fanatiques de la *street photography*, et encore moins la compulsion des photographes qui faisaient du monde un terrain de chasse. Cela n'était à mes yeux qu'une variante de l'appropriation

exemple d'inclusion homéopathique d'œuvres de Rauschenberg, Warhol ou Ed Ruscha. Il faut se reporter à l'ouvrage de Beaumont Newhall – qui fut le premier directeur du département de Photographie du MoMA –, *History of Photography*, pour mesurer les limites du canon de la *straight photography*. Cet ouvrage connut cinq éditions, de 1937 – où il accompagnait une exposition au MoMA – jusqu'à 1982. Son efficacité tenait à un double parti pris : pour la photographie comme outil de création – au-delà de l'histoire technique et de l'inventaire des domaines d'application du médium –, et pour une norme de la *straight photography*, qui permettait de présenter les principaux représentants de la création américaine contemporaine, dans les années 1930, comme les héritiers de la photographie moderne européenne, telle qu'elle s'était affirmée notamment en Allemagne. En 1982, l'ouvrage était doublé d'une utile anthologie de textes de référence. Mais les deux volumes apparaissaient trop partiaux, et trop marqués par un intérêt nationaliste, voire régionaliste. Newhall privilégiait Edward Weston, le maître de la côte ouest, autour duquel s'était formé en 1932 le Group f/64.

13. Une formulation extrême de ce partage est apparue en sous-titre d'un article de Nancy Foote, « The Anti-Photographers », dans un numéro spécial d'*Artforum* (septembre 1976) sur la photographie : « Il y a autant de photographes qui se disent artistes que d'artistes qui courent le risque de devenir photographes ».

esthétique pratiquée couramment par le touriste qui fixe le souvenir de ce qu'il est supposé voir. Je m'étais opposé au dogme de «l'instant décisif» prôné par les disciples de Cartier-Bresson, qui s'était lui-même figé dans une posture de maîtrise d'autant plus critiquable qu'il ne cessait d'affirmer la supériorité du dessin. En France, les photographes qui se recommandaient de Walker Evans suivaient plutôt la voie d'un Robert Frank censé représenter une alternative à Cartier-Bresson. Je ne voyais pas non plus de raison d'opposer systématiquement une photographie mise en scène (ou «fabriquée») à la pratique spontanée de l'instantané: il n'y avait rien à gagner à remplacer une recherche compulsive de la spontanéité par un fantasme néopictorialiste de réalisation plastique[14]. La notion de «photographie plasticienne» qui a fini par s'imposer en France pour désigner l'alternative au reportage et à la tradition de la «photographie créative» est une monstruosité conceptuelle.

Quand, au milieu des années 1980, je découvris les tableaux de rue de Jeff Wall, les débuts de Suzanne Lafont et les premiers autoportraits de John Coplans, il me sembla que la situation allait se débloquer. La parution du livre de Thomas Struth, *Unconscious Places*, en 1987, me révéla les prolongements possibles de l'œuvre documentaire de Bernd et Hilla Becher. Walker Evans retrouvait enfin sa place, hors de la rhétorique développée par ses épigones. Il n'était pas difficile d'établir un lien avec Robert Adams, auteur de *Los Angeles Spring* (1986) et *Our Lives and Our Children* (1983)[15]. Enfin, en 1988, au cours de visites d'ateliers à Londres, la découverte des images inédites de Craigie Horsfield me confirma que la convention du tableau pouvait être adaptée simultanément, chez un même photographe, aux genres picturaux et à une pratique informelle de l'instantané.

L'exposition *Une autre objectivité*, que James Lingwood et moi-même avons présentée à Paris, en 1989, se démarquait de l'art d'appropriation. J'indiquais dans le catalogue que toutes les œuvres retenues étaient des images

14. L'idée d'«image fabriquée» s'est largement répandue dans les années 1980 pour regrouper commodément les formes les plus diverses d'une photographie mise en scène, néopictorialiste, privilégiant la fantaisie et la fiction. Aux États-Unis, les rubriques tenues par le critique new-yorkais A. D. Coleman dans le *Village Voice* et dans le supplément du dimanche du *New York Times*, entre 1968 et 1974, posèrent les bases de ce néopictorialisme. Coleman publia en 1979 un recueil de ses chroniques, sous le titre *Light Readings: A Photography Critic's Writings 1968-1978* (New York, Oxford University Press). Dans ce livre, les héros de la photographie fabriquée, opposée au «purisme» de la *straight photography*, sont Leslie Krims, Duane Michals, Jerry Uelsmann et Lucas Samaras. En 1976, Coleman avait exposé son credo dans le numéro d'*Artforum* mentionné ci-dessus, sous le titre, «The Directorial Mode: Notes Toward a Definition» (repris dans *Light Readings*). D'après l'argumentation développée dans cet article, le «directorial mode» pratiqué par des auteurs contemporains comme Leslie Krims se rattache, historiquement, au pictorialisme. Celui-ci fut «le premier mouvement photographique à refuser le diktat du réalisme, comme un impératif moral. Les pictorialistes se sont autorisés à contrôler complètement le mode d'apparition de l'image/objet final, comme celui de l'événement décrit» (p. 255).

15. L'œuvre de Robert Adams était déjà associée à celle de Bernd et Hilla Becher dans l'exposition *New Topographics* présentée à la George Eastman House (Rochester) en 1977. Parmi les autres photographes regroupés dans cette exposition figuraient Lewis Baltz, Frank Gohlke, Stephen Shore.

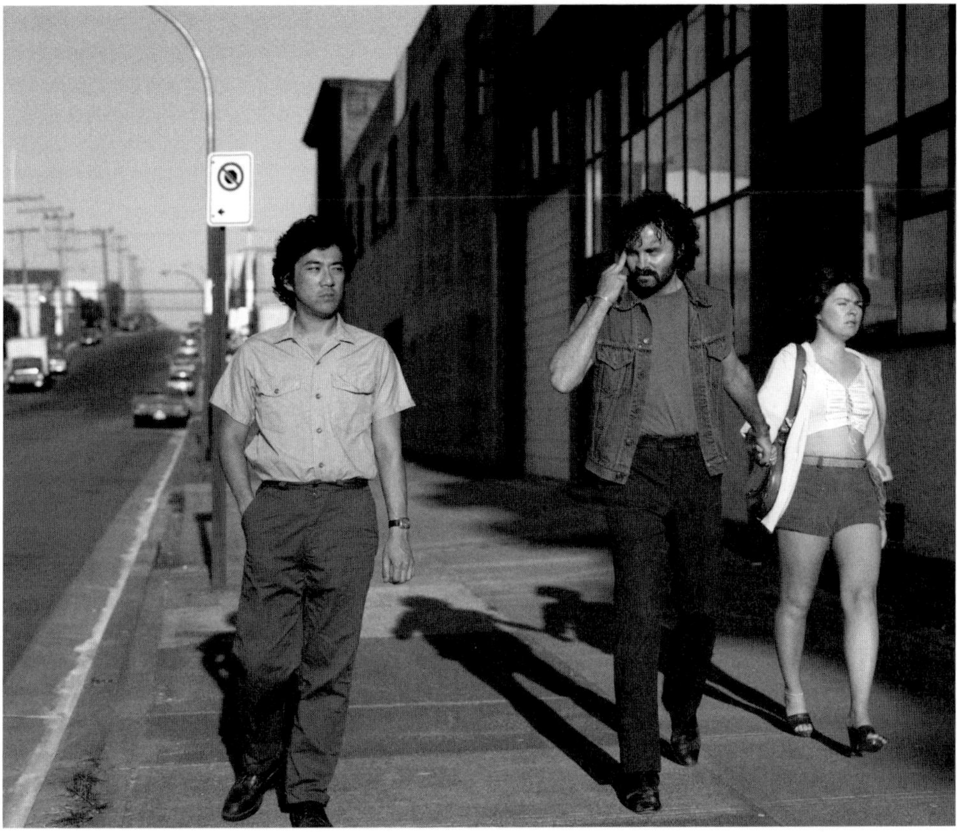

Jeff Wall. *Mimic*, 1982. Ektachrome et caisson lumineux, 198 x 228,5 cm.

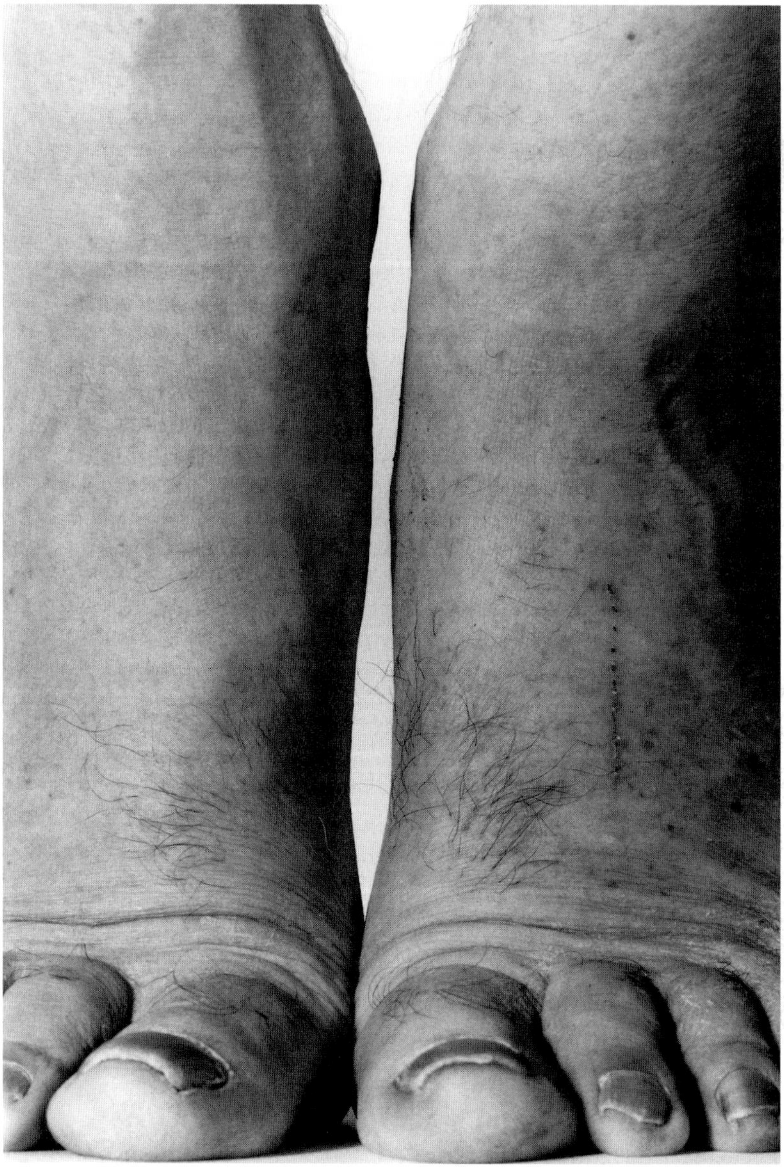

John Coplans. *Feet, Frontal*, 1984. Tirage argentique noir et blanc, 144,8 x 96,5 cm.

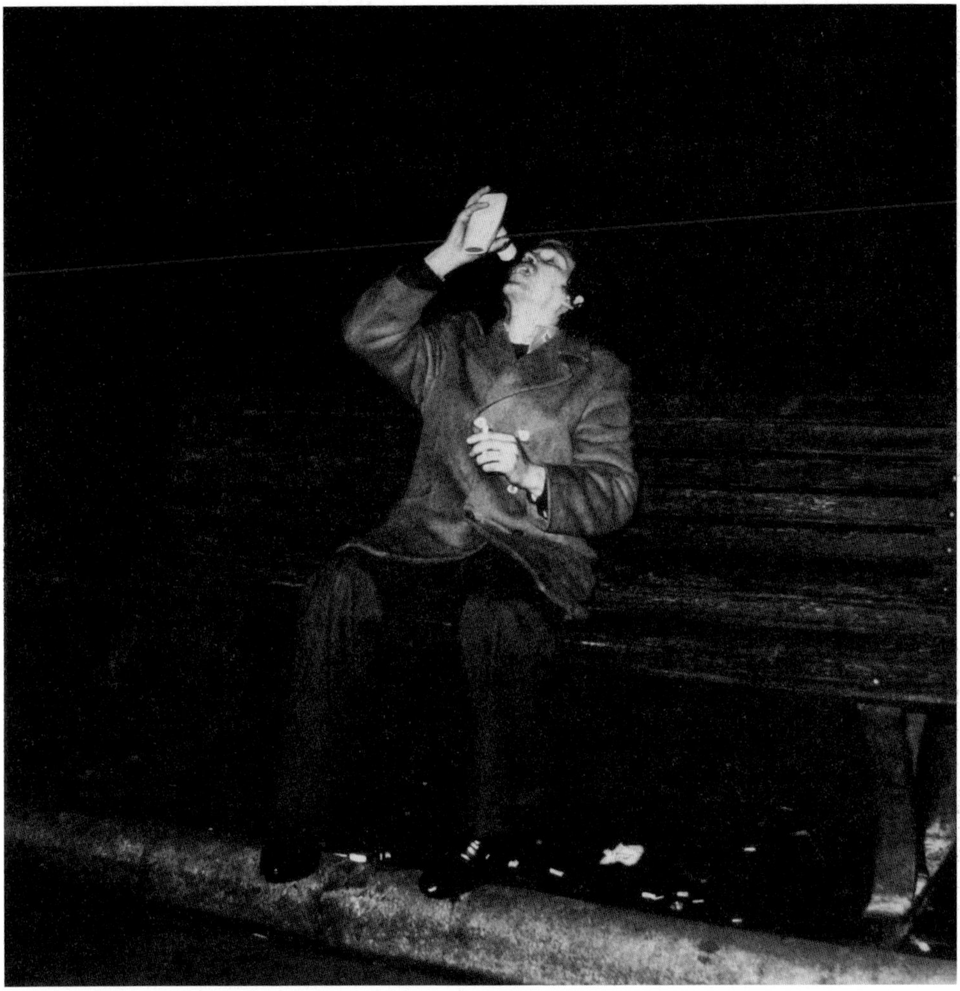

Craigie Horsfield. *Estery, Kraków, february 1979*, 1990. Tirage argentique noir et blanc, 144,2 x 140,7 cm.

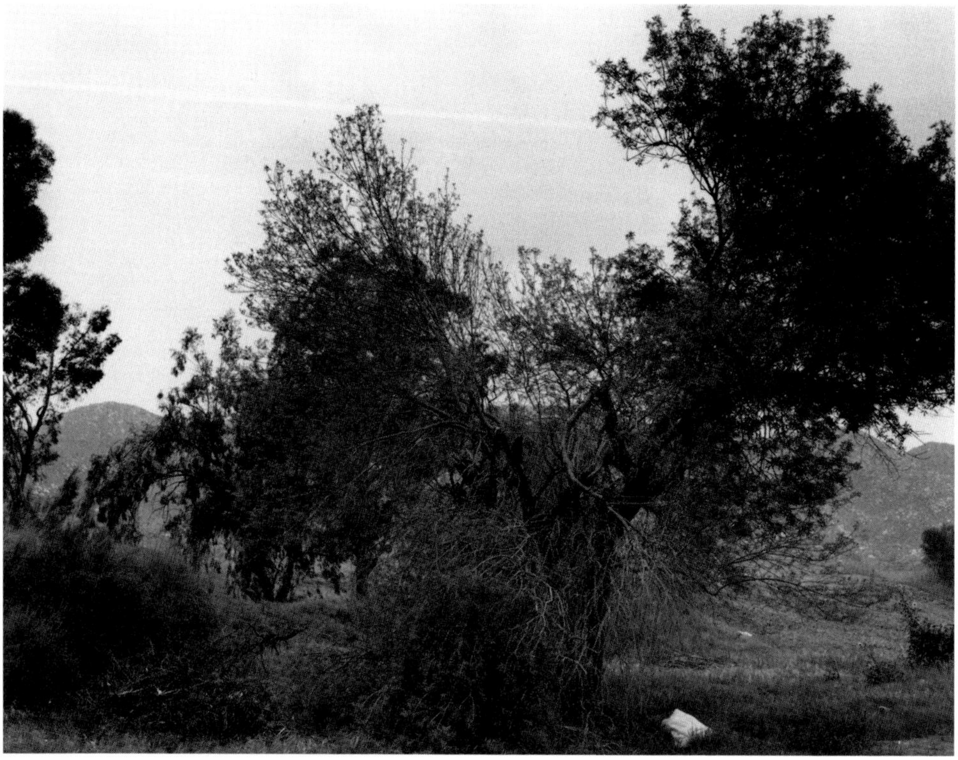

Robert Adams. *Broken trees, next Box Strings Mtns., east of Riverside*, 1984.
Tirage argentique noir et blanc, 38 x 47 cm.

« inédites » : « elles ne résultent pas d'une reproduction et transformation d'images antérieures mais d'une confrontation avec une matière "actuelle", contemporaine de la prise de vue, et dont l'aspect a été fixé (arrêté) par l'enregistrement. » J'opposais en somme l'objectivité « autre » à l'appropriation. Nous avions opté également pour la singularité de l'image-tableau. Je remarquais que « chaque cadre exposé contient une image et une seule. Il n'y a ni montage, ni même combinaison de plusieurs épreuves ; aucune intervention de texte. Chaque image est isolée dans son cadre ». Les Becher étaient présents dans l'exposition, mais je distinguais leur méthode comparatiste du modèle de la série[16]. Le mot *singularité* était la clé d'une « autre objectivité », distincte des typologies pratiquées dans les années 1920 : elle bénéficiait de l'unicité (*singleness*) prônée par Judd et de l'image *unifiée* chez Roy Lichtenstein et Gerhard Richter. Je pensais que cette singularité du tableau comme image-objet ne passait pas nécessairement par la reproduction ; qu'elle pouvait aussi correspondre à une expérience de prise de vue *in vivo*, sur le motif. Dans le texte du catalogue, je mettais l'accent sur le *fait* constitué par l'image elle-même : l'objectivité était une « objectalité ».

Dans un contexte de surproduction médiatique, il fallait affirmer la réalité matérielle de l'image, avec sa part de fiction, pour la distinguer de la simple trace d'une expérience vécue (ou souvenir) :

> La singularité du motif représenté devient celle de l'image présentée. [...] Le fait photographique se modèle sur l'image-tableau, comme la représentation sur la présentation. Cela distingue Thomas Struth, par exemple, d'un photographe d'architecture (pour qui l'image n'est rien d'autre que la représentation plus ou moins exacte d'une architecture). Le recours au grand format, chez Förg, Collins, Horsfield, Coplans, Wall, Tosani, et même Lafont ou, parfois, Garnell, participe de cette logique ; c'est une manière d'accentuer la valeur d'actualité de l'image-tableau, et non une simple adaptation opportuniste aux hiérarchies du marché et aux espaces des musées contemporains[17].

Avancer la nécessité d'une autre objectivité revenait à penser qu'une image photographique pouvait être singulière et spécifique, dans l'actualité de présentation du tableau. La « spécificité » ne désignait plus la nature du médium. Ne se situant pas dans le contexte de la photographie dite créative, les artistes réunis dans l'exposition ne s'intéressaient pas à « la photographie ». N'étant pas tenus de respecter des règles, ils n'avaient pas envie de les transgresser. Je notais : « Leurs images ne nous disent rien de bien nouveau sur ce qu'est ou peut être la photographie en elle-même (depuis

16. Je faisais en outre remarquer que la présentation des Becher avait évolué depuis les années 1960 et 1970 vers une plus grande autonomie de chaque image : chaque cadre contient une seule vue et les comparaisons morphologiques entre les motifs photographiés sont établies sur le mur d'exposition, par l'accrochage, et non dans les limites du cadre.
17. *Une autre objectivité/Another Objectivity*, cat., Milan, Idea Books, p. 34.

son invention) ; elles nous disent beaucoup, en revanche, sur ce que peut être *aujourd'hui* l'expérience artistique à travers et avec la photographie, dans le contexte de la culture contemporaine. »

Une remarque de Jeff Wall résume l'idée d'un art photographique/constructif qui sous-tendait l'exposition :

> Le spontané est la plus merveilleuse des choses qui puisse apparaître dans l'image mais rien en art n'apparaît moins spontanément. [...] En cela, je pense que le cinéma est esthétiquement plus développé que la plus spontanée des esthétiques photographiques, celle de Cartier-Bresson par exemple. La confiance dans la spontanéité affaiblit l'image, la ramène à un niveau où seule joue la dialectique permanente entre l'essence et l'apparence. Bien que l'image produite ainsi soit souvent belle et pleine de signification, je ne suis pas convaincu, malgré cela, que la beauté n'est pas limitée par une relation trop discrète aux apparences. Ce genre de photographie devient une manière d'art informel ; en dépit de sa richesse formelle, il est toujours condamné à regarder le monde avec émerveillement et ironie plutôt qu'à s'engager dans un processus de construction[18].

J'avais retrouvé dans cette remarque mon propre embarras à l'égard des poncifs d'une photographie subjective (ou subjectiviste). Mais la voie constructive de l'image-tableau présentait évidemment un autre risque :

> Comme Jeff Wall, les autres artistes que nous avons réunis savent que la beauté, qu'ils cherchent à produire, ne peut être une donnée miraculeuse (une trouvaille), qu'elle doit être élaborée, construite, concrètement, selon une procédure précise et spécifique, qu'ils évitent toutefois de trop exposer. [...] Comme une sorte de préalable, ils ont écarté la spontanéité, le lyrisme, préférant risquer une certaine rigidité, qui tient d'ailleurs au caractère mécanique de l'enregistrement. On peut imaginer facilement le spectateur (ou le critique) qui leur reprocherait une sorte de gravité excessive et complaisante, une prédilection morbide pour des formes et des espaces figés, déshumanisés, un pathos du vide, de l'absence et de la mort, qui produit des effets de fascination. Tous ces artistes ont effectivement repoussé la dialectique de l'émerveillement et de l'ironie. Ils préfèrent la lucidité (ou l'étonnement) et l'humour[19].

Quelques mois après la présentation d'*Une autre objectivité*, la rédaction du texte de *Photo-Kunst* – l'exposition du cent cinquantième anniversaire de la photographie à la Staatsgalerie de Stuttgart –, me permit de revenir sur

18. Jeff Wall, entretien avec Els Barents, dans Jeff Wall, *Transparencies*, Munich, Schirmer/Mosel, 1986, p. 95-104 ; repris dans le fascicule édité par le Nouveau Musée de Villeurbanne à l'occasion d'une exposition en mars-mai 1988. Cité dans *Une autre objectivité*, *op. cit.*, p. 35. Traduction légèrement modifiée.

19. *Une autre objectivité*, *op. cit.*, p. 35.

cette difficulté[20]. Dans ce texte, je rattachais la « restauration de la forme tableau » dans la création photographique contemporaine aux incertitudes de l'expérience. Je reprends mon argumentation.

La frontalité de l'image suspendue au mur et son autonomie en tant qu'objet ne constituent pas des finalités suffisantes. Le tableau est une forme constituante et nécessaire de l'expérience photographique, mais en aucun cas un aboutissement idéal. Il devrait permettre de réactiver une pensée du fragment, de l'ouvert et de la contradiction. Au dix-neuvième siècle, la dialectique entre l'étude et le tableau a ouvert le premier champ d'expérimentation d'une création photographique qui oppose la flexibilité de la vision fragmentaire à la stabilité ordonnée de la composition architectonique. Cela se produisit quand le genre du paysage pur (sans valeur documentaire) constituait le laboratoire privilégié de l'art moderne. Mais, de même que la valeur de l'étude est relative au tableau, l'expérience fragmentaire, quand elle s'affirma plus fortement au vingtième siècle, dans une logique expérimentale, aboutit nécessairement à un nouveau constructivisme.

On peut dire schématiquement que le photographe du dix-neuvième siècle découpe une fenêtre dans le monde déployé comme un spectacle ; son regard va explorer en profondeur la portion d'espace ainsi isolée : le monde est un vaste tableau qu'il étudie par morceaux, analyse, détaille. L'opposition, alors fréquente, entre l'effet « pittoresque » et la description objective restait secondaire par rapport à la recherche générale de l'illusion et au critère d'évaluation correspondant. Mais, depuis les années 1920 (la période où la photographie a été plus ou moins intégrée aux recherches d'avant-garde), le modèle scénographique de la composition illusionniste a perdu son autorité et la métaphore du tableau n'est plus applicable aussi facilement au spectacle du monde. L'époque des « grandes scènes de la nature » semble révolue[21]. L'image-fragment s'est dégagée de la relation au tableau scénographique ; elle appelle un nouveau mode de construction qui puisse révéler cet ordre du monde, secret, invisible ou abstrait, qui réside dans la structure interne des choses plus que dans leur aspect. À force de vouloir pénétrer dans le détail des *choses*, le regard s'est retourné sur lui-même, sur sa propre constitution. L'ordre contemplatif, qui était fondé sur l'évidence objective ou sur la puissance de l'illusion, est rompu. L'infini n'est plus cette continuité indéfiniment prolongée que symbolise la perte du regard à l'horizon, mais une multiplication de points de vue.

20. *Photo-Kunst. Arbeiten aus 150 Jahren. Du XXe au XIXe siècle, aller et retour*, cat., Stuttgart, Staatsgalerie, 1989.

21. *Les Grandes Scènes de la nature* est le titre d'une anthologie de textes littéraires publiée par Ferdinand de Lanoye en 1872 (Paris, Hachette) et largement distribuée dans les écoles. Cette idée n'a pas déserté la peinture et la photographie depuis les années 1920. Elle a resurgi fortement dans les années 1930-1940. Il suffit de penser à l'évolution d'Ansel Adams, depuis ses premières études et *close-ups* – systématiquement privilégiés dans l'exposition présentée par Stieglitz en 1936 – jusqu'aux grandes vues du Yosemite produites dans les années 1940, où l'on retrouve les effets spectaculaires, involontairement caricaturés, des grands paysagistes de l'Ouest américain au siècle précédent.

En rompant avec l'idée classique et classicisante de la beauté comme conformité à des normes générales et universelles – rupture exprimée dans le recours aux notions du pittoresque et du sublime – le dix-neuvième siècle, dans la continuité d'un dix-huitième siècle déjà romantique, avait poussé les performances de la description jusqu'à une limite de l'illusion[22]. Mais ce même dix-neuvième siècle, vu à la lumière des évolutions ultérieures, n'a pas seulement conservé le critère illusionniste comme norme, orientation et encadrement de la vision, selon le modèle du tableau-spectacle ; il a surtout cherché dans l'objectivité photographique l'accord d'une subjectivité patiente et attentive avec une nature rendue à sa grandeur primitive et traduite en même temps dans ses moindres détails. C'est précisément cet accord qui s'est brisé au vingtième siècle, et cela est d'une tout autre conséquence que la première rupture avec les normes classiques du beau.

Cet accord s'est brisé, non parce que les photographes ne l'ont plus cherché, mais, paradoxalement, parce que leur recherche est devenue plus consciente, plus systématique, et parce qu'ils ont dû traiter avec des forces contraires, avec des inégalités, des vitesses, voire des précipitations de la vision (entraînée par la mécanique de l'enregistrement), qui tendent à détruire le modèle de composition et d'unification du tableau. Chercher la continuité du monde et de la relation sujet/objet dans une condensation fragmentaire ou dans une objectivité métaphorique, comme le fit Edward Weston, c'était déjà provoquer les tendances centrifuges de la subjectivité. Le tableau ne pouvait plus être que cette « forme de pacification » qui, selon Jacques Lacan, tient à la « fonction pacifiante de l'idéal du moi » : la fiction d'une totalité imaginaire anticipée sur le devenir du sujet, qui résout par avance et trahit la turbulence des pulsions[23]. Quand le photomontage, au contraire, voulut accueillir cette turbulence et lui donner sa forme véridique, la photographie elle-même, en tant que fixation d'une identité imaginaire et normalisation d'une vision de stricte reconnaissance, devint un procédé à combattre. En 1921, Raoul Hausmann déclare dans « Nous ne sommes pas des photographes » :

> La vision, quand elle est créatrice, est la configuration des tensions et distensions des relations essentielles d'un corps, que ce soit homme, bête, plante, pierre, machine, partie ou entité, grand ou petit : elle n'est jamais le centre froidement et mécaniquement vu[24].

22. Baudelaire ne s'y trompe pas quand il s'exclame, dans le *Salon de 1859*, en conclusion du chapitre sur le paysage : « Je désire être ramené vers les dioramas dont la magie énorme et brutale sait m'imposer une utile illusion. Je préfère contempler quelques décors de théâtre, où je trouve artistement exprimés et tragiquement concentrés, mes rêves les plus chers. Ces choses, parce qu'elles sont fausses, sont infiniment plus près du vrai, tandis que la plupart de nos paysagistes sont des menteurs justement parce qu'ils ont négligé de mentir. » (*Salon de 1859*, dans *Œuvres complètes*, t. II, éd. Pierre Clarac, Paris, Gallimard, « Bibliothèque de la Pléiade », 1976, p. 668).

23. Voir Jacques Lacan, « Le stade du miroir comme formateur de la fonction du Je », *Écrits*, Paris, Seuil, 1966, p. 93-100.

24. Raoul Hausmann, « Nous ne sommes pas des photographes », 1921, publié en 1959 intégralement dans *Zeitschrift für Dichtung, Musik und Malerei*, n° 1 ; extraits dans *Courrier Dada* (1958), Paris, Allia, 1992 ; reproduit dans Michel Giroud, *Raoul Hausmann. « Je ne suis pas un photographe »*, Paris, Chêne, 1975, p. 32.

Aucun essai de remise en ordre de la représentation et de retour au tableau-spectacle ne pouvait désormais se soustraire au relativisme des points de vue. La photographie avait définitivement brisé le somptueux « tableau de la nature ».

Une doxa s'est constituée : nous considérons simultanément l'ensemble et le détail, la composition et le fragment. Nous savons qu'une composition est une construction et que la construction peut être « une ruine à l'envers » (Robert Smithson). Nous acceptons encore de considérer avec délectation une vue de nature, en noir et blanc, parce que nous acceptons la miniaturisation de la vision plus facilement que celle du faire pictural. Nous acceptons la réduction photographique, parce que nous savons qu'elle est généralement provisoire et instrumentale. Nous acceptons les grandes vues photographiques parce que nous savons qu'elles ne sont pas « composées » mais découpées : ce sont peut-être des souvenirs de peinture, mais nous y voyons surtout, avec satisfaction et orgueil, la manière dont la nature elle-même se souvient de la peinture.

Toutefois, une difficulté subsiste. En admettant qu'elle soit l'aboutissement d'un long processus engagé dès les origines du médium, la flexibilité de la vision photographique n'a pas éliminé le modèle du tableau comme forme (et même comme spectacle). Après la poétisation de l'archive accomplie par Atget, des auteurs comme Kertész, Walker Evans, le premier Cartier-Bresson, ont démontré la souplesse de l'outil d'enregistrement mis au service d'une mnémographie et d'un réalisme lyrique. Mais ce réalisme est la chose la plus difficile. Le critère de la « vision », aussi libérateur fût-il, a produit, depuis les années 1920, autant de poncifs que de bonnes images. Il a autorisé ce mélange de formalisme et de pseudo-lyrisme qui caractérise une grande part de la photographie « créative ». La trouvaille, la surprise et l'insolite sont devenus, depuis les années 1920, les termes d'une rhétorique bavarde. L'histoire du tableau peut apparaître, au contraire, comme un nouvel effort de « réalisme », du côté de l'objet peint et des expériences « concrètes » qu'il mobilise dans le registre de la perception, tout autant que dans celui de l'expression ou de la spéculation. Les photographes qui prennent en considération l'espace public d'exposition ne peuvent simplement *prendre* des images ; ils doivent les faire exister, concrètement, ils ne peuvent se contenter de produire des documents de vision sous forme de petites épreuves. Ils ne peuvent ignorer, ni feindre d'ignorer, que l'image est une réification de la vision enregistrée, que celle-ci ne peut être transmise directement. Ils savent que c'est l'image, dans son actualité, qui constitue la chose vue.

Vingt ans plus tard, quand je reformule ainsi la position que j'avais énoncée en 1989, trois observations s'imposent. Premièrement, il était pour moi évident qu'un(e) artiste pouvait utiliser la photographie sans faire ou prétendre faire autre chose que des photographies. Le partage institutionnel des années 1970 n'avait plus lieu d'être. Le soupçon sur la « fonction auteur » (Foucault), qui avait permis à des artistes-photographes – en particulier des femmes – de s'opposer à l'enflure rhétorique et sexiste des héros autoproclamés de la peinture, était sans doute la condition nécessaire et suffisante d'une intervention critique dans le « champ discursif » des images. Le féminisme et la conscience de la différence sexuelle (*gender*) ont gagné à ce déplacement du critère de qualité[25]. Mais, sous prétexte de favoriser une approche critique de la représentation des différences, les procédures d'appropriation avaient systématiquement favorisé le *document de culture* sur le *document d'expérience*. En dehors des programmes d'un art dit *issues oriented*, avec ses cadrages discursifs et ses modes d'emploi de l'image, le critère d'expérience, aussi contestable et contesté fût-il, permettait de réaffirmer l'ambiguïté d'une méconnaissance constitutive du sujet (sexué) dans un champ d'altérité.

Deuxièmement, à condition d'intégrer les artefacts et les artifices de la culture urbaine, le modèle de la nature, sur lequel s'était fondée la tradition picturale occidentale, restait plus riche et plus ouvert que le répertoire des médias. La situation historique de la photographie, *entre les beaux-arts et les médias*, qui avait largement déterminé le cours de l'art moderne, pouvait être actualisée. Les usages conceptuels de la photographie ont privilégié le rapport art/information, en développant des procédures formelles lointainement apparentées au reportage. Mais, sauf exceptions – Dan Graham et Hans Haacke –, ces travaux avaient une faible teneur en information[26]. Il me paraît important de rappeler que les possibilités artistiques de la photographie, entre les beaux-arts et les médias, sont aussi apparues au croisement entre des formes picturales, plus ou moins dépendantes d'un modèle théâtral, et des formes verbales ou visuelles (l'illustration, la caricature)

25. Aux États-Unis, au début des années 1980, de nombreux et nombreuses artistes et critiques ont observé que, dans le contexte du nouvel engouement pour la gestualité mâle de la peinture, l'outil photographique était favorable à une alternative critique, féminine et féministe, de la figuration. Cette promotion du féminisme dans les institutions artistiques (des galeries aux musées, en passant par l'édition universitaire) correspondait à une inflexion du radicalisme politique. Le *Movement*, issu de la lutte pour les droits civiques (*Civil Rights*) s'était épuisé, après avoir perdu l'appui populaire de l'opposition à la guerre du Vietnam.

26. Chez d'autres artistes ou intellectuels photographes, une exigence de réalisme documentaire s'est affirmée en marge du conceptualisme. Le principal témoignage de ce courant est le livre d'Allan Sekula, *Photography against the Grain: Essays and Photo Works 1973-1983* (The Press of Nova Scotia College of Art and Design, 1984), qui accompagnait une exposition présentée à l'Ohio State University Gallery of Fine Art en novembre-décembre 1984. Sekula menait une réévaluation critique du genre documentaire selon une position marxiste qui se situait effectivement *against the grain*, à contre-courant. Son analyse du « mythe de Diane Arbus » construit par les journalistes de la culture touchait au nerf d'une idéologie qui a connu un regain considérable depuis la fin des années 1980. Malheureusement, les exemples donnés par Sekula pour fonder une nouvelle stratégie documentaire étaient trop faibles pour constituer une alternative au mythe Arbus.

adaptées à une nouvelle offre de lecture quotidienne. Les manifestations inaugurales de l'art moderne, sur le fond de la querelle du réalisme provoquée par Courbet, se situent elles-mêmes dans ce contexte. L'évolution de la photographie comme outil artistique depuis le milieu des années 1980 ressortit encore à cette histoire, malgré le dogme d'une rupture du « modernisme » survenue à la fin des années 1960.

Enfin, une photographie pouvait se présenter comme un *tableau*, c'est-à-dire comme un plan autonome constitué en objet, frontal et délimité, distinct de l'épreuve manipulable, au même titre qu'une image peinte. Le gain principal est de placer le regardeur dans une position de confrontation qui l'amène à définir sa situation, sa stature et sa mobilité, dans l'espace (ou lieu) d'exposition. Je précisais en 1989 que la qualité du tableau photographique ne tient pas au format – il ne suffit pas d'agrandir une image – mais à la forme et à l'échelle[27]. L'agrandissement est un procédé intéressant dans la mesure où il s'oppose à l'effet de miniaturisation d'une photographie pratiquée de manière compulsive. Associé à l'usage de la couleur, il permet de produire des effets de surface opposés au raffinement de l'épreuve artisanale, comme au standard professionnel d'un strict rendu informatif. Mais, dans les années 1980, l'image (*picture*) de grand format participait surtout – elle participe encore – d'une promotion de la photographie comme outil d'une appropriation esthétique maximalisée par l'art[28]. À la fin de la décennie, le temps de la « critique » était terminé ; elle n'était plus qu'un alibi. Jeff Koons pouvait se présenter comme l'héritier légitime du projet d'émancipation de l'art moderne en déclarant : « La seule esthétique de mon œuvre est celle de la communication », ou, à propos de la Cicciolina : « Elle est une des plus grandes artistes dans le monde. Elle a appris à communiquer. Sa faculté d'adaptation constitue l'un de ses atouts majeurs »[29].

* * *

27. Le terme français *tableau* s'est imposé dans la critique américaine. Dans les années 1980, il n'était employé en anglais que pour désigner le *tableau vivant*. Le tableau, comme désignation d'une forme, était traduit par le terme *picture*, distinct d'*image*. Mais *picture* est un terme très large, qui tend de plus à privilégier l'idée d'objet sur celle de forme. Il a été mis en avant par Douglas Crimp, dans l'essai considéré comme le manifeste de la nouvelle photographie d'artistes apparue à New York à la fin des années 1970 : « Pictures », *October*, n° 8, printemps 1979. Douglas Crimp avait organisé deux ans plus tôt, sous le même titre, une exposition pour Artists Space à New York, où figuraient notamment Jack Golstein et Sherrie Levine. Dans l'avertissement de l'essai de 1979, Crimp précisait que *picture* est « non-spécifique : un *picture book* désigne un livre de dessins ou de photographies, et dans le langage courant une peinture, un dessin ou une gravure sont souvent appelés, simplement, *picture*. »

28. En 1986, le Queens Museum (New York) présenta une exposition intitulée *The Real Big Picture*, organisée par Marvin Heiferman. Cette exposition rassemblait un large choix d'artistes utilisant la photographie, en grande majorité américains. Le texte de présentation de l'affiche-catalogue résumait la vulgate *up-to-date* du marché. On y trouvait donc une critique en règle des timidités de la *fine art photography*, attachée au culte de la belle épreuve. Heiferman affirmait ensuite : « Les artistes utilisent la photographie plutôt que de la traiter avec révérence. Ils font des *pictures* – pas des photographies, des objets – pas des images. » On lisait également : « Une image photographique peut avoir la même présence physique qu'une peinture, elle peut être décorative et néanmoins délivrer un message avec la même agressivité qu'un panneau lumineux d'abribus la nuit. » Curieusement, Jeff Wall n'était pas inclus dans l'exposition.

29. Jeff Koons, entretien avec Sarah Morris, *Galeries Magazine*, n° 36, avril-mai 1990, p. 128-133.

En 1982, le critique italien Achille Bonito Oliva, promoteur de la *trans-avant-garde*, écrivait :

> L'art des années 1960 s'est intéressé à la *présentation* d'un matériel tiré de la réalité, en se référant à la nature ou à des métaphores de l'énergie. L'art des années 1970 a associé présentation et *représentation* au croisement entre nature et culture. Aujourd'hui l'art prend le parti de la représentation, en abolissant les références concrètes à la réalité auxquelles il substitue l'artifice d'un matériau strictement pictural, proposé en tant que tel sur la scène artistique[30].

Cette citation résume le mélange de rhétorique anti-traditionaliste et de manipulation historiciste qui a sous-tendu les grandes manœuvres du retour à la peinture. Bonito Oliva donnait des garanties minimales à ceux et celles qui n'avaient pas renoncé à toute ambition critique. Mais son propos portait à faux si on estimait que la réalité des images produites depuis les années 1960, comme les interactions entre art et nature révélées par l'*arte povera*, restaient d'actualité et constituaient pour de nombreux artistes, photographes compris, une alternative au modèle sémiologico-pop.

Une certaine dose de provocation dandy a toujours accompagné la célébration de l'artifice et de la « vulgarité » contre la morale du « naturel »[31]. L'interprétation néopictorialiste du pop à laquelle aboutit la photographie post-conceptuelle ne pouvait que vider le mécanisme d'appropriation de ses effets critiques, dès lors que l'exigence de réalisme et le modèle de la nature avaient été évacués. Rien n'est plus ambigu que l'idée même d'appropriation : elle désigne un processus qui renvoie à une loi du *propre*, donc à une autoconstitution du sujet, individuel ou collectif. Elle est active et, à ce titre, elle ressortit à une culture qui privilégie l'activité sur la contemplation, au détriment de la dialectique *vita activa / vita contemplativa*.

J'ai mentionné au début de cet essai la relation ville/campagne, qui a été constitutive de l'approche de la nature comme environnement et modèle de l'activité artistique. Plus qu'une seconde nature, les médias constituent une antinature. Dans le domaine des représentations, ils correspondent à la dissolution de l'entité ville dans *l'urbain sans lieu*[32]. Mais cette dissolution n'est pas une fatalité, à laquelle les artistes devraient se plier. Les vertus et les charmes de la mobilité ne doivent pas faire oublier les contraintes

30. Achille Bonito Oliva, *The International Trans-avant-garde*, Milan, Giancarlo Politi Editore, 1982, p. 24.

31. On retrouve ici l'intervention de Marvin Heiferman, co-commissaire, avec Lisa Phillips, de l'exposition *Image World* présentée au Whitney Museum of American Art pendant l'hiver 1989-1990. Heiferman ouvrait le texte d'introduction du catalogue, intitulé « Everywhere, All the Time, for Everybody », par l'évocation d'une scène typique de voyage en avion : « Rien ne semble réel. L'air conditionné entre dans le compartiment par des tuyaux, et les passagers, citoyens du Monde Image, s'attachent à leurs sièges… »

32. Je fais allusion aux travaux de sociologie urbaine de Melvin M. Webber, en particulier à son essai de 1964, « The Urban Place and the Nonplace Urban Realm », publié dans l'ouvrage collectif dont il avait assuré la direction, *Explorations into Urban Structure*, Philadelphie, University of Pennsylvania Press.

induites par l'inscription locale des activités de survie pour l'immense majorité des habitants de la planète. Le grand mérite du livre de Thomas Struth, *Unconscious Places*, fut d'appliquer le modèle de la reproduction à l'espace public et scénographique des villes, alors que le pop l'avait limité à l'image. Sur un mode tout aussi descriptif mais inspiré du cinéma plus que de la photographie documentaire, les tableaux urbains de Jeff Wall – je pense en particulier à *Mimic* et à *Milk*, en 1982 et 1984 – étaient des reconstitutions de *choses vues*, en un lieu et un temps donnés, dans un environnement urbain spécifique (Vancouver). Wall s'était déjà clairement démarqué de l'héritage conceptuel et des variations sémiologiques de la *simulation*. La nature n'est pas réductible à un système de signes. À l'inverse, l'écologie peut intégrer le domaine de l'artifice. Au cours d'un entretien publié en mai 1990, sous un titre rhétorique (« False Documents »), Wall hésitait encore à revendiquer l'ancien modèle de la nature, mais il en admettait la pertinence à côté des procédures discursives favorisées par les artistes new-yorkais[33].

À vrai dire, les photographes qui cherchaient à produire des objets d'art, ou des images-objets conformes aux exigences critiques de l'art moderne, ceux qui ne se satisfaisaient pas d'une position d'informateur/illustrateur, de témoin objectif ou d'artisan de quelque « photogénie » actuelle, ont toujours dû composer avec une définition fonctionnaliste et productiviste, constitutive du médium. Toute photographie est, fonctionnellement, un document de culture, comme l'œuvre d'art, quand elle ne bénéficie plus de l'immunité induite par l'idée d'autonomie. Mais la notion d'*expérience* désigne un rapport empirique au monde, antérieur aux catégories de l'œuvre et du document, comme aux automatismes fonctionnels qui régissent la vie matérielle[34]. Tout document d'expérience est un document de culture, mais tout document de culture n'est pas document d'expérience, si celle-ci n'est pas réduite à un strict jeu de différences homologuées (ou programmées). La nature, qui intègre l'artifice, est la garantie de l'expérience la plus ouverte aux révélations imprévisibles de la contemplation. L'entretien des ressources de la planète impose des limites à la domination que l'être humain peut exercer sur la nature. La contemplation correspond à cet impératif. On peut laisser les êtres et les choses suivre leur cours ; on peut également chercher un juste rapport entre un état du monde et son équivalent plastique. Un accord similaire peut exister entre une image et sa reproduction/interprétation, mais on ne peut que s'approprier les productions médiatiques, ou les ignorer.

33. Voir Bill Jones, « False Documents: A Conversation with Jeff Wall », *Arts Magazine*, mai 1990, p. 51-55.

34. Je n'ignore pas la critique de la notion d'expérience menée par Jacques Derrida dans le cadre d'une « déconstruction » du critère de la présence à soi dans la métaphysique (*De la grammatologie*, Paris, Minuit, 1967). Mais je pense plutôt à un critère empirique qui s'oppose aux prétentions de la pensée systématique, qu'elle soit métaphysique ou anti-métaphysique. Dans l'histoire de l'art récente, un retour d'intérêt pour la pensée de John Dewey, auteur de *Art as Experience* (New York, 1934) me semble participer d'une attitude similaire.

J'ai signalé un entretien en 1990 où Jeff Wall fut amené à parler des deux expositions, *Une autre objectivité* et *Photo-Kunst*, que je venais d'organiser. Son interlocuteur l'avait interrogé sur mon soi-disant anti-américanisme. Wall remarqua que, pour ces artistes, qui vivent pour la plupart à New York, les médias ont remplacé la nature, mais je montrais, dit-il, que la référence à la nature persiste chez d'autres photographes. Depuis cette date, il a pris lui-même clairement parti pour le modèle «traditionnel» de la nature contre le modèle pop ou néo-pop qui privilégie l'environnement médiatique.

Le mot «modèle» a deux significations différentes, selon qu'il désigne le personnage qui pose pour un portraitiste (*sitter*) ou une référence, un exemple, voire un paradigme d'activité (*model*). Dans une tradition de la *mimesis*, qui excède la simple copie des apparences, le modèle de la nature est le paradigme par excellence[35]. Jeff Wall pratique un art de la représentation-description: *depiction* (qui rejoint le sens du verbe français *dépeindre*). Depuis son premier tableau photographique en 1978, *The Destroyed Room*, l'orientation dominante de ses images est passée du récit dramatique (théâtral) à la description[36]. Toutefois, Wall ne vise pas la performance descriptive, comme le font d'autres photographes contemporains qui travaillent comme lui avec une chambre et produisent des tirages de grande dimension. Il favorise le caractère distant et spectaculaire du tableau photographique, mais cette *dimension*, dans tous les sens du mot, doit permettre une expérience de contemplation chez le regardeur. Le modèle de la nature, c'est le *primat de la perception*, assistée d'un outil (l'appareil photographique), plutôt que la référence à un spectacle constitué[37].

Le paradigme pop est celui de la *reproduction* réduite à son domaine d'application propre: l'image. Mais le modèle de la nature est plus large. La nature ne peut être réduite à l'image, de même que la photographie ne peut être réduite au mécanisme de la reproduction, puisqu'elle est *enregistrement*, et que celui-ci opère dans un champ de perception qui implique une présence spatio-temporelle, une transformation permanente des don-

35. L'artiste peut imiter le spectacle de la nature. Il peut aussi essayer de travailler *comme la nature*. Cette alternative renvoie à la distinction grecque entre *ergon* et *energeia*, produit et production, œuvre et activité. La recherche de la ressemblance dans le portrait et le parti pris descriptif de la vue topographique sont apparentés par leur commune référence aux apparences distinctives d'un modèle donné, identifié, et généralement désigné, nommé. L'artiste peut aussi procéder à la manière de la nature, transposer ses mécanismes de production. Pour Hans Arp, par exemple, l'art *concret* ne représente pas les apparences, il ne reproduit pas, il produit; il ne peut donc être qualifié d'«abstrait»: les œuvres concrètes sont non figuratives, mais elles ne sont pas abstraites du processus naturel, elles en sont au contraire le prolongement et l'actualisation.

36. *Swept* (1995), qui représente un atelier vidé de tout accessoire, peut résumer une évolution qui va dans le sens de la *dédramatisation*. Cette pièce est le sous-sol où avait été réalisée la double nature morte de 1990, *An Octopus* et *Some Beans*. *Swept* est à la fois l'image d'un lieu et la production d'un champ photographique, comme on parle de champ pictural.

37. L'idée de «primat de la perception» a été argumentée par Maurice Merleau-Ponty dans une conférence de 1946 (*Le Primat de la perception et ses conséquences philosophiques*, Paris, Cynara, 1989).

nées sensorielles, une fluctuation des apparences. Le modèle de la nature participe d'une exigence de réalisme. Car la nature est l'hyper-modèle. Le modèle d'un portrait ou d'un nu (académique ou autre) est un être vivant; il a été extrait, abstrait de son environnement, mais il appartient au monde des êtres incarnés, situés dans le monde physique. Les genres picturaux sont des conventions culturelles qui se rapportent à une *démultiplication* du modèle de la nature. Celui-ci met ainsi l'accent sur les interactions entre l'être humain et l'écosystème planétaire. Cette dimension écologique est présente chez Wall, sur un mode à la fois réaliste et spéculatif. Un de ses textes les plus inspirés, « L'Intelligence liquide », écrit en 1989, souligne l'importance de l'élément liquide dans le processus photographique, distinct de son caractère mécanique.

Conformément à l'expérience de l'enregistrement, et dans la droite ligne d'une pensée écologique, le modèle de la nature est un *principe d'incertitude*. Celui-ci permet le bonheur d'une image juste, qui ne soit pas juste une image. La justesse de l'image renvoie à une complexité plus qu'à une plénitude ou à une posture morale de l'artiste. La beauté du spectacle de la nature et le pittoresque de la décrépitude culturelle confortent, de manière excessivement contrastée, un imaginaire de la nature comme plénitude miraculeuse ou perdue. Mais le modèle de la nature comme principe d'incertitude contredit cet imaginaire. La nature n'est pas un modèle d'humanité. Elle est indifférente au destin du sujet qui la contemple. Ce n'est pas une mère attentive, ni une marâtre.

Enfin, le modèle est opératoire. Wall parle du « modèle néoréaliste » qu'il a mis en œuvre dans son traitement de la cinématographie, en faisant notamment appel à des acteurs non professionnels, auxquels il lui est arrivé de faire jouer leur propre rôle. Mais il n'a jamais prétendu produire un nouveau néoréalisme ; il ne souscrit pas au principe d'authenticité et à l'éthique du témoignage prônés par Cesare Zavattini[38]. Il réalise de plus en plus fréquemment des images directes, *straight*, sans prétendre à la teneur de vérité du documentaire. De même, il a réinventé la *street photography*, dans l'espace du tableau, mais ses images de rue depuis *Mimic* (1982) reconstituent des « choses vues » selon une méthode cinématographique : elles n'ont pas été prises sur le vif. Le programme d'une *Peinture de la vie moderne*, qu'il a emprunté à Baudelaire, est la définition d'un répertoire

38. Cesare Zavattini (1902-1989) fut un des grands scénaristes des années 1950 et le co-auteur, avec Paul Strand, du livre *Un Paese* (1955), où il décrivait son village natal, Luzzara, en Émilie. Dans son Journal, publié à la fin des années 1960 sous le titre *Straparole*, il rapporte les propos qu'il a tenus à un interlocuteur de Luzzara, Antonio, en rapport avec la méthode de travail de Strand : « Imagine que je veuille raconter ta journée, de toi qui es un ouvrier, eh bien, je te regarde, je t'étudie, il me faut un grand moment pour comprendre et décrire ta journée, j'y mets vraiment du temps, je vois avec attention comment vit une personne – alors après tout ce boulot, comment veux-tu que je ne t'appelle pas Antonio et que je mette un autre que j'appellerais Paolo à ta place : le néoréalisme ne met jamais personne à la place d'un autre. » (*Cinéparoles*, trad. Nino Frank, Paris, Denoël, 1971, p. 73-74).

iconographique, et non un projet d'enquête. De même encore, ses portraits représentent des individus identifiés ou identifiables – il a notamment photographié plusieurs membres de sa famille : son père, sa femme, ses enfants –, mais ses modèles sont des personnages qui jouent un rôle. Et ce rôle renvoie à un type pictural, défini lui-même par les conventions d'un genre ou d'un sous-genre hybride[39]. *The Guitarist*, où pose l'un de ses fils, est évidemment inspiré de Manet, et de ce qu'a introduit Manet dans l'histoire de la peinture de genre. Dans un même personnage peuvent ainsi coexister un modèle (*sitter*) et un type historique.

Le modèle de la nature n'est donc pas – s'il l'a jamais été – une négation de la médiation artistique. Les doctrines académiques ont associé à la nature les conventions du beau et un principe d'idéalisation ou de généralisation par le type. Au dix-neuvième siècle, la notion de type s'éloigna de cet idéal et fut rattachée aux sciences de la nature. Dans sa première définition, avant que Zola lui associât l'idée d'enquête sociale, le naturalisme s'est généralement présenté comme un anti-idéalisme, mais il ne s'oppose à l'artifice de l'art que lorsqu'il prétend à une transparence illusionniste. Au vingtième siècle, les attitudes anti-art ou anti-culture ne se référaient pas à la nature, elles supposaient plutôt un vitalisme : un excès de la vie – jusque dans sa négation – sur les formes et les conformismes de la reproduction sociale. Aujourd'hui, le rappel du modèle de la nature est surtout une manière de réaffirmer un critère d'expérience et une complexité dans une culture artistique soumise à l'empire du design et de la « communication ».

* * *

Reste toutefois la question de la distance, cruciale dans l'expérience de la prise de vue photographique. Le modèle de la nature permet de garder un contact avec l'environnement matériel, distinct du monde des idées et des images. Mais le photographe, à la différence du peintre, est tenu à distance : il est séparé de la surface où l'image s'inscrit mécaniquement, puisque cette surface est enfermée dans la boîte hermétiquement close de l'appareil d'enregistrement[40]. La lumière, qui est la condition de toute visibilité et

39. Jeff Wall me dit au cours d'un entretien en 1998 : « Dans mes images – au début surtout – j'ai utilisé des membres de ma famille, mais je ne voulais justement pas les photographier pour "eux-mêmes". Je cherchais à transformer cette particularité en quelque chose d'autre. Dans l'image, chaque personne est singulière, mais je refuse de considérer la singularité d'une personne en elle-même comme un absolu. Je dirais que j'essaie de réduire la familiarité de mon entourage et de rendre cela lisible dans mes images, comme un vrai choix artistique. » (« *At home and elsewhere*, dialogue à Bruxelles entre Jeff Wall et Jean-François Chevrier », dans Jeff Wall, *Essais et entretiens 1984-2001*, Paris, École nationale supérieure des beaux-arts, 2001, p. 343-344).

40. Les photographes ont cherché à atténuer cette contrainte, par une mise en scène, en amont de la prise de vue, ou par des manipulations en laboratoire. Dans les deux cas, ils se donnent une liberté d'action sur l'image d'un autre ordre que les opérations de réglage de la prise de vue. Dans l'expérience même de la prise de vue, la distance varie selon que le photographe utilise une chambre posée sur un trépied, une *machine*, dont il est l'opérateur, ou un *instrument* portatif qui fonctionne comme un appendice de l'œil. On peut évoquer également la

l'agent de production de l'image, permet seule de réduire la distance de la machinerie optique ; d'où le succès de l'inscription par contact, nommée « photogramme », dans l'histoire de la photographie expérimentale. Raoul Hausmann refusait d'utiliser la photographie pour illustrer une emprise technologique sur le monde. Quand, après les photomontages de la période dada, il réalisa ses propres prises de vue, il choisit logiquement la fragmentation, la dispersion. Ses images de coins de nature, de plantes, de feuillages, célèbrent la lumière qui lie et relie en deçà de la composition. Ce qu'il nomme *optophonétisme* est une activité sémiotique, qui articule la prose du monde – le visible et l'audible – dans une participation érotique au cosmos.

Mais cette solution ne satisfait pas les photographes contemporains, ou ne leur est plus accessible. J'ai déjà signalé, trop rapidement, comment le recours au tableau participe d'une défiance à l'égard des données de la prise de vue. La résolution de la distance photographique opérée par Hausmann dépasse la tradition de l'étude d'après nature – qui ne fut jamais qu'une activité auxiliaire, soumise à la finalité de la composition –, mais elle en conserve la fragile apparence. Les images ont le statut modeste de l'épreuve destinée au carton de documentation. Ce sont des documents de vision, des traces d'expérimentation. Les photographes contemporains cherchent plutôt à produire des tableaux. Quand Hausmann faisait de la peinture sans tableau, ils font des tableaux sans peinture. Le problème est que le tableau redouble le retrait photographique : le spectateur est lui-même tenu à distance, il ne peut toucher l'épreuve suspendue au mur, enfermée dans un cadre.

Quand domine l'image en mouvement, la tentation est de penser l'image fixe, élevée au tableau, comme une force d'interruption dotée par là même d'un potentiel critique, ou comme une forme de résistance au déroulement d'un spectacle médiatique aveuglant. Mais cette croyance – outre qu'elle tend à confondre image fixe et image arrêtée –, est par trop naïve. En 1990, Jacques Rancière remarquait :

> Notre génération [il parle d'une génération marquée par le *revival* marxiste et la sémiologie, au début des années 1960] se battit sur le thème : arrêter les images, comme s'il s'agissait courageusement de s'opposer à leur défilement, à la décharge captieuse des *stimuli*. Mais déjà justement la décharge s'accompagnait de l'interprétation, ce couple s'installait comme système de représentation dominant et sans doute l'empressement qui se voulait critique l'installa-t-il dans cette domina-

participation affective, qui projette le photographe dans l'espace animé de la perception, comme si l'appareil n'était plus qu'un vecteur ou un intensificateur d'attention. Mais, dans tous les cas, la boîte reste close et la surface d'enregistrement inaccessible. Cette coupure fondamentale persiste.

> tion. Nous le savons aujourd'hui : ce qui rend vaine la critique des images, c'est que l'image apparaît déjà escortée de sa critique, affectée de son indice de distance et de dérision. En vain les bonnes âmes gémissent-elles sur le sort des enfants et des simples abrutis par le matraquage des images télévisuelles. L'enfant téléphile reçoit les procédures socialisées de la critique en même temps que la décharge des images. La formation au défilement des images est aussi une formation à la critique comme activité sociale complémentaire, relevant d'un même régime du représenté. Le déferlement de la critique est exactement contemporain du déferlement de l'image. La démystification fait partie de l'abrutissement, d'un investissement du système des lieux et des manières de les occuper qui n'exclut qu'une seule chose : l'atopie[41].

Au moment où elles furent publiées, ces lignes résumaient l'essentiel de mes réserves sur l'art des « images critiques »[42]. Depuis cette date, nous n'avons cessé d'assister à la captation du regard critique par l'image critiquée, et, plus encore, à une sorte d'entraînement vertigineux de l'un par l'autre, semblable à l'accroissement exponentiel d'un commentaire : un commentaire qui interdit tout recul, toute distance effective, et qui, à la différence des gloses dogmatiques, ignore même l'autorité d'un texte de référence. Je pense à un aphorisme de Francis Ponge dans un poème du *Parti pris des choses :* « L'on ne peut pas sortir de l'arbre par des moyens d'arbres[43]. » Je crains que tout artiste qui adopte aujourd'hui une position « critique » sans se soustraire au modèle de la communication, soit pris très rapidement dans la double contrainte (*double bind*) d'une obligation de lucidité, qui accroît inévitablement la fascination qu'il subit et qu'il ne tardera pas à reproduire en l'exerçant à son tour sur son public.

Hausmann s'est tourné vers la photographie directe (*straight*) après avoir mesuré les limites du photomontage comme procédé de figuration critique d'une culture métropolitaine désincarnée. Cette pratique de la photographie descriptive et lyrique chez un artiste qui avait d'abord souscrit à une entreprise de subversion radicale de la tradition (et de l'autorité) présente encore aujourd'hui une force d'enseignement. Comme en témoignent ses images des plages de la Baltique, Hausmann s'est toujours porté aux confins maritimes du paysage terrestre (même s'il a dû finalement se retirer dans une ville du Massif Central). Il photographia la terre depuis la mer, autant que le contraire. En quittant Berlin et l'Allemagne pour Ibiza, il fit plus que s'éloigner, s'exiler, il se dépaysa : il quittait une seconde nature soi-disant émancipée des valeurs traditionnelles. Ce faisant, il donna à la

41. Jacques Rancière, *Courts voyages au pays du peuple*, Paris, Seuil, 1990, p. 167-168.
42. *Images critiques* était le titre d'une exposition présentée à l'ARC (Musée d'art moderne de la Ville de Paris) en janvier-mars 1989. Elle rassemblait dans la plus grande confusion des œuvres de Dennis Adams, Alfredo Jaar, Louis Jammes et Jeff Wall. Celui-ci a heureusement tout fait depuis une quinzaine d'années pour éviter ce genre de rapprochements.
43. Francis Ponge, « Faune et Flore », *Le Parti pris des choses*, dans *Tome premier*, Paris, Gallimard, 1965, p. 92.

critique de la culture un tour de vis supplémentaire. Dans ses images, le modèle « traditionnel » de la nature participe d'une alternative anthropologique qui substitue un présent anachronique au monde de la critique intégrée, telle qu'elle se manifeste notamment dans le domaine des images.

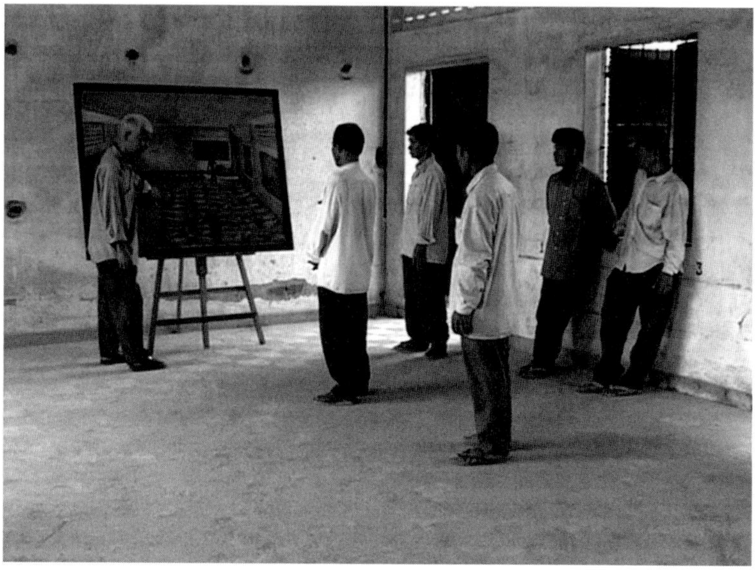

Rithy Panh. *S21 – la machine de mort khmère rouge*, 2002
(film DVcam couleur, 101 mn).

Mnémographies

« La photographie a beaucoup dérangé l'imagination, parce qu'on a vu les choses en dehors du sentiment. » Cette remarque ouvre une longue citation de Matisse par Tériade, en 1933, dans un article de *Minotaure* intitulé « Émancipation de la peinture »[1]. Le sommaire de la revue indiquait l'argument : « Le hasard, la spontanéité et l'absence de modèle dans la peinture moderne. » Matisse est le premier des artistes cités, avant Braque, qui parle de *l'hallucination* comme « réalisation définitive d'une longue imprégnation ». La remarque sur les effets de la photographie rattache la thèse de « l'émancipation de la peinture » à une sorte de traumatisme historique. En situant l'effet de la photographie sur le terrain de *l'imagination*, Matisse se réfère implicitement à une théorie romantique de l'art qui opposait « le gouvernement de l'imagination » (Baudelaire) au naturalisme descriptif et photographique. Sans rompre avec l'idée du modèle de la nature, Matisse a développé cette conception dans toute son œuvre, en rapportant l'interprétation artistique à un travail inconscient de la mémoire ; comme Proust, il associe réminiscence et métaphore.

L'art est une *mnémographie* qui, depuis l'invention de la photographie, se fie à l'enregistrement ou s'en défie. L'invention de la photographie a été souvent rappro-

Texte inédit (2009).

1. Voir « Matisse, Bonnard : photographes amateurs », *supra* p. 6.

chée de celle de l'écriture : l'enregistrement photographique serait à la mémoire visuelle ce que l'écriture est à la mémoire verbale. L'analogie est contestable. En revanche, la notion de mnémographie induit bien l'idée d'écriture en tant qu'inscription autographique, et cette écriture doit composer avec la mnémotechnie de l'enregistrement. Proust lui-même, qui condamnait la réduction du passé à une collection de « souvenirs », a dû constater que la réminiscence pouvait être provoquée par une image photographique[2].

Mais la photographie apparut aussi et d'abord comme une technique de « reproduction ». Le mot hante la littérature artistique du dix-neuvième siècle et l'art du siècle suivant n'a pas, bien au contraire, dissipé cette hantise.

L'idée de l'art comme inscription de la mémoire provient d'une lointaine tradition hellénique, dont la figure de Mnémosyne, mère des muses, et la réminiscence platonicienne sont des expressions saillantes. Depuis Freud et Proust, Bergson et Halbwachs, entre autres, nous lions l'activité artistique au *travail* de la mémoire, en reconnaissant l'importance des mécanismes inconscients, individuels ou collectifs. La réminiscence s'est diffusée dans les hasards de la vie quotidienne, dans la ramification des associations verbales, dans la prolifération des images. Cette expérience moderne apparente deux régimes d'archives : public et privé. Le premier fut mis en avant par Baudelaire dans le texte sur la photographie du *Salon de 1859*. En voulant contenir la photographie hors du « domaine de l'impalpable et de l'imaginaire », c'est-à-dire hors du champ de la poésie et des beaux-arts (placés sous le gouvernement de l'imagination), Baudelaire la mettait au service de la mémoire collective : « Qu'elle sauve de l'oubli les ruines pendantes, les livres, les estampes et les manuscrits que le temps dévore, les choses précieuses dont la forme va disparaître et qui demandent une place dans les archives de notre mémoire, elle sera remerciée et applaudie[3]. » Le second régime, privé, de l'archive est évoqué par Proust dans un fragment, du temps de *Jean Santeuil*, qui anticipe la poétique de la réminiscence mise en œuvre dans *À la recherche du temps perdu*. Ce fragment, qui raconte une réminiscence musicale, se termine ainsi : « Et la photographie de tout cela avait pris sa place dans les archives de sa mémoire, des archives si vastes que dans la plus grande partie il n'irait jamais regarder, à moins d'un hasard qui les fît rouvrir, comme avait été cet accroc du pianiste ce soir là[4]... »

Le modèle de l'archive semble l'aboutissement d'un processus de sécularisation de la mémoire. Nous savons toutefois, depuis les travaux de Hans

2. Je renvoie sur ce point à mon *Proust et la photographie*, Paris, L'Arachnéen, 2009.
3. Baudelaire, *Salon de 1859*, dans *Œuvres complètes*, t. II, éd. Claude Pichois, Paris, Gallimard, « Bibliothèque de la Pléiade », 1976, p. 618-619.
4. Ce fragment clôt l'édition de *Jean Santeuil* établi par Pierre Clarac (Paris, Gallimard, « Bibliothèque de la Pléiade », 1971, p. 898).

Blumenberg, que rien n'est plus complexe, moins définitif que ce processus[5]. Une eschatologie romantique, d'inspiration biblique, a perduré dans la mnémographie littéraire et artistique. Au début du dix-neuvième siècle, l'écrivain anglais Thomas De Quincey avait identifié le « livre de comptes » du Jugement dernier au fait que tout être humain conserve une mémoire intégrale de son passé, qui lui est révélée au moment de mourir[6]. La même image se trouvait déjà chez Coleridge, avec une référence à l'écriture chiffrée des hiéroglyphes[7]. Proust répond à cette terrible supposition quand, à la fin de la *Recherche*, il parle du « livre intérieur de signes inconnus » que l'artiste doit déchiffrer ; il conclut que l'art est « le vrai Jugement dernier »[8].

Dans l'histoire des arts visuels, ce pathos théologico-romantique a subi plus directement le choc de la photographie. Le traumatisme a porté sur le mécanisme d'idéalisation mis au principe des beaux-arts. Par son extrême précision descriptive, son *exactitude*, dans le rendu des détails en particulier, l'image photographique est apparue comme l'accomplissement technique de l'art d'imitation. Delacroix remarque qu'elle révèle et dénonce les incorrections du style chez les maîtres les plus respectés de la tradition académique, tel Raphaël, mais qu'il lui reste à faire ses preuves dans le domaine de la création : en attendant, « cet art à la machine [...] nous gâte les chefs-d'œuvre » (*Journal*, 21 mai 1853). Francis Wey soutient qu'elle va libérer la « fantaisie » individuelle en fournissant un critère d'exactitude (*La Lumière*, 9 février 1851).

Delacroix – qui fut l'un des membres fondateurs de la Société héliographique en 1851 – avait déjà perçu et énoncé un conflit entre les performances de la « reproduction » et la composition picturale, entre le mécanisme de l'enregistrement et l'idéalisation de la mémoire. La mnémographie pouvait peut-être résoudre le conflit. En 1859, il avance que la solution, pour remédier à l'uniformité de la prise de vue mécanique, est d'exploiter « l'imperfection même du procédé ». Ce faisant, il retrouvait la « théorie des sacrifices » avancée par Francis Wey, neuf ans plus tôt, dans son plaidoyer en faveur des possibilités artistiques, interprétatives, de la photographie sur papier, plus « souple » que le daguerréotype[9]. Le débat sur *la photographie en tant qu'art*

5. Hans Blumenberg, *La Légitimité des Temps modernes* (Francfort, 1966, 1988), trad. Marc Sagnol *et alii*, Paris, Gallimard, 1999.

6. Voir Thomas De Quincey, *Les Confessions d'un mangeur d'opium anglais* (*The Confessions of an English Opium-Eater*, 1822), trad. Pierre Leyris, Paris, Gallimard, coll. « L'Imaginaire », 1990, p. 135-136. L'importance de l'idée de mémoire intégrale dans le romantisme est soulignée par Georges Poulet dans *Études sur le temps humain*, t. IV, chap. VII, « Les romantiques anglais », Paris, Plon, 1964, coll. « Agora », 1990.

7. Samuel Taylor Coleridge, *Biographia Literaria* (1817), éd. J. Shawcross, Londres, Oxford University Press, 1907, 1954, chap. 6 ; cité par Georges Poulet, p. 172-173.

8. *Le Temps retrouvé*, dans *À la recherche du temps perdu*, t. IV, éd. Jean-Yves Tadié, Paris, Gallimard, « Bibliothèque de la Pléiade », 1989, p. 458. Proust reprend même la métaphore des hiéroglyphes pour qualifier l'écriture chiffrée du monde sensible (*ibid.*, p. 457).

9. Francis Wey écrit dans « De l'influence de l'héliographie sur les beaux-arts » (*La Lumière*, 9 février 1851) : « la photographie est très souple, surtout dans la reproduction de la nature ; parfois, elle procède par masses, dédaignant le détail comme un maître

n'a cessé de revenir à l'opposition reproduction/interprétation – cette distinction existait déjà dans le vocabulaire de la gravure –, parfois traduite en langage philosophique. En 1966, Walker Evans plaçait en épigraphe de *Message from the Interior* la déclaration de Matisse : « L'exactitude n'est pas la vérité », que Matisse avait empruntée à Delacroix [10].

Depuis les années 1850, la photographie se tient sur le seuil de la mémoire. À travers les débats sans cesse renaissants sur sa légitimité artistique, comme outil d'étude, comme modèle, ou comme médium à part entière, s'est perpétuée une interrogation sur les conditions d'exercice de la mémoire, individuelle et collective, dans une culture régie par la surproduction d'images enregistrées. Une première conclusion s'impose : la photographie est mnémotechnie, elle permet de constituer des archives. Mais l'art moderne, *avec la photographie*, est mnémographie, entre les beaux-arts et les médias.

La double fonction reproduction/enregistrement était déjà lisible dans les recherches menées par l'inventeur du procédé. Niépce voulait « reproduire » le plus exactement possible des images et des « points de vue d'après nature ». La difficulté était de *fixer* ces images, de les enregistrer. Le miroir reproduit, il n'enregistre pas. La reproduction-enregistrement est littéralement re-production, c'est-à-dire fixation de l'image optique *produite* dans la *camera oscura*. Mais la reproduction désigne aussi couramment la *multiplication* d'une image, par des procédés photomécaniques : une image reproductible est une image dont on peut produire plusieurs exemplaires identiques. C'était déjà une visée de Niépce, trahie par le daguerréotype : l'image positive sur plaque de métal apparut comme une parfaite reproduction, mais elle était condamnée à l'unicité, elle ne pouvait être multipliée que si elle était à son tour reproduite par un procédé de gravure permettant un tirage d'épreuves. Il faut donc distinguer la reproduction-duplication de la reproduction-multiplication.

habile, justifiant la théorie des sacrifices, et donnant, ici l'avantage à la forme, et là aux oppositions de tons. » Il reprend l'idée dans un article sur le portrait photographique (« Théorie du portrait. 2 », *La Lumière*, 4 mai 1851). Dans le vocabulaire des beaux-arts, la notion de « sacrifice » existait au moins depuis le dix-huitième siècle, comme l'atteste une entrée dans l'*Encyclopédie méthodique* en 1791, reprise en 1792 dans le *Dictionnaire des arts de peinture, sculpture et gravure*, de Watelet et Lévesque (t. V, p. 362-365). Faut-il entendre une métaphore politique ? Baudelaire et Delacroix, comme Francis Wey – qui ajoute l'idée de *théorie* – reprennent un terme du lexique pictural. Baudelaire, toutefois, pouvait y entendre un écho à une autre théorie : celle développée par Joseph de Maistre dans les *Soirées de Saint-Pétersbourg* (1921). Dans son *Journal*, le 22 février 1860, Delacroix, pour sa part, oppose « la nécessité des sacrifices » à un réalisme trop inclusif qui met sur le même plan (égalise ?) « le subalterne » et « les personnages qui doivent occuper le devant de la scène ».

10. Quand elle est reprise par Evans, la formule de Matisse (Delacroix) peut être entendue à double sens. On peut entendre que la vérité n'est pas réductible à l'exactitude – ce que voulaient dire Delacroix et Matisse –, mais aussi que l'exactitude, telle qu'elle est produite par la photographie, ne peut prétendre à la vérité. Evans a souvent rappelé qu'un portrait photographique ne dit pas la vérité du modèle. Voir notamment l'entretien avec Paul Cummings (1971) dans Paul Cummings, *Artists In Their Own Words*, New York, St. Martin's Press, 1979, p. 96-97.

La notion d'enregistrement n'induit pas les idées de duplication et de multiplication. Elle induit en revanche l'idée d'*inscription* et celle de *conservation*. Depuis la diffusion de l'instantané dans les années 1880, cette dimension du temps s'est accentuée. La prise de vue instantanée inscrit un moment fugitif et en conserve la trace, alors que la reproduction renvoie à un spectacle fixe, isolé et (pré)constitué en image, tel le fameux « tableau de la nature » dont parle Cézanne. En anglais, le mot *recording* associe étroitement l'enregistrement au travail de la mémoire, puisque *record* désigne le souvenir (ou l'archive). L'enregistrement se distingue de la reproduction par l'accent mis sur le temps, la mémoire, et *l'imprévisibilité*.

La reproduction tend à nier toute différence entre modèle et copie : la reproduction idéale est littérale, dénuée d'effet d'interprétation. Mais le mécanisme d'enregistrement introduit nécessairement un décalage dans le visible : l'image prise *diffère* le visible. L'enregistrement transforme le présent de la reproduction en un futur antérieur : *ça aura été*. Ce qui se traduit pour l'opérateur en : j'imprimerai et verrai plus tard ce que j'enregistre (l'apparition des appareils à développement instantané type Polaroïd puis l'apparition de la technologie numérique n'ont fait que réduire ce délai sans le supprimer). Reproduction et enregistrement sont donc des *modèles* qui ont divergé à partir d'une réalité commune de la prise de vue. Les deux modèles ont participé à une culture moderne de l'image fondée sur la fragmentation du tableau de la nature et sur les révélations de l'instant.

Depuis les années 1960, dans le sillage du pop art, le modèle de la reproduction, déduit des procédés de multiplication de l'image mécanique, s'est imposé comme une alternative à la représentation. Cette alternative privilégie l'appropriation d'une image préexistante sur la prise de vue *in vivo*, c'est-à-dire sur l'enregistrement d'une image inédite. Toutefois, en peignant des photos, Gerhard Richter a réintroduit le temps (la durée) de l'enregistrement dans l'image fixe. Son modèle du tableau photographique, *Fotobild*, est la photo de famille posée (« tout le monde bien campé au milieu de l'image »). Cette convention est un rite de reproduction sociale, qui exclut en principe l'expérience originale et l'interprétation ; c'est aussi un poncif de l'image idéalisée, mémorable. Richter est le peintre qui, à l'opposé de l'actualisme pratiqué par les photoréalistes, a su adapter la mnémographie romantique au principe de la reproduction pop.

Dans les années 1920 et 1930, c'est en Allemagne que s'était déjà développée une problématique de l'art situé, avec la photographie, entre les beaux-arts et les médias. Deux critiques, principalement, Siegfried Kracauer, dès 1927, et Walter Benjamin, ont affronté l'impact ambigu de la mnémotechnie photographique sur les processus de transmission et de transformation de la culture[11]. Les deux auteurs associaient, de manière plus ou moins explicite, Proust et Georg Lukacs : la dénonciation du souvenir (en tant qu'objectivation de la mémoire) et la critique de la réification[12]. En opposant la reproduction/multiplication à la production de luxe des beaux-arts, Benjamin propose d'interroger *l'art en tant que photographie* plutôt que la photographie en tant qu'art. Il reprend la distinction proustienne entre mémoire involontaire et souvenir, mais en l'associant à la description freudienne des mécanismes de l'inconscient. À ses yeux, l'enregistrement photographique est le lieu d'une crise de « l'expérience » dont la définition qu'il donne, à la manière d'un diagnostic, est : la difficulté croissante pour l'individu de s'approprier son histoire en contribuant à ce passé commun et actuel que l'on nomme « tradition ».

Benjamin pensait cette difficulté dans le domaine d'expression, la littérature, qu'il avait choisi pour lui-même ; il privilégie la littérature sur les arts visuels. À partir de sa lecture de la poésie allégorique chez Baudelaire, il mit toutefois en avant la notion d'« image dialectique »[13]. Il s'interrogea également sur le récit, qui est une pratique, ou une activité, plus large que l'institution littéraire. « Le Narrateur » ou, mieux, « Le Conteur », rédigé en 1933, n'est pas seulement un éloge de l'écrivain russe Nicolas Leskov, c'est aussi une méditation sur la transmission de l'expérience dans une communauté de récit[14]. La forme écrite du récit, son institution dans les genres littéraires, constituent le lieu où la modernité s'éprouve comme l'invention d'un sujet « privé » et privatif, c'est-à-dire privé de quelque chose, autant que doté d'une nouvelle autonomie.

> Selon Proust, c'est pur hasard si l'individu reçoit une image de lui-même, s'il peut s'approprier son expérience. Or le fait que nous dépendions du hasard en cette matière ne va nullement de soi. Les préoccupations

11. Kracauer a publié un premier article sur la photographie en octobre 1927 dans la *Frankfurter Zeitung* (« La photographie », trad. Sabine Cornille, dans Siegfried Kracauer, *Le Voyage et la Danse*, éd. Philippe Despoix, Paris, Éditions de la Maison des Sciences de l'Homme/Presses de l'Université Laval, 2008). Par la suite, Kracauer s'est surtout intéressé au cinéma. Benjamin a publié une recension du livre de Karl Blossfeldt, *Urformen der Kunst*, en 1928, l'année de sa parution (« Du nouveau sur les fleurs », trad. Christophe Jouanlanne, dans Walter Benjamin, *Sur l'art et la photographie*, Paris, Éditions Carré, 1997). La « Petite histoire de la photographie » a paru en 1931, et les différentes versions de « L'Œuvre d'art à l'époque de sa reproductibilité technique » s'échelonnent entre 1935 et 1939. Kracauer a repris et développé ses réflexions sur la photographie dans l'introduction de *Theory of Film*, paru en 1960, où il cite et commente longuement Proust.

12. Lukacs a développé sa théorie de la réification dans *Histoire et conscience de classe* (Berlin, 1923), trad. Kostas Axelos et Jacqueline Brois, Paris, Minuit, 1960.

13. Il est remarquable que les notes sur Baudelaire pour le projet du livre des *Passages* ne cessent de revenir sur l'imagerie (allégorique) du graveur Charles Meryon.

14. Il existe de ce texte deux versions : la première, en allemand, écrite en 1933, publiée en 1936 sous le titre « Der Erzähler » (« Le Conteur », trad. Maurice de Gandillac et Pierre Rusch, *Œuvres III*, Paris, Gallimard, coll. « Folio », 2000, p. 114-151) ; la seconde, « Le Narrateur », dans une traduction de Benjamin, publiée en 1952 dans le *Mercure de France* (*Écrits français*, éd. Jean-Marie Monnoyer, Paris, Gallimard, coll. « Folio », 1991, p. 251-298).

> intimes de l'homme ne possèdent point par nature ce caractère irrémédiablement privé. Elles ne l'acquièrent que dans la mesure où les chances diminuent de voir les événements extérieurs s'assimiler à son expérience[15].

Le partage privé/public est ici indissociable d'une expérience privative de l'intimité[16]. Chez Proust, le récit romanesque est devenu *œuvre de mémoire*, distincte de l'activité de fabulation qui actualise, pour une communauté, les événements crédibles –éventuellement invraisemblables– d'un passé proche ou lointain. On sait comment, depuis les Lumières et le positivisme, le vraisemblable du récit se fonde sur l'écart entre la croyance, domaine des *superstitions*, et le domaine des *faits* vérifiables. Mais ici encore, la théologie a laissé son empreinte. Les miracles racontés dans les Évangiles sont attestés par des témoins: dans le domaine du récit, le témoignage est une garantie, quand il ne participe pas du caractère sacré du récit lui-même.

La photographie a dérangé l'imagination, comme l'observait Matisse, elle a dérangé aussi le partage des sphères publique et privée. La notion proustienne d'une archive privée constituée par l'enregistrement photographique est une métaphore qui déplace le registre de l'expérience individuelle dans celui de la mémoire collective évoqué par Baudelaire. Cette métaphore, qui résume une confusion de l'histoire (écrite) et de la mémoire, renvoie à l'idée persistante d'une conservation intégrale du passé, qui serait commune à l'individu et à la société. L'idée du «livre de comptes» se retrouve jusque chez Warhol, dans sa pratique compulsive de l'enregistrement et sa passion égalisatrice de l'image (en attente du Jugement)[17].

Au dix-neuvième siècle, le rêve et le cauchemar d'une mémoire intégrale, dont j'ai rappelé la teneur romantique et théologique, ont rencontré la notion, contestable et obsédante, d'histoire universelle, associée au modèle du tableau synoptique. Dans un livre inachevé à sa mort en 1945 (à Buchenwald), Maurice Halbwachs a établi comment le travail de la mémoire collective se différencie de cette fiction, que l'on peut qualifier d'européocentrique:

> L'histoire peut se représenter comme la mémoire universelle du genre humain. Mais il n'y a pas de mémoire universelle. Toute mémoire collective

15. Walter Benjamin, «Sur quelques thèmes baudelairiens» (1939), trad. Maurice de Gandillac et Rainer Rochlitz, *Œuvres III*, *op. cit.*, p. 334.
16. La critique du caractère privatif de l'intimité est développée par Hannah Arendt dans *The Human Condition*, 1958; *Condition de l'homme moderne*, trad. Georges Fradier, Paris, Calmann-Lévy, 1961, coll. «Agora», 1983, p. 91 *sq.* Dans le premier chapitre de *Vies politiques*, «De l'humanité dans de "sombres temps"» (conférence prononcée en 1959), elle considère que la chaleur fraternelle dans la vie des «peuples parias» est «un privilège chèrement payé» car il s'accompagne d'«une perte en monde», d'«une véritable acosmie» (*Vies politiques*, trad. Éric Adda *et alii*, Paris, Gallimard, coll. «Tel», 1974, p. 22).
17. Sur ce point, voir mon essai, «Warhol/Evans. La ressemblance affolée», dans *Walker Evans dans le temps et dans l'histoire*, Paris, L'Arachnéen, 2010.

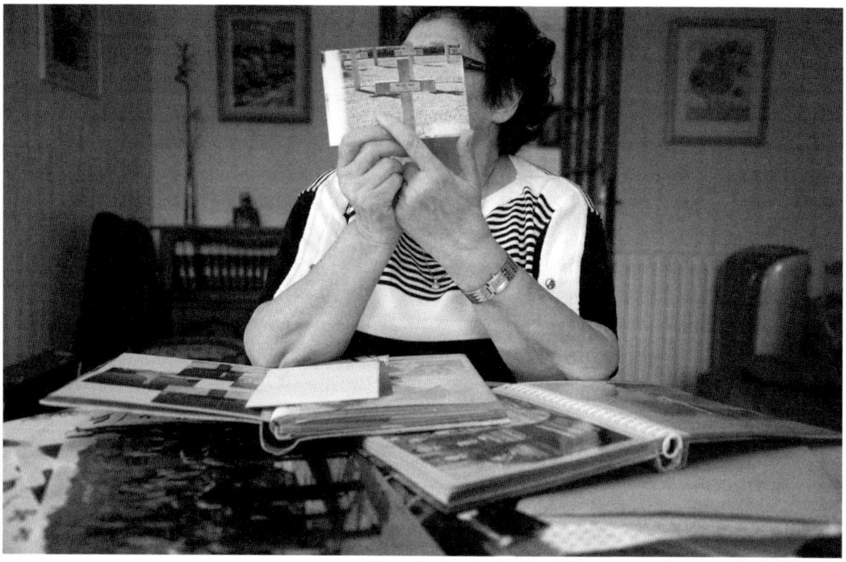

Janine Picard montre une photographie prise dans le cimetière du camp de concentration de Natzweiler-Struthof, en Alsace ; au premier plan, la croix qui porte le nom de son père, Henri-André Valade. Celui-ci, accordeur chez Maugein (fabricant d'accordéons à Tulle) fut déporté le 10 juin 1944 et serait mort le 16 janvier 1945 dans le camp de concentration de Vaihingen. Janine Picard est mariée à René Picard, ex-soldat français de la guerre d'Algérie. (Tulle, le 14 mai 2009)

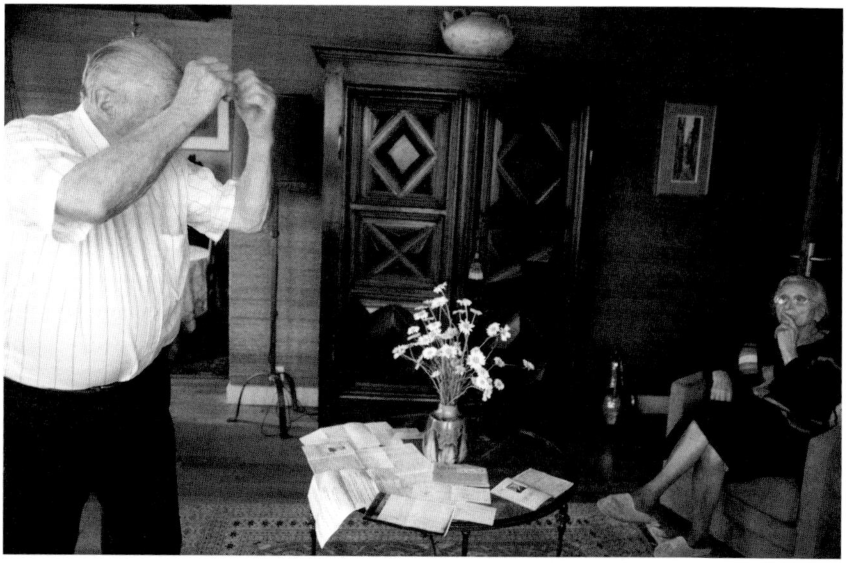

Daniel Espinat rejoue l'affrontement de son groupe de Maquis avec l'armée allemande pendant la bataille d'Égletons (14-18 août 1944). Sur la table, les papiers militaires que deux soldats allemands ont laissé tomber dans leur fuite. Après avoir été membre du mouvement de Résistance « Armée secrète – Corps franc de libération de Tulle », Daniel Espinat milita contre la guerre en Algérie. (Chanac-les-Mines, le 11 mai 2009)

Photographies et légendes : Ahlam Shibli

> a pour support un groupe limité dans l'espace et dans le temps. On ne peut rassembler en un tableau unique la totalité des événements passés qu'à la condition de les détacher de la mémoire des groupes qui en gardaient le souvenir, de couper les attaches par où ils tenaient à la vie psychologique des milieux sociaux où ils se sont produits, de n'en retenir que le schéma chronologique et spatial[18].

La mémoire collective est donc une contradiction permanente apportée au rêve de totalité historique, comme à l'idée d'un Jugement dernier. En 1927, Kracauer avait déjà remarqué la concordance entre «l'historisme» (*historismus*) et la mémoire complète de l'enregistrement. «Pour l'historisme, dit-il, il s'agit de faire une photographie du temps. Sa photographie du temps correspond à un film gigantesque qui représenterait sous tous leurs aspects les événements qui s'y trouvent liés[19].»

Pour sa part, Benjamin dénonça dans l'histoire universelle un accomplissement de l'historisme, qui «procède par addition», «mobilise la masse des faits pour remplir le temps homogène et vide»[20]. Mais il avait noté auparavant, dans le même texte:

> Le chroniqueur, qui rapporte les événements sans distinguer entre les grands et les petits, fait droit à cette vérité: que rien de ce qui eut jamais lieu n'est perdu pour l'histoire. Certes, ce n'est qu'à l'humanité rédimée qu'échoit pleinement son passé. C'est-à-dire que pour elle seule son passé est devenu intégralement citable. Chacun des instants qu'elle a vécus devient une «citation à l'ordre du jour» [en français dans le texte] – et ce jour est justement celui du Jugement dernier[21].

La contradiction n'est qu'apparente. L'écart entre la matière du chroniqueur et celle de l'histoire universelle tient à une différence d'expérience du temps: le temps de l'historisme est neutre, «homogène et vide», tandis que le chroniqueur, qui s'apparente à la fois au conteur, type Leskov, et au chiffonnier immortalisé par Baudelaire et Atget, travaille à *sauver* un passé oublié, dans une perspective de rédemption; il qualifie le temps, il le remplit d'une promesse plutôt que d'une information objective. La chronique ainsi redéfinie, extraite du commerce de l'information immédiate, tend à substituer la remémoration à l'inventaire.

Benjamin ne pensait pas que cette substitution fût possible ni même souhaitable dans une pratique privative de la mémoire. Quand il distingue le

18. Maurice Halbwachs, *La Mémoire collective* (Paris, 1950), éd. Gérard Namer, Paris, Albin Michel, 1997, p. 137.
19. Siegfried Kracauer, «La photographie», *op. cit.*, p. 46. Kracauer note que «la pensée historiste [...] s'est imposée à peu près en même temps que la technique photographique moderne.» À la «continuité temporelle» supposée par l'historisme correspond la «continuité spatiale» de la photographie. Kracauer pense à la méthodologie historique de Willhelm Dilthey, dont il désapprouve la confiance dans le progrès.
20. Walter Benjamin, «Sur le concept d'histoire» (1940), thèse XVII, trad. Maurice de Gandillac et Pierre Rusch, *Œuvres III*, *op. cit.*, p. 441.
21. *Ibid.*, thèse III, p. 429.

souvenir réifié (*das Andenken*), objet d'inventaire, et le processus de remémoration (*die Erinnerung*), il souscrit à l'idée proustienne d'une mémoire partagée entre souvenir et réminiscence. Dans un des fragments de « Zentralpark », il note :

> Le souvenir [*das Andenken*] est le complément de l'expérience vécue. Il cristallise la croissante aliénation de l'homme qui fait l'inventaire de son passé comme d'un avoir mort[22].

Mais la relation aliénée au passé dont participe la mémoire réifiée en souvenir est pour lui une réalité historique, liée à l'empire de la marchandise ; il espère et souhaite travailler lui-même à un processus de rédemption collective, plutôt qu'à un sauvetage personnel par la magie du verbe littéraire. Cette magie n'est légitime et efficace sur un plan historique (et non seulement biographique) que si elle compose avec sa négation. D'où cet autre fragment de « Zentralpark » :

> Le « souvenir » est le schéma de la métamorphose de la marchandise en objet pour le collectionneur. [...] La teneur héroïque de l'inspiration de Baudelaire se manifeste dans le fait que la remémoration disparaît tout à fait au profit du souvenir.

En prenant le parti du souvenir contre la mémoire, Benjamin se démarque de Proust. Baudelaire est « héroïque » parce qu'il a renoncé à l'aura de la mémoire et s'expose à l'aliénation du souvenir. Benjamin s'est risqué lui-même dans cette voie en assemblant dans *Sens unique* (1928) des moments d'autobiographie passés au crible de l'objectivité documentaire[23]. La rédemption est donc indissociable de la critique ; elle ne peut participer d'une construction dogmatique, ni *a fortiori* d'un dogme religieux[24].

* * *

J'ai abordé jusqu'à présent la problématique de la mnémographie essentiellement telle qu'elle s'est développée dans la période 1850-1940, quand l'art moderne s'est détaché du système des beaux-arts en intégrant les paramètres d'une culture des médias en formation. Kracauer et Benjamin ont observé ce phénomène en alternant confiance et inquiétude. Ils s'intéressèrent à la photographie comme art d'enregistrement – au sens où « art »

22. Walter Benjamin, « *Zentralpark.* Fragments sur Baudelaire » (fragment 32 a), trad. Jean Lacoste (modifiée), dans *Charles Baudelaire, un poète lyrique à l'apogée du capitalisme*, Paris, Payot (1979), coll. « Petite Bibliothèque Payot », 1990, p. 239). Alors que Jean Lacoste traduisait *das Andenken* par « la remémoration », nous suivons Rainer Rochlitz qui propose « le souvenir » (*Le Désenchantement de l'art. La philosophie de Walter Benjamin*, Paris, Gallimard, 1992, p. 236 et 326). « Remémoration » doit être réservé pour traduire *Erinnerung*. On peut préciser que ni *Andenken* ni *Erinnerung* ne contiennent la notion de « mémoire » (*Gedächtnis*).

23. Walter Benjamin, *Sens unique* (précédé de *Enfance berlinoise*, et suivi de *Paysages urbains*), trad. Jean Lacoste, Paris, Maurice Nadeau, 1988.

24. L'articulation entre critique et rédemption dans la conception de l'histoire de Benjamin a été largement débattue. Michael Löwy a publié un commentaire suivi des thèses sur le « concept d'histoire » dans *Walter Benjamin. Avertissement d'incendie*, Paris, PUF, coll. « Pratiques théoriques », 2001.

peut signifier « technique » – parce qu'elle condensait les ambiguïtés d'une conception conquérante du progrès, appliquée à la *production de la mémoire historique*. Progrès et mémoire étaient pour eux deux notions antinomiques. La question est maintenant de savoir comment, depuis cette époque, la mnémographie (picturale) et l'enregistrement (photographique) ont interagi, dans une culture où les médias ne cessent de se développer, où la relation local/global déplace l'opposition établie par Halbwachs entre mémoire collective et histoire universelle.

Il semble que l'Allemagne soit aujourd'hui en Europe, sinon dans le monde, le seul pays où la peinture ait conservé une actualité artistique et culturelle qui ne se réduise pas à une rumination nostalgique. Cela ne tient pas seulement à l'héritage d'un expressionnisme facile – plus facile que la tradition issue du cubisme –, mais surtout à l'obligation morale d'un travail de la mémoire et à la défaillance devant cette obligation, pendant la guerre froide, des institutions nationales. Cela même atteste un lien intrinsèque, noué depuis le romantisme, entre l'espace pictural du tableau et le travail de la mémoire. Il est remarquable que cette permanence de la mnémographie picturale passe par l'usage et la production de photographies. On peut penser que ce passage nécessaire par la photographie tient à une efficacité de l'image enregistrée dans le processus du deuil. On peut aussi remarquer que l'image mécanique reflète le processus de dépersonnalisation, voire de déshumanisation, qui a présidé à l'entreprise de destruction systématique, industrielle, menée dans les camps nazis ; elle est donc investie d'un potentiel d'exorcisme dont l'œuvre d'art traditionnel serait incapable. On pourrait même reconsidérer dans ce contexte l'*œuvre documentaire*, longtemps méconnue en tant que telle, de Bernd et Hilla Becher. Il s'agissait en effet pour eux d'enregistrer et de rendre visible, sur le mode d'une reproduction apparemment impassible, les monuments occultés d'une histoire industrielle : à leurs yeux, la Subjektive Fotografie promue dans l'après-guerre par Otto Steinert, et qui se présentait comme un *revival* de la photographie expérimentale des années 1920, reconduisait les effets d'occultation de la réalité historique produits par le néo-académisme du Troisième Reich.

Au cours du vingtième siècle, les historiens, comme les artistes, ont été confrontés aux énormes falsifications et aux crimes des idéologies nationalistes ; ils ont dû constater que le chantier de recherche positive ouvert par la foi dans une histoire universelle était aussi une immense fosse commune. Ils ont donc entrepris de se délivrer d'une interprétation théologique du temps historique ; ils ont repensé le lien entre récit (*story*) et histoire (*history*), ils ont examiné l'inscription géographique des communautés de mémoire. Cette réforme de l'historiographie est contemporaine d'un phénomène que l'on a pu qualifier de « balkanisation de la mémoire » : les guerres des Balkans dans les années 1990 ont en effet confirmé dramatiquement l'importance des conflits de mémoire(s), qui, dans cette région de l'Europe, avaient été neutralisés (gelés) par la guerre froide. La mémoire est manifestement un enjeu politique qui oriente – et peut entraver – l'étude des documents.

L'image du *film historique* évoquée par Kracauer a peu d'effet dans les débats historiographiques. Mais, depuis les années 1960, elle est passée dans la littérature et dans l'art, et jusque dans le rapport à soi-même qu'entretient l'écrivain ou l'artiste quand il interprète sa biographie. Aux États-Unis, William Burroughs et Andy Warhol ont développé ce thème. Warhol prétendait se voir vivre sa vie, ou la voir se dérouler, comme un film, et ses deux compulsions, enregistrer, collectionner, ressemblent à l'accumulation pratiquée par l'historisme. Burroughs a produit d'innombrables variations sur l'extension de la prison des mots (et des images) dans la seconde nature que constituent le monde des médias et la production hollywoodienne. Dans *Electronic Revolution*, en 1971, il propose d'utiliser le magnétophone comme une arme de simulation et de brouillage, actualisant ainsi le projet surréaliste de subversion-submersion par l'écriture automatique[25]. De même, la continuité du *film historique* est brisée quand l'écrivain va puiser des fragments d'autobiographie dans l'archive du cinéma, apparentés aux éléments d'un *scrapbook*.

En Europe, les écrivains et les artistes se sont crus longtemps protégés d'Hollywood et de la surproduction médiatique. Toutefois, chez les situationnistes, le procédé du *détournement* est contemporain d'une volonté de dépassement du « cinéma d'auteur ». En 1959, quand Burroughs publia *Naked Lunch*, à Paris, le cinéma d'auteur français intégrait les procédés de la mnémographie fragmentaire. À la sortie d'*Hiroshima mon amour*, Alain Resnais était considéré comme *le* cinéaste de la mémoire[26]. Dans le numéro 3 de l'*Internationale Situationniste*, Guy Debord salua le film. Après avoir rappelé les précédents littéraires, Faulkner, Proust, Joyce, il notait :

> Mais on veut ignorer que la mémoire est forcément le thème significatif de l'apparition de la phase de critique interne d'un art. […] La question du sens de la mémoire est toujours liée à la question du sens d'une permanence transmise par l'art. […]

25. « Les techniques de *cut-up* sont capables de submerger les *mass media* avec une illusion totale. » (*Révolution électronique*, trad. Jean Chopin, Paris, Champ Libre, 1974, p. 18). L'idée d'écriture automatique apparaît fréquemment dans les lettres adressées par Burroughs à Ginsberg depuis Tanger, en 1954 et 1957, quand il travaillait à ce qui devint *Naked Lunch* (*Le Festin nu*) en 1959. Voir William Burroughs, *Lettres de Tanger à Allen Ginsberg*, trad. Sylvie Durastanti, Paris, Christian Bourgois, 1990.

26. *Hiroshima mon amour* était le premier long métrage de Resnais, qui avait réalisé auparavant, entre autres courts métrages, *Nuit et brouillard* (1955) et *Toute la mémoire du monde* (1956).

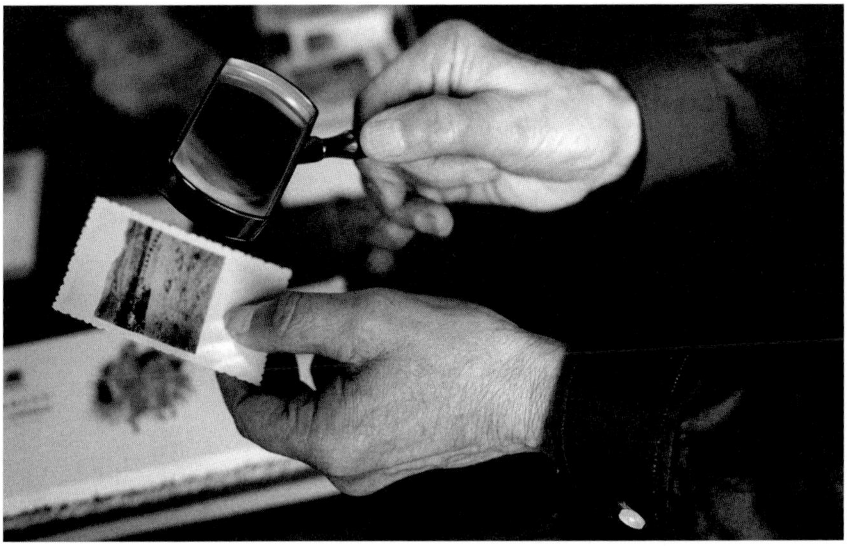

René Lavigne, ancien appelé du contingent maintenu sous les drapeaux de 1955 à 1957, regarde une photographie qu'il a prise au cours d'une opération de son détachement pendant la guerre d'Algérie. Sa femme, Andrée Lavigne, est la fille de Sylvain Combes, arrêté à Tulle le 15 mai 1943 pour faits de Résistance, déporté au camp de concentration de Büchenwald puis au camp de Dora où il mourut le 15 décembre 1943. (Tulle, le 7 juin 2008)

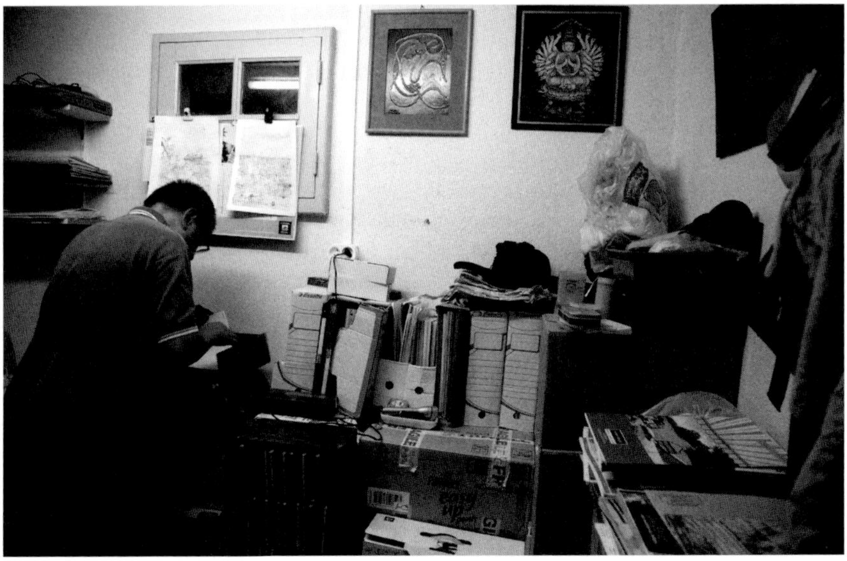

Thuong Dang, fils d'un Indochinois engagé « volontaire » dans l'armée française pendant la guerre de 1914-1918, regarde des photographies et documents de travail ayant appartenu à ses parents. Ces documents font partie d'une archive plus large concernant les relations franco-indochinoises depuis la Première Guerre mondiale. (Argentat, le 5 juin 2009)

Ces photographies et légendes d'Ahlam Shibli sont tirées de *Trauma*, édité par l'association Peuple et Culture Corrèze en mars 2010.

> Dès que le cinéma s'enrichit des pouvoirs de l'art moderne, il rejoint la crise globale de l'art moderne. […]
>
> L'expression artistique n'est en rien une véritable *self-expression*, une réalisation de sa vie. La proclamation du «film d'auteur» est déjà périmée avant d'avoir effectivement dépassé la prétention et le rêve[27].

L'intérêt de cette remarque tient au fait qu'elle porte sur le cinéaste français qui a effectivement introduit dans la forme du film les empêchements de la mémoire hantée par une horreur irreprésentable. Faulkner, évoqué par Debord, faisait dire à l'un de ses personnages, dans *Requiem pour une nonne*, en 1951 : «Le passé n'est jamais mort. Il n'est même pas passé [*The past is never dead. It's not even past*][28].» Debord va un peu vite en besogne quand il évoque un processus d'autodissolution de l'art moderne dont l'aboutissement correspond à l'empire du «spectacle». Mais il s'est enthousiasmé pour le film de Resnais et cette «prééminence du son» qui correspond à une tension exacerbée entre enregistrement et mnémographie[29].

Le texte qui ouvrait le numéro 3 de l'*Internationale Situationniste*, précédant les pages sur Resnais, interrogeait «le sens du dépérissement de l'art» :

> Partout on distingue la trace, chez les créateurs modernes, d'une conscience traumatisée par le naufrage de l'expression comme sphère autonome, comme but absolu ; et par la lente apparition d'autres dimensions de l'activité[30].

Qu'en est-il de ces «autres dimensions de l'activité» ? Quand l'image est attachée à l'idée d'une «permanence transmise par l'art», l'idéalisation de la mémoire reste une norme. Une tradition des beaux-arts, qui n'ose plus dire son nom, se perpétue dans un rituel mélancolique, comme l'attestent les variations sur le thème du «dernier tableau» ou de la «fin de partie»[31]. L'œuvre de Gerhard Richter commémore ainsi une mémoire de la peinture, doublée d'une monumentalisation de l'archive photographique privée rendue publique. Celle-ci remplace les cartons de documentation de la tradition des beaux-arts. Mais, hors de la dialectique du tableau et de

27. «Le cinéma après Alain Resnais», *Internationale Situationniste*, n° 3, décembre 1959, p. 9 (reprint Paris, Librairie Arthème Fayard, 1997).

28. William Faulkner, *Œuvres romanesques IV*, trad. François Pitavy, Paris, Gallimard, «Bibliothèque de la Pléiade», 2007, p. 508.

29. «*Hiroshima*, sans renoncer à une maîtrise des pouvoirs de l'image, est fondé sur la prééminence du son : l'importance de la parole procède non seulement d'une quantité et même d'une qualité inhabituelle, mais du fait que le déroulement du film est beaucoup moins présenté par les gestes des personnages filmés que par leur récitatif…» (*Internationale Situationniste*, n° 3, p. 8). En 1972, dans un projet d'«Anthologie de la revue *I.S.*», Debord écarta la partie du texte de 1959 où se trouvait cette remarque (voir Guy Debord, *Œuvres*, éd. Jean-Louis Rançon, Paris, Gallimard, coll. «Quarto», 2006, p. 985-987).

30. «Le sens du dépérissement de l'art», *Internationale Situationniste*, n° 3, p. 3-8.

31. *Endgame*, d'après la pièce de Samuel Beckett, *Fin de partie*, fut le titre d'une exposition présentée à l'Institute of Contemporary Art de Boston en 1986 (sous-titrée *Reference and Simulation in Recent Painting and Sculpture*). *Le dernier tableau* est le titre d'un essai du théoricien constructiviste Nikolaï Taraboukine, publié à Moscou en 1923 (trad. Andréi B. Nakov et Michel Pétris, Paris, Champ Libre, 1972). Mais la formule est généralement reprise sans référence à ce texte.

l'archive, l'enregistrement a permis des formes alternatives de mnémographie qui participent d'une autre tradition, dite « documentaire »[32].

Dans les années 1980, aux beaux jours de « l'appropriation », quand les théoriciens de l'art débattaient inlassablement du postmodernisme, les films d'Amos Gitaï (*Wadi*, 1981) et de Rithy Panh (*Site 2*, 1989) ont renouvelé l'art du portrait documentaire centré sur l'écoute, le *regard selon l'écoute*[33]. Les personnages de *Wadi* et *Site 2* se racontent devant la caméra. L'urgence du témoignage est tenue à distance, sinon écartée, au profit d'une durée de la parole. Celle-ci ne vient plus remplir la forme vide du temps, elle le modèle, le module ; portée, incarnée, elle se produit dans un champ d'interactions, elle se diffuse dans l'environnement et l'anime comme un souffle mêlé aux données de l'ambiance (atmosphérique et émotionnelle). Grâce à sa combinaison impure de faits descriptifs et de gestes dramatiques, le cinéma peut rompre ainsi, parfois, avec le récit formaté et le témoignage extorqué qui constituent l'ordinaire de la communication médiatique. À vrai dire, le récit n'est qu'une forme parmi d'autres, la plus efficace, de la mnémographie, ne serait-ce que parce que les inscriptions mnésiques – dont procède la réminiscence proustienne – participent d'une multisensorialité irréductible à l'abstraction verbale. De même, la « mémoire d'espèce » infralinguistique dont parle Fernand Deligny ne peut être limitée aux données ou révélations de l'histoire individuelle ou collective : l'espèce humaine n'est ni une addition de sujets parlants ni une construction collective. Le récit, que Deligny n'a cessé lui-même de pratiquer, peut et doit laisser place au silence produit par l'interruption de l'échange verbal, que cette place se situe en deçà ou au-delà de l'expression verbale, que le silence résulte d'un blocage de la faculté de symbolisation ou d'un épuisement du « sujet », comme chez Beckett.

Dans le film de Jean-Marie Straub et Danielle Huillet, *Fortini/Cani* (1976), le récit procède d'une lecture, appliquée au texte et à l'environnement. Le silence sonore de la « vue » filmée accompagne et, parfois, déborde l'espace de la lecture. La continuité de la lecture ne masque pas, bien au contraire, la discontinuité de la mémoire historique ; elle s'inscrit dans un « rite d'interaction » élargi, dilaté, au-delà de la situation intersubjective[34]. Franco Fortini a résumé ce qui dans le film et dans le mode de tournage de Straub et Huillet rencontre sa propre conception de la mnémographie :

32. J'emprunte l'expression à Lewis Jacobs, auteur de l'anthologie, *The Documentary Tradition. From Nanook to Woodstock*, New York, Hopkinson and Blake, 1971.

33. Cette notion de regard selon l'écoute définit la particularité du cinéma documentaire, du moins depuis l'enregistrement synchrone de l'image et du son ; elle ressort particulièrement de la pratique de Frederik Wiseman. Les prises de vues sont chez lui, concrètement, déterminées par l'enregistrement de la parole, dont il s'occupe personnellement.

34. Je reprends l'idée de « rite d'interaction » à Erving Goffman : *Les Rites d'interaction* (*Interaction Ritual*, 1967), trad. Alain Kihm, Paris, Minuit, 1974.

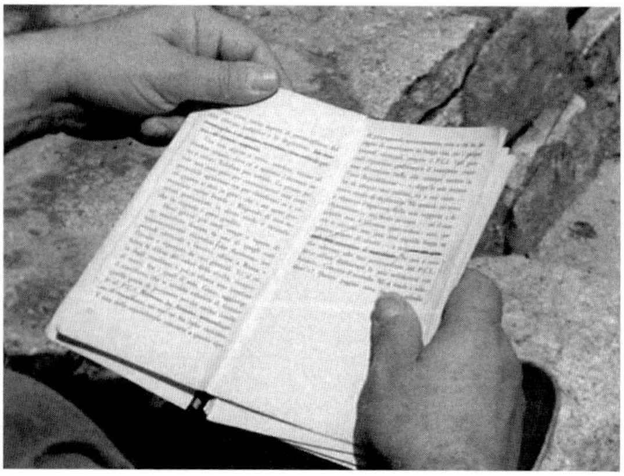 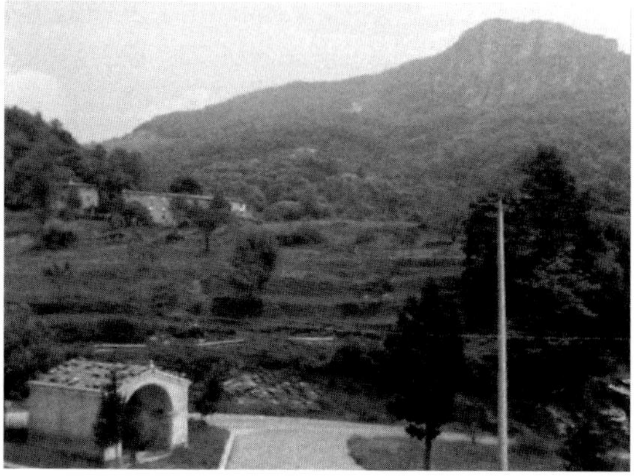

Jean-Marie Straub et Danièle Huillet. ***Fortini/Cani*****, 1976 (film 35 mm couleur, 82 mn 46 s).**

L'histoire est un piège immonde de monuments, de pierres, de souvenirs. «*Non pas ici mais ailleurs*» est la pensée dominante du film. Mais ceci signifie en vérité : «*Non pas aujourd'hui, mais hier et demain.*» Son intention profonde n'est pas différente de celle qui avait été la mienne. Elle est dite avec d'autres instruments, elle est dilatée jusqu'à une plus grande signification. Le panoramique des Apouanes ne «dit» pas seulement ce qui y est arrivé ni quel calme recouvre les lieux des massacres antiques et modernes ; il «dit» aussi que *cette* terre est lieu habitable pour les hommes, qu'il est celui que nous *devons* habiter. Alors Straub me dit, à moi, que je dois me taire, que ma voix doit disparaître parce que, comme il est écrit dans *Le Temps retrouvé*, c'est une loi que «*croisse l'herbe non pas de l'oubli mais des œuvres fécondes, sur laquelle les générations futures viendront joyeusement faire leur déjeuner sur l'herbe, insoucieux de qui dort là-dessous*»[35].

La fragmentation du tableau de la nature cézannien – Cézanne est une référence constante pour Straub et Huillet – est ici à la fois affirmée et dépassée. Ce mouvement dialectique correspond à l'ambiguïté du rituel de la mémoire appliqué à une expérience essentiellement discontinue, dans une durée hétérogène, trouée, lacunaire. En opposant la visée du continu dans le rite à la discontinuité du mythe, Claude Lévi-Strauss a pointé sans doute une permanence anthropologique[36]. La modernité a compliqué le processus de sécularisation et d'intériorisation des rites de la mémoire

35. Franco Fortini, «1967-1978», dans *Les Chiens du Sinaï*, suivi du découpage de *Fortini/Cani*, Paris, Albatros/Cahiers du cinéma, 1979, p. 13.

36. «Tandis que le mythe tourne résolument le dos au continu pour découper et désarticuler le monde au moyen de distinctions, de contrastes et d'oppositions, le rite suit un mouvement en sens inverse : parti des unités discrètes qui lui sont imposées par cette conceptualisation préalable du réel, il court après le continu et cherche à la rejoindre, bien que la rupture initiale, opérée par la pensée mythique, rende la tâche impossible à jamais.» (Claude Lévi-Strauss, *L'Homme nu*, Paris, Plon, 1971, p. 607).

collective en multipliant les frontières sociolinguistiques à l'intérieur de la communauté. Il n'est pas indifférent que Benjamin ait placé la rupture de la langue adamique – le « défaut des langues », comme disait Mallarmé – au principe de toute perspective de rédemption historique. Il ne croyait pas que l'on puisse toucher à une mémoire de l'espèce hors langage, à moins de penser que l'état adamique d'un langage consubstantiel à l'essence des choses puisse être restauré, « restitué » (au sens mystique du terme)[37]. Dans les cultures modernes, la mémoire est divisée, fragmentée, comme la langue et comme la société.

Les frontières sociolinguistiques et celles de la visibilité sociale définissent les limites d'une égalité devant la mémoire. L'autobiographie, comme la biographie, participe de la reproduction d'une *identité dominante*, quand elle s'appuie sur le modèle d'un accomplissement individuel. Kracauer avait déjà dénoncé dans la biographie une « forme d'art de la nouvelle bourgeoisie[38] ». La continuité biographique, garantie par l'idée de destin (ou par celle de vocation), est un modèle normatif qui convient mal à la culture des groupes dominés. Dans la culture allemande, le roman de formation (*Bildungsroman*) a été un puissant modèle, contesté par les artistes d'avant-garde. Mais cette contestation s'est exercée à l'intérieur d'une culture bourgeoise homogène qui rejetait dans ses marges toute forme d'existence strictement utile (exploitable) ou affectée d'un stigmate d'anormalité (compensée éventuellement par une aura exotique). Jusqu'aux années 1960, les conflits de mémoires qui ont eu le plus de retentissement sont passés par les deux critères de race et de classe. L'invention de traditions dissidentes (alternatives ou subversives) résultait de la confrontation du travail et du capital, ou des luttes contre la ségrégation ethnique. Les deux grands mouvements de libération ont souvent convergé, avant de s'opposer quand leurs idéologues prétendaient à une priorité exclusive.

Benjamin et Kracauer avaient reconnu les bons objets de la mémoire dans les choses oubliées, rejetées, les choses sans valeur (ou sans prix), révélées par l'enregistrement photographique. Ils identifiaient ainsi dans l'environnement quotidien une présence équivalente à l'anonymat du travail, que le marxisme avait investi d'un potentiel de transformation social sans égal. Mais le travail n'est plus la grande ligne de partage de l'Histoire, qui séparait la mémoire (ou l'éloquence commémorative) et l'oubli silencieux, comme le jour et la nuit[39]. Le travail de la mémoire s'est dissocié de la mémoire du travail. Le peuple lui-même est devenu, dit-on, introuvable,

37. Sur ce thème de la « restitution » chez Benjamin, voir Jean-Michel Palmier, *Walter Benjamin. Le chiffonnier, l'ange et le petit bossu*, Paris, Klincksieck, 2006, p. 408.

38. Siegfried Kracauer, « La biographie – forme d'art de la nouvelle bourgeoisie » (*Frankfurter Zeitung*, 29 juin 1930), trad. dans *Le Voyage et la Danse*, *op. cit.*, p. 115-120.

39. En France, la collection « Actes et mémoires du peuple » chez Maspero, dirigée par François Maspero sous le pseudonyme de Louis Constant, publia dans les années 1970 des mémoires, récits et documents autobiographiques – assez rares – rédigés par des ouvriers et militants.

comme s'il s'éloignait dans le passé en cessant de « représenter » le monde du travail ; réduit en quelque sorte à la définition d'une identité nationale ou à un montage instable d'identités minoritaires. Les conflits de mémoires se sont multipliés, diversifiés, en s'appuyant initialement sur l'idée de décolonisation, telle que l'avait définie Franz Fanon : lutte politique et processus d'émancipation subjective. En 1992 parut un ouvrage collectif sous le titre *De/Colonizing the Subject*, sous-titré *The Politics of Gender in Women's Autobiography*[40]. Comme je l'ai déjà signalé, cette multiplication ou dispersion des conflits de mémoires tient aujourd'hui à une nouvelle distribution du local et du global au détriment de la relation conflictuelle qui liait la mémoire collective des groupes à la norme d'une histoire universelle.

Le langage écrit est évidemment le véhicule privilégié de tous les récits où se fabrique une mémoire identitaire. Mais qu'en est-il de l'objet et de l'objet d'art, quand le tableau pictural n'est plus tenu pour le lieu exemplaire d'une mémoire idéalisée, et quand il n'est plus au centre des polémiques ? Manifestement, dans l'art contemporain depuis le pop, l'objet-fétiche n'a rien perdu de son éclat. Il est même devenu le support conventionnel de toutes sortes de micro-récits qui sont autant de protestations d'identité et de bricolages de mémoire[41]. Les deux mouvements qui ont partiellement hérité de Dada, le surréalisme et le constructivisme, ont opposé le collage et le montage à la tradition de la composition picturale. Ces deux procédés participaient d'une mise à jour de la dimension narrative et discursive de l'image au temps de la publicité. Ce ne sont plus, semble-t-il, que les procédés résiduels d'une histoire des avant-gardes. Dans les années 1980, les messages photo-typographiques de Barbara Kruger apparaissaient déjà comme une parodie du photomontage politique pratiqué par John Heartfield.

En revanche, l'archive définit le champ d'exercice de la mnémographie documentaire. Au cours des années 1970, après la parution du livre de Foucault, *L'Archéologie du savoir* (1969), l'archive est apparue dans le vocabulaire artistique pour relancer l'idée d'*appropriation* (qui n'a trouvé qu'une application réduite dans l'art new-yorkais étiqueté sous ce terme).

40. *De/Colonizing the Subject: The Politics of Gender in Women's Autobiography*, éd. Sidonie Smith et Julia Watson, Minneapolis, University of Minnesota Press, 1992. L'ouvrage contient, entre autres, un texte de John Beverley, « The Margin at the Center: On *Testimonio* (Testimonial Narrative) », sur le livre de la militante guatémaltèque Rigoberta Menchú, *Moi, Rigoberta Menchú* (Paris, Gallimard, 1983), écrit en collaboration avec Elizabeth Burgos. Beverley distingue fortement le *testimonio*, comme témoignage collectif (écrit) à la première personne, et le *Bildungsroman*, qui participe de l'institution littéraire.

41. Le théoricien le plus en vue des *cultural studies*, Stuart Hall, qui met en avant à juste titre un modèle de diaspora pour penser les constructions (ou assemblages) d'identité dans le monde contemporain, cite un texte exemplaire de l'artiste trinidadien, Steve Ouditt. Malheureusement, dans ce cas, comme dans bien d'autres, les dispositifs mis en place par l'artiste – Stuart Hall parle d'« installation et texte » – n'ajoutent à peu près rien aux formulations verbales. Voir Stuart Hall, *Identités et Cultures. Politiques des* cultural studies, trad. Christophe Jaquet, Paris, Amsterdam, 2007, p. 261.

L'archive est constituée de documents, et c'est l'interprétation de ces documents qui la rend active. Ce n'est pas un dépôt inerte ; c'est une matière qui s'apparente à la collection, qui appelle la lecture, le déchiffrement.

Au cours d'une résidence à Tulle, invitée par l'association Peuple et Culture, l'artiste-photographe Ahlam Shibli a rendu visible ce mécanisme, d'une manière inédite à ma connaissance. Le point de départ était la simple observation que Tulle, ville martyr de la Seconde Guerre mondiale, célébrait la Guerre d'Algérie du seul point de vue de l'armée française. Palestinienne vivant en Israël, l'artiste était évidemment sensible à cet aveuglement devant l'injustice commise malgré l'expérience de l'injustice subie. Mais son enquête n'est pas un acte de dénonciation ; elle a évité d'entrer dans le jeu de la « concurrence des victimes »[42]. Elle *montre* des femmes et des hommes dans leur environnement domestique, qui lui *montrent* des documents extraits de leur archive privée. Ces documents traitent des deux moments d'histoire. Les personnages ne sont pas épinglés, jugés. Ils forment une population mêlée, hétérogène. Le petit nombre d'images retenues constitue un portrait de la ville. Ce sont les documents d'un travail de la mémoire qui répond à l'idéalisation de la mnémographie picturale, en faisant apparaître dans l'image les gestes et les rites de l'archive.

42. Je reprends cette expression à Jean-Michel Chaumont, *La Concurrence des victimes. Génocide, identité, reconnaissance*, Paris, La Découverte, 1997.

Les éditions L'Arachnéen remercient
Élia Pijollet, Filiep Tacq et Jeff Wall,

ainsi que

Robert Adams, The Josef and Anni Albers Foundation, Hilla Becher,
The John Coplans Trust, Marianne Dautrey, Sylviane de Decker,
Chris Durham, Patrick Faigenbaum, Galerie Marian Goodman,
Suzanne Lafont, Philippe Lafosse, Archivio Ugo Mulas,
Rithy Panh, Michelangelo Pistoletto, Gerhard Richter,
Ahlam Shibli, Jean-Marie Straub, Thomas Struth,
Manée Teyssandier.

Conception éditoriale :
Anaïs Masson et Sandra Alvarez de Toledo

Suivi éditorial :
Anaïs Masson

Conception et réalisation graphique :
Filiep Tacq

Photogravure :
Philippe Guilvard

Relecture :
Françoise Balogun et Anaïs Masson

Impression :
LegoPrint

Diffusion/distribution :
Pollen-Littéral

Dépôt légal : mars 2010

ISBN : 978-2-9529302-4-6

Achevé d'imprimer en février 2010
à Lavis, Italie

Crédits iconographiques

© Courtesy Jeff Wall : p. 2, 142, 183 • © Adagp, Paris 2009 / © RMN (Musée d'Orsay) – Patrice Schmidt : p. 6, 13 • © Éditions Gallimard : p. 17 • © Héritiers Henri Matisse : p. 18 (bas) • © Estate Brassaï – RMN / © RMN – Michèle Bellot : p. 20 • © Patrick Faigenbaum : p. 30, 32, 35, 36 • © Suzanne Lafont : p. 38, 42, 43, 45, 47, 48, 49, 51 • © Estate of Robert Smithson – Adagp, Paris 2009 / Courtesy James Cohan Gallery, New York : p. 52 • © Courtesy Hilla Becher : p. 58, 61, 62, 63, 66 • © The Josef and Anni Albers Foundation – Adagp, Paris 2009 / © Albers Foundation – Art Resource NY – Photographie : Tim Nighswander : p. 70 • © The Josef and Anni Albers Foundation – Adagp, Paris 2009 / Courtesy The Josef and Anni Albers Foundation : p. 73, 74, 77 • © The Heartfield community of Heirs – Adagp, Paris 2009 : p. 78, 81 • © Courtesy Gerhard Richter et Galerie Marian Goodman, Paris/New York : p. 84, 88, 93, 97, 98, 100, 101, 105, 106, 107 • © F.C. Gundlach – F.C. Gundlach Foundation / Collection de l'Institut d'art contemporain FRAC Rhône-Alpes et Musée d'art moderne de Saint-Étienne Métropole : p. 96 • © Fondazione Pistoletto, Biella : p. 108, 111, 112, 115, 116, 124, 127 • © Fondation Rouget de l'Isle : p. 128 • © Éditions Verdier : p. 148 • © Eredi Ugo Mulas. Tous droits réservés : p. 154, 156, 157, 165, 166, 170, 171, 172, 173, 174, 175 • © Thomas Struth : p. 176 • © Courtesy The John Coplans Trust : p. 184 • © Craigie Horsfield : p. 185 • © Robert Adams / Courtesy Fraenkel Gallery, San Francisco and Matthew Marks Gallery, New York : p. 186 • © Rithy Panh – Ina Production : p. 202 • © Ahlam Shibli : p. 210 et 215 • © Jean-Marie Straub/Danièle Huillet : p. 218.